suhrkamp taschenbuch 2019

Materialien zu Ödön von Horváths »Geschichten aus dem Wiener Wald«, 1972 in der edition suhrkamp (es 533) erschienen, hatten die Rezeption von Ödön von Horváths zentralem Bühnenwerk in den Jahren 1931 bis 1971 als Schwerpunkt.

Der neue Band in der Reihe »suhrkamp taschenbücher materialien« bringt im wesentlichen Originalbeiträge namhafter Forscher und Wissenschaftler. Der feuilletonistischen Einführung von Hansjörg Schneider (Berlin/DDR) folgt ein, den biographischen und werkgeschichtlichen Aspekten gewidmeter, Beitrag des Herausgebers Traugott Krischke (München). Mit der »Spießer-Ideologie« befaßt sich Hermann Glaser (Nürnberg), während Martin Hell (Saarbrücken) sich mit »Kitsch« und »Sentimentalität« in Horváths *Geschichten aus dem Wiener Wald* auseinandersetzt. Winfried Nolting (Münster) untersucht »Individualität und Totalität Horváthscher Sprachdarstellung«, Ingrid Haag (Marseille) zeigt Horváths dramaturgisches Verfahren auf und Jürgen Wertheimer (München) behandelt »Horváths *Geschichten aus dem Wiener Wald* im Unterricht«.

Im Exkurs zum Thema Mittelstand wird der Umbruch gesellschaftlicher Strukturen und die damit verbundene Problematik durch Texte der Jahre 1929 bis 1932 verdeutlicht.

Umfangreiche Literaturhinweise ergänzen diesen Band.

Horváths
»Geschichten aus dem Wiener Wald«

Herausgegeben von Traugott Krischke

suhrkamp taschenbuch
materialien

Suhrkamp

suhrkamp taschenbuch 2019
Erste Auflage 1983

Satz: Georg Wagner, Nördlingen
Druck: Nomos Verlagsgesellschaft, Baden-Baden
Umschlag nach Entwürfen von Willy Fleckhaus und Rolf Staudt
Printed in Germany

1 2 3 4 5 6 – 88 87 86 85 84 83

Inhalt

Editorischer Hinweis

Ödön von Horváths Schriften werden zitiert nach der achtbändigen Werkausgabe der edition suhrkamp (2. verb. Aufl. 1978) und sind innerhalb der Texte durch Bandnummer und (nach dem Komma) Seitenangabe ausgewiesen.

Innerhalb der *Anmerkungen* verwendete Abkürzungen:

Mat. ÖvH *Materialien zu Ödön von Horváth*, hg. Traugott Krischke, Frankfurt/Main (Suhrkamp) 1970 (edition suhrkamp 436).

Mat. GWW *Materialien zu Ödön von Horváths »Geschichten aus dem Wiener Wald«*, hg. Traugott Krischke, Frankfurt/Main (Suhrkamp) 1972 (edition suhrkamp 533).

Mat. KK *Materialien zu Ödön von Horváths »Kasimir und Karoline«*, hg. Traugott Krischke, Frankfurt/Main (Suhrkamp) 1973 (edition suhrkamp 611).

Math. GLH *Materialien zu Ödön von Horváths »Glaube Liebe Hoffnung«*, hg. Traugott Krischke, Frankfurt/Main (Suhrkamp) 1973 (edition suhrkamp 671).

Hansjörg Schneider

Ödön von Horváth – Dichter der Zwischenkriegszeit

I.

Die ihn kannten, schildern ihn als einen sympathischen, bescheidenen, charmanten, chevaleresken, spottlustigen Mann – »südländisch-phlegmatisch, . . . altösterreichisch-ungarisch verbindlich«, so Walter Mehring, »immer freundlich, gefällig und heiter«, so Hertha Pauli –, für den Gegensätzliches nicht unvereinbar war. Er liebte die Einsamkeit und Stille der Berge, wie überhaupt die Natur (fast alle seine großen Szenen spielen unter freiem Himmel), aber auch das Gewühl der Rummelplätze und Jahrmärkte. Er besuchte gern Sport-, vor allem Box-Veranstaltungen (und das gleichermaßen des fanatisierten Publikums wie der Kämpfe wegen), in Theateraufführungen aber war er, der für die Bühne schrieb, »kaum hineinzubringen, weil er viel zu sehr mit seinen eigenen Ideen beschäftigt war, als sich dort etwas von anderen Leuten erzählen zu lassen« (Wera Liessem). Auch auf Proben für seine Stücke traf man ihn selten, dafür um so eher in Weinlokalen, deren Atmosphäre ihn zur Arbeit inspirierte. Er verabscheute vornehme Restaurants und vornehmes Getue, »haßte neue Kleider, Bügelfalten, Smoking, Westen und steife Krägen, und doch war er immer elegant« (Hans Geiringer). Er verkehrte im Salon der Alma Mahler (-Werfel) in Wien und bei Max Reinhardt auf Schloß Leopoldskron, weit häufiger aber im Liliputanercafé am Praterstern, wo sich dieser großgewachsene, breitschultrige, untersetzte Mann, den Ulrich Becher als »statiöse Bacchus-Figur . . . mit männlich-hübschem rundem Gesicht mit relativ zierlicher gerader Nase« beschreibt, wie Gulliver gefühlt haben mag. Überhaupt liebte er das Absonderliche, und Abnormes hatte für ihn nichts Erschreckend-Abstoßendes. Er »plauderte für sein Leben gern über seltsame Unglücksfälle, groteske Krankheiten und Heimsuchungen aller Art. Auch Gespenster, Hellseher, Wahrträume, Halluzinationen, Ahnungen, das Zweite Gesicht und andere spukhafte Phänomene spielten eine Rolle in seinem Gespräch, welches übrigens durchaus nicht in bangen Flüstertönen, sondern mit jovialer, oft recht lauter Heiterkeit geführt wurde« (Klaus Mann). Aberglaube und Glaube bedeuteten für Horváth keinen Widerspruch, sowenig wie Gläubigkeit und diesseitiger Lebensgenuß. Er liebte Geselligkeit – am Stammtisch beim Heurigen war er als blendender Geschichtenerzähler geschätzt – und fand Kontakt selbst zu Menschen, deren Sprache er nicht verstand.

Und doch: »Bei allem schien etwas wie eine unsichtbare Mauer um ihn. Jeder, den er traf, hatte ihn gern. Die meisten Frauen waren von ihm fasziniert. Aber« – so resümiert Hertha Pauli – »er war und blieb im Grunde einsam . . .«.

II.

Der am 9. Dezember 1901 in einem Vorort von Fiume geborene Ödön von Horváth hat sich wiederholt als »alt-österreichisch-ungarische Mischung« bezeichnet, als einen, der eigentlich keine Heimat hatte. Unstet wie das Leben seines in diplomatischen Diensten stehenden Vaters verläuft seine Kindheit und Jugendzeit. In Belgrad, Budapest, München, Preßburg (heute: Bratislava) und Wien wächst er auf; eine Fülle von Erlebnissen und Eindrücken sind der Gewinn, der häufige Wechsel der Sprache die Folge, ihre unvollständige Beherrschung der Preis. Mit 14 Jahren schreibt er den ersten deutschen Satz, mit 17 entscheidet er sich endgültig für die deutsche Sprache, die seine Muttersprache ist. Auch das, was man eine Bleibe nennt, kennt er nicht. Nirgends kann er sich einleben, nirgendwo heimisch werden. Vorbereitet wird damit eine existentielle Situation, die F.Th. Csokor 1938 als »Leben ohne Geländer« bezeichnet hat. Allerdings bewahrt ihn seine »Heimatlosigkeit« auch vor provinzieller Engstirnigkeit, belastenden Bindungen und einem chauvinistisch verfälschten Vaterlandsbegriff. Sie schärft seinen Blick und macht ihn hellhörig gegenüber Phrasen und nationalistischen Tönen. »Meine Generation ist bekanntlich sehr mißtrauisch und bildet sich ein, keine Illusionen zu haben. Auf alle Fälle hat sie bedeutend weniger als diejenige, die uns herrlichen Zeiten entgegengeführt hat.«

Als er das niederschreibt, liegt der Weltkrieg Jahre hinter ihm. Er bedeutet in seinem Leben eine entscheidende Zäsur (auch im

Leben vieler seiner Figuren). Was vorher war, zählt nicht mehr und verblaßt. Tatsächlich schlägt sich seine Kindheit nirgendwo in seinem Werk nieder; es fällt später auch kein milder oder gar liebevoller Blick zurück auf jene Welt von gestern, die diese Kindheit umschloß. »Ich weine dem alten Österreich-Ungarn keine Träne nach«, bekennt er Ende der zwanziger Jahre, und diese Meinung wird weder 1933 noch durch die folgenden Zeitereignisse revidiert.

Frühzeitig kommt er zum Schreiben; bereits während des Studiums in München entstehen die ersten, bald wieder verworfenen Arbeiten. Frühzeitig entscheidet er sich auch – nach Erkenntnis seiner Untauglichkeit für einen bürgerlichen Beruf – für die Schriftstellerei. Wie andere aufstrebende Talente zieht ihn Berlin, die führende deutsche Theaterstadt, magnetisch an, und wenn er 1925 die Stille und Abgeschiedenheit der oberbayerischen Berge gegen den Lärm und Betrieb der Hauptstadt eintauscht, geschieht das nicht nur wegen der für einen freischaffenden Autor günstigeren Existenzbedingungen, sondern weil er der auf dem Land latent vorhandenen Gefahr des – wie er es nennt – »Romantisch-Werdens« entgehen möchte. In Berlin findet er – in der Auseinandersetzung mit den verschiedenen Stilen und Kunstrichtungen – seine künstlerische Identität, gelangt er zu literarischer Reife, vermag er, sich im Ensemble der erfolgreichen Autoren, die die Spielpläne der Sprechbühnen beherrschen, durchzusetzen. Ein wahrer Schaffensrausch kennzeichnet die Berliner Zeit. In knapp sieben Jahren entstehen nicht weniger als ein umfangreicher Roman (Niederschlag einer Spanienreise des Dichters) und acht Theaterstücke (Umarbeitungen nicht gezählt), von denen fünf auf hauptstädtischen Bühnen erscheinen. Sein Theaterstart allerdings liegt nicht an der Spree. Im November 1927 bringen die Hamburger Kammerspiele, geleitet von dem entdeckungsfreudigen Erich Ziegel, sein soziales Drama *Revolte auf Côte 3018* heraus, das weder auf Publikum noch Presse besonderen Eindruck macht. Die Hamburger Nachrichten z. B. ordnen es unter »Dilettantismus« ein. »Das Erstaunlichste« – so kann man in diesem Blatt »der guten norddeutschen Familie« lesen – »an diesem Abend ist nur, daß nicht im Publikum Revolte ausbrach. Revolte gegen die Zumutung, Zeuge von Untalentproben sein zu müssen; gegen dramatische Schülerarbeiten; gegen die Notzüchtigung des Publikums mit unoriginellem Gewäsch«, worunter der Rezensent den im Stück abgehandelten Klassenkonflikt versteht. Immerhin zieht der junge Dramatiker mit dieser Uraufführung die Aufmerksamkeit der Berliner Volksbühne auf sich, die dieses Stück – nun umgearbeitet und *Die Bergbahn* betitelt – 14 Monate später mit mehr Erfolg auf den Spielplan setzt. Das ist Anfang 1929, und dieses Jahr führt Horváth heraus aus der Anonymität. Neben einer zweiten, weniger glückhaften Berliner Premiere (*Sladek, der schwarze Reichswehrmann*) ist er mit einem Beitrag in der Kiepenheuer-Anthologie *24 neue deutsche Erzähler* vertreten. Auch in der Vossischen Zeitung kann er sich mit Prosa vorstellen. – 1930 erscheint dann sein Roman *Der ewige Spießer*, über dessen Titelfigur Anton Kuh urteilt: »Angeklagter Horváth – wie Sie den schildern, das ist geschriebener Daumier. Hoffentlich sehe ich Sie als Schriftsteller wieder.«

1931: das wohl bedeutungsvollste und künstlerisch ertragreichste Jahr seiner Berliner Zeit mit zwei Uraufführungen: *Italienische Nacht* im Theater am Schiffbauerdamm und *Geschichten aus dem Wiener Wald* in Max Reinhardts Deutschem Theater – Erfolge, die sich weder in dieser Konzentration noch einzeln in seinem Leben wiederholen. Dazu die öffentliche Anerkennung durch die Verleihung des Kleist-Preises. Diese angesehene und begehrte Auszeichnung, die vorzugsweise an junge, noch nicht arrivierte Schriftsteller vergeben wurde, hatten vor ihm u. a. Bertolt Brecht (1922), Robert Musil (1923), Carl Zuckmayer (1925) und Anna Seghers (1928) erhalten. Horváth empfängt sie – gemeinsam mit Erik Reger – auf Vorschlag von Carl Zuckmayer, der 1931 als Preisrichter fungiert, und honoriert die in ihn gesetzten Erwartungen mit zwei neuen Stücken, von denen das eine (*Kasimir und Karoline*) noch aufgeführt wird, das andere (*Glaube Liebe Hoffnung*) aber dem Verbot zum Opfer fällt, das die neuen Machthaber in Deutschland für alle seine Werke aussprechen. Wenn ihm Berlin in den Jahren 1925 bis 1932 »Heimat« geworden war, wenn ... dann hatte er sie nun verloren.

III.

Für die Nazis galt er als »entartet«, als Vertreter der von ihnen bekämpften »Asphaltliteratur«, die auszumerzen ihr erklärtes Ziel war, und sie sparten nicht mit Angriffen gegen ihn. Bereits 1929 wurde er als »Zierde des deutschen Kommunistenlagers« eingestuft, dann im Zusammenhang mit der Verleihung des Kleist-Preises heftig attackiert, sein Stück *Geschichten aus dem Wiener Wald* als »Unflat ersten Ranges« bezeichnet und dem Autor vorgeworfen, daß er »deutschen Menschen nichts, aber auch gar nichts zu sagen« habe. Die von Will Vesper herausgegebene Zeitschrift Die neue Literatur verunglimpfte ihn als »Verfasser wilder linksradikaler Tendenz-Literatur« (1931). Schließlich griff ihn im Februar 1933 Dr. Rainer Schlösser, der spätere Reichsdramaturg und damit wichtigste Theaterfeldwebel im Dritten Reich, in einem Artikel persönlich an: »Ödön Horváth besaß die Frechheit, die Nationalsozialisten anzupöbeln ... *Wird sich der Ödön noch wundern!*« Das Verbot seiner Stücke wie das anderer Autoren nahm der Artikelschreiber dann vorweg, als er erklärte: »Schluß mit der Herabsetzung des völkischen Gedankens, Schluß mit dem Negerkult und den sensationellen Reißern, Schluß mit der offenen bolschewistischen Propaganda und der Verhöhnung des heldischen Ideals, Schluß mit den Geschichtsfälschungen und der Verherrlichung der Unterwelt!«

Diese Forderungen ließen an Deutlichkeit nichts zu wünschen übrig. Vorbei war die Zeit, wo man eine solche Kampfansage an die humanistische Kunst und Literatur nicht ernst nehmen und als »Selbstverständlichkeiten« des journalistischen Tagesgeschäfts abtun konnte. Der verbleibende Spielraum reichte nicht zum Atmen.

Auch für Horváth bedeutet der 30. Januar 1933 einen Lebensumbruch. Doch er gehört nicht zu den unmittelbar Bedrohten und Verfolgten, die gezwungen sind, über Nacht zu fliehen und in einem ungewissen Exil Sicherheit zu suchen. Ihm, dem ungarischen Staatsbürger und »nach Nazibegriffen reinrassigen Arier« (Ulrich Becher), bleibt auch im Gegensatz zu anderen in Deutschland lebenden Ausländern – Walter Tschuppik und Egon Erwin Kisch z. B. – die faschistische Schutzhaft erspart. Er geht nach Österreich, was gleichbedeutend ist mit einem Ortswechsel, und setzt dort seine im Reich nicht mehr mögliche schriftstellerische Tätigkeit fort.

Weiterreichende Schlußfolgerungen zieht er aus der ihm aufgezwungenen Situation zunächst nicht. Während sich viele seiner emigrierten Berufskollegen zusammenschließen und gegen die Vorgänge in Hitlerdeutschland Stellung nehmen, hält er sich abseits und schweigt. Diese auch für andere bürgerliche Schriftsteller charakteristische Haltung stößt bei den zum Widerstand Entschlossenen auf Unverständnis und Ablehnung. Als er eine Protestresolution nicht unterzeichnet, macht in der Exil-Zeitschrift Der Gegen-Angriff Oskar Maria Graf gegen ihn Front. »Habt Ihr auch nur halbwegs über das Benehmen des Herrn *Stefan Zweig*, des plötzlich sich als Ungarn fühlenden deutschen Kleistpreisträgers *Ödön Horváth* anläßlich eines harmlosen Telegramms an den Penclubkongress in Ragusa gehört? Dagegen ist sogar Herr *Salten* (Felix Salten war Präsident des österreichischen Pen-Zentrums, d. Verf.) ein – wie man in Wien sagt – ›Waaserl‹ . . .« Und Graf schlägt »eine *schwarze Liste* all dieser feigen Schriftsteller« und den Boykott ihrer Bücher in den eigenen Reihen vor.

So bedenklich, ja schädlich in dieser Situation ein solcher Radikalismus war, da er – im Interesse antifaschistischer Bündnispolitik – nicht zur erforderlichen Überwindung, eher zur Vertiefung der Gegensätze beitrug, so problematisch mußte in den Augen eines aktiven Antifaschisten wie Oskar Maria Graf, der den Nazis mit seinem aufsehenerregenden Artikel *Verbrennt mich!* eine Abfuhr erteilt und sich konsequent auf die Seite der antihitlerischen Gegenwehr gestellt hatte, Horváths Passivität erscheinen, die Zweifel an seiner moralischen Integrität aufkommen ließ. Dieser Eindruck verstärkt sich noch durch Horváths Aufkündigung der Mitarbeit an der von Klaus Mann herausgegebenen Exil-Zeitschrift Die Sammlung, Amsterdam. Er ist allerdings kein Einzelfall. Auch andere Schriftsteller – Thomas Mann, Alfred Döblin, René Schickele, Stefan Zweig, Robert Musil – distanzieren sich von ihrer gegebenen Zusage. Welche Gründe im einzelnen bei dieser Entscheidung eine Rolle mitgespielt haben mögen – Rücksicht auf die in Deutschland verbliebenen Angehörigen, der Wunsch, vom innerdeutschen Markt nicht abgeschnitten zu werden usw. –, sicher ist, daß diese Absagen unter dem Druck der reichsdeutschen Verlage erfolgten, die ihre Autoren »bearbeiteten«, um aus ihnen – wenn möglich – Proselyten zu machen. Darüber hinaus offenbart dieser Vorfall aber auch einen Mangel an politischer Klarsicht. Horváth sieht im Faschismus nicht die brutalste Herrschaftsform des Imperialismus, sondern den Absturz Deutschlands in die Vernunftwidrigkeit, das Reich des Antichrist, einen Anachronismus und Rückfall in mittelalterliche Barbarei. Diese Auffassung bestimmt seine Haltung, die sich wohl dem Faschismus verweigert, aber auch der Möglichkeit zum aktiven Handeln begibt. Zahlreiche bürgerliche Schriftsteller erkennen gerade in dieser Zeit durch die Zusammenarbeit mit sozialistischen Autoren die »Wurzel des Übels« und den Faschismus als angreifbare Macht – Einsichten, die Horváth nicht gewinnt. Für ihn bleibt noch nach Jahren die quälende Frage »Wie konnte das geschehen? Wie war eine solche Katastrophe möglich?« unbeantwortet. Und er gerät in Zweifel, ob er die Faschisten, Zielscheibe seines Spottes in der *Italienischen Nacht*, nicht unterschätzt hatte. Einige Aufzeichnungen zu seinem letzten geplanten Buch, dem Roman *Adieu Europa*, bestätigen das. Es heißt da: »I. Teil: Die erste Emigration. Eine Welt ist zusammengestürzt, man muß ganz anders schreiben. Warum emigriert? – Habe ich Fehler gemacht? . . . Weil man es nicht für möglich gehalten hat, daß das kommt . . .« Die Vorstellung, daß die Nazis in Deutschland jemals die Regierungsgewalt ausüben könnten, war für ihn absurd – und sie blieb es. Möglicherweise liegt hier der Grund für seine nochmalige Rückkehr nach Hitlerdeutschland 1934. Er sucht Antworten, will die dem Faschismus verfallenen Kleinbürger – er nennt sie »Untiere« – und ihre »Lust am Bösen« studieren. Inwieweit ihn sein Freund Franz Theodor Csokor dazu angeregt hat, als er ihm unter Datum vom 30. November 1933 schrieb, daß »alles, was sich in jener verwandelten Welt drüben abspielt, nichts als Stoff für uns (ist), den wir vielleicht einmal zu formen haben« – sei dahingestellt. Horváth geht mit ungarischem Paß wieder nach Berlin, schreibt dort Exposés und Dialoge für Unterhaltungsfilme; ein Jahr später aber kehrt er Hitlerdeutschland, wo seine Stücke weiterhin gesperrt bleiben, den Rücken. Aufführungschancen bestehen für ihn nur noch in Österreich und an den deutschsprachigen Bühnen der Schweiz und der Tschechoslowakei. Im Dezember 1934 kommt am Zürcher Schauspielhaus die Posse *Hin und her*, sein wohl am stärksten autobiographisch gefärbtes Stück mit dem Schicksal einer displaced person im Mittelpunkt, heraus. Die Aufführung ist für ihn von ideellem Wert, eine materielle Basis wirft sie nicht ab. Gewiß, Reichtümer hatte er auch vor 1933 in Berlin nicht besessen, aber wenigstens einen Vertrag mit dem einflußreichen Hause Ullstein, der es ihm ermöglichte, als Schriftsteller existieren zu können. Jetzt muß er mit seiner Kunst nach Brot gehen. Er schreibt ein Stück für eine Wiener Bühne auf Bestellung und fällt damit durch. Er kann es nicht.

Mit Arbeit hilft er sich über Depressionen hinweg. Erstaunlich, wieviel Werke in den Jahren 1935-1937 entstehen: 2 Romane und 6 Stücke, an Produktivität ein Pendant zu seiner Berliner Zeit. 1937 ist mit 4 Uraufführungen noch einmal ein großes Theaterjahr für ihn. Zweimal kann er sich auf der Bühne des Prager Deutschen Theaters verbeugen. Die Presse ist durchweg positiv – doch was bewirken szenischer und journalistischer Erfolg? *Figaro läßt sich scheiden* und *Ein Dorf ohne Männer* bringen es jeweils nur auf fünf Vorstellungen. In Mährisch-Ostrau erzielt das Schauspiel *Der jüngste Tag* drei Reprisen. Welche Ausstrahlung hätte diese Uraufführungskette unter anderen politischen Bedingungen gehabt?

Hier, im tschechoslowakischen Grenzgebiet, zeichnen sich schon die Auseinandersetzungen zwischen den demokratischen und den faschistischen Kräften der deutschen Minderheit ab, die auch an den Theaterbesuchern nicht vorbeigehen. »Der Erfolg der Uraufführung war ein nachhaltiger«, vermerkt ein Rezensent, »wenn auch das rühmlichst bekannte Ostrauer Publikum durch unverzeihliche Abwesenheit glänzte.«

Vor dem Hintergrund dieser Tatsachen ist das Ausweichen des Dramatikers Horváth in die Epik verständlich. In weniger als zwei Jahren schreibt er zwei Prosawerke, die an Zeitproblematik und politischer Brisanz nachzuholen versuchen, was die vorangegangenen Bühnenstücke schuldig blieben: *Jugend ohne Gott* und *Ein Kind unserer Zeit*. Sie dokumentieren, daß er, der Einzelgänger, sich letztlich der Gemeinschaft der antifaschistischen Schriftsteller zugehörig fühlte, und so wurden beide Bücher auch verstanden.

Als die Hitlerwehrmacht Mitte März 1938 Österreich besetzt, muß er fliehen. Wenn er bisher nicht unmittelbar gefährdet gewesen war, nun war er es. Und er blieb es bis zu seinem Tod im Sommer 1938.

IV.

Ödön von Horváth gehört zu jener Schriftstellergeneration, die – wie es Oskar Maria Graf einmal ausdrückte – »nach dem ersten Weltkrieg alle Illusionen verlor und einfach durch die Umstände ins Soziale einmündete«. Auch er sieht »die Hauptprobleme der

Menschheit in erster Linie von sozialen Gesichtspunkten aus« und reflektiert in seinem Werk einen Gesellschaftszustand, der geprägt wird von den ökonomischen und politischen Erschütterungen der Zwischenkriegszeit. Mit 17 Jahren erlebt er den Zusammenbruch Österreich-Ungarns, jener »Vorkriegsdoppelmonarchie, mit ihren zweidutzend Nationen, mit borniertestem Lokalpatriotismus neben resignierter Selbstironie, mit ihrer uralten Kultur, ihren Analphabeten, ihrem absolutistischen Feudalismus, ihrer spießbürgerlichen Romantik, spanischen Etikette und gemütlichen Verkommenheit« (Horváth). Er ist Zeuge der Aushöhlung aller Werte durch die Inflation und der Wiedererstarkung der Reaktion. Er sieht die katastrophalen Auswirkungen der Weltwirtschaftskrise, den Bankrott der »kleinen Leute«, die Zerstörung der menschlichen Persönlichkeit als Folge von Arbeitslosigkeit und wirtschaftlichem Ruin. Schließlich das Versinken einer Kulturnation in der faschistischen Barbarei. Was er auf seinem Weg durch die Zeit vorfindet, sind Instabilität, Verfall, Auflösungserscheinungen und Katastrophen, ein ewiges »Schlachten, bei dem es zu keinem Frieden kommen soll, höchstens daß mal ein Individuum für einige Momente die Illusion eines Waffenstillstandes genießt« (Horváth).

Aus diesem Boden erwachsen seine Bühnenwerke. Er nennt sie Volksstücke, doch entspricht er dem Muster dieses dramatischen Genres nur scheinbar. Er paralysiert Idyllik, Romantik, Happy-End, herzigen Humor, zeigt keinen Ausgleich der Gegensätze, keine heile Welt, keine gradlinigen Charaktere. Das Volksstück *Geschichten aus dem Wiener Wald* verspricht Heurigen-Stimmung, Prater-Atmosphäre, Liebelei an der schönen blauen Donau, de facto aber werden zu Walzer-Melodien und Schrammelmusik der Wiener Gemütlichkeit und dem »goldenen Wiener Herzen« der Garaus gemacht. Es ist bezeichnend für Horváths Dramatik der Frühzeit, daß die Titel seiner Volksstücke alle irreführend sind und Erwartungen wecken, die nicht erfüllt werden. *Italienische Nacht* verheißt Geselligkeit, Vergnügen, Lampionzauber, nicht aber politische Auseinandersetzungen und Zeitkritik. *Kasimir und Karoline* läßt auf ein Genre-Bild vom Münchner Oktoberfest mit Bierseligkeit und Achterbahn-Gaudi, *Glaube Liebe Hoffnung* auf eine rührende Liebesgeschichte schließen. Begonnen wird dieses Verfahren mit dem Stück *Zur schönen Aussicht*, das als Schlüsselwerk angesehen werden kann. Es enthält im

Keim bereits alles, was die Spezifik seines späteren Bühnenschaffens ausmacht. Seine Handlungsträger sind Kleinbürger – »Degradierte früherer Stände«, wie Horváth sie bezeichnet –, die – und mit diesem Etikett könnte man alle seine Bühnenfiguren versehen – ein Leben ohne Geländer führen, stets Gefahr laufend, in die Tiefe beiderseits des schmalen Grats, auf dem sie durch ihr Dasein balancieren, abzustürzen. Keiner von ihnen hat mehr festen Boden unter den Füßen, sie sind Geschöpfe einer kranken Zeit, die sie zu dem werden ließ, was sie sind: Depravierte, aus der Bahn Geworfene. Habgier und Selbstsucht bestimmen ihr Denken, Rücksichtslosigkeit und Gefühlsroheit ihr Handeln. Ihr Opfer ist Christine, die in einen Abgrund von Niedertracht und Gemeinheit gestoßen wird. In ihr sind spätere Frauenfiguren Horváths – Marianne, Elisabeth, Karoline, Susanne, teilweise auch Adele – vorgebildet. Sie alle haben das gleiche Los: ihre Hingabe wird enttäuscht, ihre Liebe mißbraucht, ihre Menschlichkeit zertrampelt. Sie sind verwundbare, vom Schicksal vernachlässigte, beiseitegeschobene Geschöpfe, ihnen gehört die Sympathie des Autors. Frauen tragen bei Horváth nur ganz vereinzelt das Signum der Fragwürdigkeit, das rundweg den Männern anhaftet. Auch damit nimmt die Komödie *Zur schönen Aussicht* das weitere Werkschaffen des Dichters vorweg.

Deutlich zeigt Horváth die Abhängigkeit des Handelns und Gefühlslebens seiner Figuren von den ökonomischen Bedingungen. Strasser, ehemaliger Offizier, abgebrochener Filmschauspieler und nun Hotelier, erklärt Christine, der Mutter seines Kindes, unverblümt: »Ich weiß nur, daß ich dich nun liebe, weil du zehntausend Mark hast. Ohne diese Summe hätte ich auch keine Reue empfunden.« Und als Begründung für seine an ihr begangene Charakterlumperei fügt er an: »Du kannst doch nicht verlangen, daß einer, der wirtschaftlich zugrunde gerichtet worden ist, sich in eine Bettelprinzessin verliebt.«

In dem sechs Jahre später entstandenen Stück vom Münchner Oktoberfest vertritt Schürzinger, der Zuschneider, einen ähnlichen Standpunkt: »Nehmen wir an, Sie lieben einen Mann. Und nehmen wir weiter an, dieser Mann wird nun arbeitslos. Dann läßt die Liebe nach, und zwar automatisch.« Und Karoline, die ihm zunächst heftig widerspricht, gelangt dann doch zu der Erkenntnis: »Das Leben ist hart und eine Frau, die wo etwas erreichen will, muß einen einflußreichen Mann immer bei seinem Gefühlsleben packen.« Zuneigung als Geschäft, Liebe als finanzielle Transaktion – Horváths Figuren haben keine andere Chance als die der seelischen oder körperlichen Preisgabe. Nur für die gedemütigte Christine in der *Schönen Aussicht* gibt es noch einen individuellen Ausweg aus der Misere, da ihr der liebe Gott zu einer respektablen Erbschaft verholfen hat.

Und noch ein anderes Symptom deckt Horváth in diesem Frühwerk auf: die politische Gefahr von rechts. Der Handelsvertreter Müller, für den Hölderlin kein Begriff ist, steht am Anfang einer Reihe von Werkfiguren aus dem Lager der Reaktion. Sein Haß auf das Proletariat (»Lauter Gewerkschaftler!«) und ihre sozialen Einrichtungen, seine unverhohlen hinausposaunten Forderungen nach »Zucht und Ordnung«, einem »Volk in Waffen«, nach mehr »Lebensraum« (»Wir brauchen . . . Kolonien!«) und einem neuen Krieg, der getrost »einige Millionen Menschen vernichten kann«, machen seine Gesinnungsverwandtschaft mit dem Faschismus evident. Prädisponiert für dessen Parolen, Praktiken und Ziele sind auch andere Figuren im Stück, deren Verschlagenheit, Roheit und Brutalität sie zu Werkzeugen der braunen Soldateska befähigt. Man kann sie sich mühelos 8 Jahre später im Dienste des NS-Regimes vorstellen. Horváth hat in der *Schönen Aussicht* erstmals und später wiederholt auf diese Erscheinung aufmerksam gemacht. Auch hierin nimmt dieses Stück sein späteres Bühnenschaffen vorweg.

V.

Fragt man nach den literarischen Vorbildern, an denen sich Horváth orientierte, so findet sich bei ihm selbst nur der Hinweis auf die »Tradition der Volkssänger . . . und Volkskomiker«, die ihm näherstanden als »die Autoren der klassischen Volksstücke«. Dennoch sind weitere Einflüsse erkennbar. Nestroy ist hier vor allem zu nennen, der mit seinen Possen (auch Horváth bezeichnet zwei seiner Stücke so) die Wiener Gemütlichkeit aufgeschreckt und deren brüchigen Untergrund freigelegt hatte. Mit Nestroy gemeinsam hat Horváth den unverstellten Blick für die Wirklichkeit, die Kunst der Charakterzeichnung, die Vorliebe für Satirisches und Groteskes. Auch Nestroy war – wie Horváth – ein Fanatiker der Sprache, ein vom Wort als wichtigstem Ausdrucksmittel Besessener; auch seine Stücke enden nicht »positiv«, wenn sie gleich mit Verlobung oder Eheschließung gut ausgehen, denn die Ehe ist für ihn eine »wechselseitige Verbitterungsanstalt« und demzufolge zweifelhaft; bei Horváth wird sie – man denke an Marianne in den *Geschichten* oder Adele in der *Italienischen Nacht* – zum Martyrium.

Spuren von Ludwig Anzengruber (*Das vierte Gebot*) finden sich in Horváths Werk, von Arthur Schnitzler (das »süße Mädel«) und von August Strindberg, der in seinem *Traumspiel* (dessen Figur des Offiziers als Rittmeister in den »Geschichten« wiederkehrt) die Mühsal der Menschen geschildert und vorgeführt hatte, »wie schwer ihr Leben ist. Und das Schwerste ist: anderen Böses zu tun, wozu man gezwungen wird, wenn man leben will« (Strindberg). Auch die Einwirkung des Naturalismus auf Horváth ist unverkennbar. Thema und Konflikt seines Erstlings *Revolte auf Côte 3018* erinnern an Gerhart Hauptmanns *Weber*, die holzschnittartige Zeichnung der Figuren an Karl Schönherr.

Auffällig ist der Einfluß von Carl Sternheim, dessen Werk in den zwanziger Jahren lebhaft diskutiert wurde. Von seinem Bestiarium der Bürgerstube führt der Weg zu Horváths Kleinbürger-Pandämonium, doch die Zeit hat den sozialen und geistigen Habitus der Figuren verändert. Sternheims Kleinbürger schaffen es »nach oben« (wie Paul Schippel), Horváths Geschöpfe hingegen – gezeichnet von Nachkrieg und Krise – bleiben auf der Strecke. Wie bei Sternheim, so liefern auch Horváths Stücke nicht »Lösungen«, Prognose, sondern Diagnose, decken sie Krankheitskeime auf, blicken sie hinter die Kulissen der Zeit. In beider Werk gewinnen die Bühnenfiguren keine Einsichten, wohl aber der Zuschauer. (»Erkenne dich bitte selbst!« fordert Horváth sein Publikum auf.) Sternheim wie Horváth signalisieren mit ihren gesellschaftskritischen Erkenntnissen einen Zusammenbruch, der durch die Jahreszahlen 1918 und 1933 markiert wird.

Als Störenfried bürgerlicher Behaglichkeit galt in den zwanziger Jahren auch Marieluise Fleißer, deren Einfluß auf Horváth bereits die zeitgenössische Kritik registrierte. »Die Dialogführung«, vermerkt Herbert Ihering in seiner Rezension zur *Italienischen Nacht*, »besonders in den erotischen Partien, ist ohne die *Pioniere in Ingolstadt* schwer denkbar. Auch die Gruppierung und springende Szenenführung erinnern an Marieluise Fleißers Lustspiel (das im März 1929 im Berliner Theater am Schiffbauerdamm aufgeführt wurde, d. Verf.). Vielleicht ist Horváth über diese Literatur zur bayrischen Wirklichkeit gekommen.« Horváth teilt mit Marieluise Fleißer Milieustimmigkeit und Realitätsnähe, Dichte der Atmosphäre und Genauigkeit der Sprache. Seine Berührungspunkte mit ihrem Werk sind auffallender als die zu Carl Zuckmayers *Fröhlichem Weinberg*, der mehr zur Wiederbelebung des alten Volksstückes beitrug als zu dessen Überwindung und Erneuerung, worin Horváth seine Aufgabe sah. Er ging dabei von der Überlegung aus, daß das Figurenarsenal früherer Volksstücke nicht mehr brauchbar war und ersetzt werden mußte durch »heutige Menschen«, und so bevölkern seine Bühnenwelt Mittelständler, Kleinbürger, Proletarier (zumeist ohne die Bewußtheit des Proletariats), denen es einmal besser ging oder unter den gegebenen gesellschaftlichen Verhältnissen nie besser gehen wird. Ihre realistische Schilderung bedingte die exakte Fixierung ihrer sozialen Lage (über die sich die wenigsten Bühnenfiguren Horváths im klaren sind) und die Authentizität ihrer Sprache. » . . . was ich mit meinen Stücken bezwecke: zuguterletzt die Demaskierung des Bewußtseins – das ist mein Dialog« (Horváth). Seine Figuren artikulieren sich in einer Sprache (Horváth nennt sie Bildungsjargon), die angefüllt ist mit Zitaten, abgegriffenen Redewendungen, konventionellen Floskeln, Platitüden. »Gottes Mühlen mahlen langsam«, gibt in den *Geschichten* Oskar, der Fleischhauer, von sich, »mahlen aber furchtbar klein. Ich werd an meine Mariann denken – ich nehm jedes Leid auf mich, wen Gott liebt, den prüft er. Den straft er. Den züchtigt er. Auf glühendem Rost, in kochendem Blei –«. Aus vorgefertigten Sprachteilen bestehen auch die Dialoge der Liebesszenen, die ein Sich-Verständigen und Verstehen fast unmöglich machen. Kasimir und Karoline sind dafür ein Beispiel, aber auch Kasimir und Erna, mit der sich der arbeitslose Chauffeur ein neues Glück erhofft. »So ist das Leben . . . Die Welt ist halt unvollkommen . . . Träume sind Schäume . . .« bietet er ihr als Gespräch an, das schließlich mit den Worten versandet: »Du, Erna – –« – »Was?« – »Nichts.« Der Rest ist dann Schweigen, und so steht folgerichtig hinter dieser Text-Passage die Anmerkung »Stille«, womit der Autor den Kampf zwischen Bewußtsein und Unterbewußtsein kennzeichnet.

Der Dialog, dem Horváth Priorität vor der dramatischen Handlung einräumte, war für ihn von so eminenter Bedeutung, daß ihm die Erneuerung des Volksstückes nur von diesem Punkt aus möglich schien. Mit seiner heute schon klassisch zu nennenden Trias *Italienische Nacht*, *Geschichten aus dem Wiener Wald* und *Kasimir und Karoline* hat er die Probe aufs Exempel geliefert. Ihre Thematik, Struktur, Kompositionstechnik, Sprachgestaltung, Figurenzeichnung und Stilmittel sind seine eigenständige und bleibende Leistung.

VI.

So homogen – und beeindruckend in seiner thematisch-stilistischen Geschlossenheit – sich Horváths Werk bis 1933 ausnimmt, so heterogen stellt sich dieses Werk nach 1933 dar. Deutlich ist erkennbar, daß sich Horváths persönliche Verunsicherung durch die Ereignisse in Deutschland auch auf sein Schaffen übertrug. Es ist gekennzeichnet von einem Suchen und Versuchen, von thematischer Aufsplitterung, verbunden mit spürbarem Leistungsgefälle. Rückgriffe auf frühere Arbeiten (der Ich-Erzähler aus *Ein Kind unserer Zeit* ist mit Sladek verwandt), Ausweichen in die Historie (*Ein Dorf ohne Männer*), in märchenhafte Bereiche (*Himmelwärts*) finden sich, daneben Stoffe aus der Gegenwart, die aber anders anvisiert und reflektiert wird. Der konkrete Zeitbezug, der seine Werke bis 1933 auszeichnet (und es ist kein Zufall, daß diese Werke ohne Ausnahme in der Gegenwart spielen), weicht dem Streben nach Überzeitlichkeit, Allgemeingültigkeit, nach modellhafter Gestaltung. Individuelles Schicksal, bisher eingebettet in das Schicksal vieler, wird aus diesem Bezugsgeflecht herausgehoben, die religiöse Problematik, in den zwanziger Jahren stark zurückgedrängt, gewinnt an Bedeutung. Der Umbruch vollzieht sich mit der Komödie *Die Unbekannte aus der Seine*, die Horváth bereits außerhalb Deutschlands schreibt. Gewiß, die Handlung ist wirklichkeitsnah, die Figuren sind greifbar, das Milieu echt. Ein Uhrmacher wird umgebracht, die Täter entkommen, nichts wird ruchbar, der Mörder bleibt das, was er war: ein unbescholtener Bürger, das Leben geht weiter. Das ereignet sich in der Seitengasse einer großen Stadt – sie ist vergleichbar der stillen Straße im achten Bezirk aus den *Geschichten* – zwischen Wohnhäusern und Geschäften mit schönen Auslagen. Doch eine Figur durchbricht diese realistisch wiedergegebene Alltagswelt: die Titelheldin, deren Herkunft im Dunkeln liegt und von der

Albert meint, sie sei der Tod. Diesseitiges und Jenseitiges ist um sie (damit nimmt sie den *Jüngsten Tag* vorweg) und der Schleier eines Geheimnisses. Was in dieser Komödie nur als unscharfes Zeichen gesetzt ist – das Ausgreifen in metaphysische Bereiche, ins »Allgemein-Menschliche« –, gewinnt für Horváth mehr und mehr an Bedeutung und prägt sein prämortales Werk. Der Realitätsgehalt schwächt sich ab (das Stationenstück *Don Juan* tendiert zum subjektiven Drama), das Zeitgeschehen – in den Frühwerken unverschlüsselt wiedergegeben und demzufolge ablesbar – erscheint chiffriert (im *Kind unserer Zeit* fehlt die konkrete Benennung des aggressiven Staates und seiner Führer), die Konflikte, die sich im Werk vor 1933 aus den »anarchischen Produktionsverhältnissen« – wie Horváth sie bezeichnet – ergaben, werden privat (Figaro, aus persönlichen Gründen in die Emigration gegangen, kehrt zurück und versucht, die Revolution »menschlicher« zu machen. Andere utopische politische Vorstellungen finden sich in *Hin und her*). Nach Schuld wird gefragt (die Unbekannte nimmt sie für einen anderen auf sich), nach der Moral des einzelnen, seiner Intaktheit. Ein neues Motiv taucht auf: die »Kälte als Schuld« (Werfel) und ein poetisches Symbol: der Schneemann, zu dem Don Juan und der Ich-Erzähler von *Ein Kind unserer Zeit* als »zynische Opfer ihrer Wirkung« erstarren. Der Glaube bekommt einen zentralen Stellenwert. Auch im Frühwerk ist unausgesetzt von »Gott« die Rede, doch haben Horváths Figuren den Glauben an ihn längst verloren oder knüpfen daran keine Hoffnung auf Besserung ihrer Lage. »Der da drobn is taub für uns arme Leut!«, heißt es in der *Revolte auf Côte 3018*, und Christine kommt, nach allem, was sie im Hotel *Zur schönen Aussicht* erlebt hat, zu dem Schluß: »Es gibt einen lieben Gott, aber auf den ist kein Verlaß. Er hilft nur ab und zu, die meisten dürfen verrecken. Man müßte den lieben Gott besser organisieren. Man könnte ihn zwingen. Und dann auf ihn verzichten.« Gott ist beim frühen Horváth der Erhalter der bestehenden, schlecht eingerichteten bürgerlichen Ordnung (auch der Natur, die aber als Antithese zur Gesellschaft verstanden wird), der Protektor der Reichen und Feind der Armen. Im Spätwerk repräsentiert Gott – wie es Kurt Grossmann in einem offenen Brief an den Autor ausdrückte – »das Sittengesetz in uns«. Gott wird zum Inbegriff der Wahrheit, Humanität, Gerechtigkeit, Bildung, Vernunft. Je mehr der Faschismus diese Werte niederwalzte – in Deutschland wächst eine Jugend ohne Gott heran –, desto stärker klammerte sich Horváth an sie, um sie zu bewahren (man denke an die Entscheidung des Lehrers für die Wahrheit im Roman *Jugend ohne Gott*). Es ist seine subjektiv ehrliche Alternative zu dem lebensfeindlichen »Weltwinter« (Werfel), der mit der braunen Barbarei über die Menschheit hereingebrochen ist. Gleichzeitig knüpft er an diese Werte eine individuelle wie kollektive Erlösungserwartung, da er den Ausweg für die vom Faschismus bedrohte Welt im organisierten Widerstandskampf nicht sah.

Dennoch kann kein Zweifel daran bestehen, daß beide Werke als wichtige Zeitdokumente zur antifaschistischen Literatur gehören. Und so wurden sie von den Zeitgenossen auch aufgenommen. Thomas Mann bezeichnete *Jugend ohne Gott* als eines jener Bücher, »das mir in letzter Zeit lebhaften Eindruck gemacht hat«, und Hermann Hesse empfahl diese Erzählung als Lektüre Alfred Kubin mit dem Hinweis: » . . . sie hat Fehler, ist dennoch großartig und schneidet quer durch den moralischen Weltzustand von heute.«

VII.

Horváth, ein Realist? – Horváth, ein Metaphysiker?

Es wäre verfehlt, bei der Beurteilung seines Gesamtschaffens von einem Gegensatz zwischen seinem vor und nach der faschistischen Machtergreifung entstandenen Werk zu sprechen. Zweifellos bedeutete das Jahr 1933 einen Einschnitt in Horváths Leben und Werk (wie dem anderer Schriftsteller auch), doch ist daraus kein Auseinanderklaffen seines Gesamtschaffens abzuleiten. Es zeigt sich vielmehr, daß dieses Werk in wesentlichen Punkten eine Einheit darstellt. Daran vermögen auch graduelle Wertverschiebungen, die zweifellos vorhanden sind, nichts zu ändern. Die soziale Problematik, die sein Frühwerk beherrscht, ist nach wie vor vorhanden. Es genügt, auf die *Unbekannte*, in der die wirtschaftliche Misere die Grundlage des Geschehens bildet, auf *Ein Kind unserer Zeit*, dessen Zentralfigur ein Produkt der Nachkriegsverhältnisse ist, und *Jugend ohne Gott* (die stillgelegte Fabrik, die Armut im Dorf, die herumstreunenden Kinder) zu verweisen. Auch von einer Preisgabe gewonnener Einsichten und Überzeugungen kann nicht die Rede sein. Seine Sozialkritik bleibt antikapitalistisch, wie die späten Romane belegen, auch wenn er im Imperialismus nicht die Voraussetzung für den Faschismus erkennt. Horváth zieht nicht in Zweifel, daß einmal eine andere Gesellschaftsschicht – wie es im *Ewigen Spießer* heißt – »hinter uns Kaufleuten heraufdämmern« wird. Noch im *Don Juan* läßt er das Erste Fräulein sagen: » . . . ihr habt die Revolution niedergeknüppelt, aber wir kommen wieder!« Und im *Figaro* wird betont, daß sich »zwangsläufig-weltgeschichtliche Elementarentwicklungen« – als solche verstand Horváth Revolutionen – »nicht aufhalten« lassen.

Horváth, der sich Ende der zwanziger Jahre sozialistischen Gedankengängen nähert (*Der Fall E.*), ohne daraus, wie andere aus dem Bürgertum stammende Schriftsteller, Konsequenzen für seine eigene Entwicklung abzuleiten und auf die Seite des revolutionären Proletariats überzugehen, war sich klar darüber, daß »wir ausgerechnet zwischen zwei Zeitaltern leben«. Im Vorwort zum *Don Juan* definiert er die Jahre, in denen das Stück spielt, als »nur eine scheinbar vergangene Zeit«, denn – so seine Schlußfolgerung – »von einer etwas höheren Warte aus gesehen, leben wir noch immer in der Inflation, und es ist nicht abzusehen, wann sie zu Ende gehen wird.« Es fällt nicht schwer, diese Formulierung zu entschlüsseln, um sich davon zu überzeugen, wie richtig er seine Zeit sah: die allgemeine Krise des Kapitalismus war mit dem Machtantritt des deutschen Faschismus in eine neue Phase getreten. Und wenn er 1938 in einem Brief an Franz Theodor Csokor zum Ausdruck brachte, daß »unsere Arbeit der Wahrheit und der Gerechtigkeit geweiht« bleiben müsse, so war das nur die Erneuerung eines Bekenntnisses, das er bereits 1929 abgelegt hatte: »Ich glaube, daß ein wirklicher Dramatiker kein Wort ohne Tendenz schreiben kann. Es kommt nur darauf an, ob sie ihm bewußt wird oder nicht.« Horváth *war* sie bewußt, und weil er sich dazu bekannte, konnte er zu dem werden, was er ist: ein scharfsichtiger, unbestechlicher Chronist seiner Zeit.

VIII.

Die ihn kannten, versichern, daß er viel auf Prophezeiungen und Vorahnungen gab und vor gewissen Dingen Angst hatte, ohne zu wissen warum. Nie benutzte er einen Lift, und Straßen waren ihm unheimlich. »Straßen können einem übelwollen«, äußerte er einmal, »können einen vernichten.« Es war eine Straße, eine der schönsten der Welt, die ihm zum Verhängnis wurde.

Am 28. Mai 1938 traf er – von Amsterdam kommend – in Paris ein, um hier den französischen Übersetzer von *Jugend ohne Gott* kennenzulernen und mit dem Regisseur Robert Siodmak Verhandlungen über eine mögliche Verfilmung dieses Romans zu führen. Paris sollte nur eine Zwischenstation auf seinem Weg in die Schweiz sein, wo er den Sommer über zu bleiben gedachte. »Ich hab ein neues großes Buch vor«, hatte er im April seinem Freund Franz Theodor Csokor mitgeteilt. Dafür lagen die ersten Skizzen vor. Auch gab es Überlegungen, Europa gänzlich zu verlassen und nach Amerika weiterzuemigrieren. Da ereilte ihn am 1. Juni abends auf den Champs-Élysées das Schicksal. Mitten auf dieser Prachtstraße erschlug ihn der herabstürzende Ast eines Baumes. »Ein solches Schlußkapitel zu einem Dichterdasein 1938, so irreal, so barock und so jäh unzeitgemäß, hätte hinzuschreiben überhaupt nur ein Schriftsteller unserer Generation sich getraut: Ödön von Horváth. Es fügt sich ganz organisch, von ihm selbst gefunden, seinem Werk an, das oft mit einem übermütigen Satz über den Zaun des Jenseits springt« (Walter Mehring).

Die Beisetzungsfeierlichkeiten auf einem Friedhof im Norden von Paris führten Vertreter der deutschen Emigration aus allen Lagern zusammen: Christen, Demokraten, Kommunisten, unter ihnen die Schriftsteller Franz Werfel, Joseph Roth, Walter Mehring, Alfred Neumann, Manfred Georg, Rudolf Leonhard, Hermann Kesten, Carl Zuckmayer, Paul Friedländer und die Theaterleute Erwin Piscator, Alwin Kronacher, Leo Mittler. Der Schutzverband Deutscher Schriftsteller (SDS) in Paris veranstaltete eine Trauerfeier, Zeitungen und Zeitschriften, vor allem der Exil-Presse, brachten Nachrufe.

Ein halbes Jahr nach seinem Tode führten auf Initiative und unter der Regie von Alwin Kronacher, dem ehemaligen Intendanten des Frankfurter Schauspielhauses, deutsche Schauspieler in Paris *Glaube Liebe Hoffnung* auf – jenes Stück Horváths, das in Deutschland 1933 nicht mehr herauskommen konnte. Die Presse erwähnt die Schwierigkeiten, unter denen dieser Theaterabend in der Fremde zustande kam: »Diese Schauspieler sind nahezu ausnahmslos Emigranten, von Existenzsorgen zerfressen; sie eilen teilweise von schwerer Arbeit zu den Proben, manche zu Fuß, weil das Fahrgeld für sie zu teuer ist. Es steht ihnen für die Proben nur ein kleines Zimmer zur Verfügung, nichts darf etwas kosten . . .« Dennoch gelang eine »mit den Mitteln der besten deutschen Inszenierungstradition« durchgearbeitete Aufführung.

Ein weiteres halbes Jahr später standen die Zeichen der Zeit bereits auf Krieg. Das ausbrechende Inferno ließ angesichts sinnloser Massenvernichtung ein so tragisches Einzelschicksal wie das Horváths verblassen, ihn in Vergessenheit geraten. Es verschüttete auch die Worte, die Freunde und Kollegen damals für ihn fanden. Ein Zeugnis möge für viele stehen: Rudolf Leonhard, aktiver Antifaschist im Schutzverband Deutscher Schriftsteller in Paris, schrieb 1938 in der Neuen Weltbühne: »Ödön von Horváth war Ungar, aber deutscher Sprache und deutschen Geistes, und da er ehrlich und phrasenlos war: freien Geistes. Also hat auch er, ganz und gar ein Dichter, ein Mensch mit lebensnaher Phantasie und lebensvollem Gefühl, vor Hitler fliehn müssen . . .

Horváth galt als katholischer Dichter; er war es; aber was für ein Problem für ihn, ein katholischer Dichter zu sein! Dieser Satz von ihm, der enthüllend wirkt, aufreißend; der in den Grabreden wiederkam und in den Reden der Trauerfeiern: ›Gott ist das Schrecklichste auf Erden‹, dieser Satz ist nicht von einem geschrieben worden, der einfach dadurch mit dem Leben fertig wird, daß er, im traditionellen Sinne, katholisch ist. Der das geschrieben hat, ist kein ›Protestant‹, er ist mehr: ein Erschütterter; ist, wenn ich das so nennen darf, ein katholischer Revolutionär. Und erstaunlich war, . . . wie sehr dieser vom Glauben nicht Gefestigte sondern wunderbar Erregte und Erschütterte in Fluß geraten war; wie er sich tapfer im Strom der Zeit trug; wie dieser Strom, ehe der sinnlose Tod die Entwicklung abriß, ihn uns näher und immer näher trug . . .«

1980

Anmerkung

Bei dem Beitrag von Hansjörg Schneider handelt es sich um das *Nachwort* zu der zweibändigen DDR-Erstausgabe von Ödön von Horváth, *Ausgewählte Werke* (Band 1: Stücke. Band 2: Prosa), hg. Hansjörg Schneider, Berlin (Verlag Volk und Welt) 1981. Dort abgedruckt auf den Seiten 437-456.

Traugott Krischke

Ödön von Horváth und seine »Geschichten aus dem Wiener Wald« Beiträge zu Biographie und Werk

I.

Ödön von Horváth verstand sich als Chronist seiner Zeit.[1] Seine Art zu schreiben entsprach der Formulierung Kurt Tucholskys aus dem Jahr 1927: »Man sollte mal heimlich mitstenographieren, was die Leute so reden.[2]

In diesem Sinne ist das Werk Ödön von Horváths zu sehen und jede Interpretation zu relativieren, will sie nicht Gefahr laufen, sich zu verselbständigen, oder gar eine Parodie ihrer selbst werden.[3] Die wenigen theoretischen und eigeninterpretatorischen Texte Horváths belegen, daß Anlaß seines Schreibens »das Leben zu zeigen«[4] war, nicht die Realisation eines theoretischen Denkansatzes, selbst wenn hiermit das Mißverständnis provoziert werden sollte, man »verfehle« Horváth, »wenn man ihn als naturalistisch-atmosphärischen Abschilderer gesellschaftlicher Wirklichkeit begreift«.[5]

Die Motivation Horváths, »unter die ›Literaten‹ zu gehen« (1,9), war, folgt man seiner eigenen Darstellung, eine durchaus naive. »Du könntest doch eigentlich Schriftsteller werden, Du gehst doch z. B. gern ins Theater, hast bereits allerhand erlebt, Du widersprichst gern, fast dauernd und dieser eigentümliche Drang, das was man so sieht und erlebt niederzuschreiben, den hast Du auch [. . .]«[6] Horváth ergänzte später in dem Typoskript seine Worte »das, was man so sieht und erlebt« handschriftlich mit: »und vor allem: was man sich einbildet, daß es die anderen erleben«.[7]

Zu diesen Erlebnisbereichen gehörten Ereignisse beim Bau der Zugspitzbahn, dargestellt in *Revolte auf Côte 3018* bzw. in *Die Bergbahn.*[8] Das Vorbild zu Menschen und Schauplatz für die Komödie *Zur schönen Aussicht* fand er in Murnau[9], in Berlin die Fakten zu *Sladek*[10] und auch zu *Rund um den Kongreß*[11]. Der Hintergrund seines Romans *Sechsunddreißig Stunden* ist ein detailliertes Abbild Münchens in den letzten Augusttagen des Jahres 1928[12], und sein darauf folgender Roman *Der ewige Spießer* in wesentlichen Passagen ein »Erlebnisbericht« seiner Reise zur Weltausstellung in Barcelona im September 1929. Der von Horváth erlebte und, im Sinne Tucholskys, »mitstenographierte« politische Alltag in der Endphase der Weimarer Republik ist im Volksstück *Italienische Nacht* nachweisbar.[13] Und Horváths Fragment aus dem Jahr 1930 um das Schicksal der »Lehrerin von Regensburg« Elly Maldaque – sie heißt bei Horváth Ella Wald – zeigt, wie Jürgen Schröder belegt, exemplarisch »in welcher Beziehung Dichtung und Wirklichkeit in seinem (Horváths) Werk stehen und wie sein Verhältnis zur Weimarer Republik beschaffen war, d. h. in welcher Weise er sich mit seinem Werk sozial und politisch engagierte und definierte«.[14]

II.

Das umfangreiche, oftmals in mehreren Kopien aufgefundene, mit handschriftlichen Notizen versehene Material der Vorarbeiten zu *Geschichten aus dem Wiener Wald* ist nicht vollständig. Viele Blätter wurden vernichtet, viele Blätter gingen verloren. Was erhalten blieb, sind Zettel, Blätter mit handschriftlichen Notizen, sind Szenen und Fragmente, die das belegen, was Dieter Hildebrandt »Grundmuster« nannte: »Da gibt es Grundmuster von Figuren, dessen Horváth sich in jenen Jahren bedient; aber nicht imitatorisch, sondern mit immer neuen Milieus, immer anderen Konstellationen, immer verschiedenen Bewußtseinslagen. Die Horváthsche ›Dämonologie des Kleinbürgertums‹ führt in alle Höllen des Alltags, die aber immer erkennbar bleiben durchs gleiche Verhalten der Betroffenen; durch ihr Aneinandervorbei-Gerede, durch ihre grandiose Ergebenheit in ein Schicksal, das sie kaum als solches erkennen, durch eine fast lustvolle Passivität gegenüber politischen Möglichkeiten.«[15]

Grundmuster von Figuren, Charakteren, Situationen, Konstellationen. Grundmuster, die über den Roman *Der ewige Spießer*, über die Posse *Rund um den Kongreß* bis zum Fragment *Ein Fräulein wird verkauft* zurückreichen. Und weiter noch.

In früheren Entwürfen heißt die Valerie, wie in *Ein Fräulein wird verkauft* und in *Rund um den Kongreß*, Luise, Luise Krammel und Luise Gift, später Mathilde. Schminke tritt auf, wie in *Ein Fräulein wird verkauft*, wie in *Rund um den Kongreß*, wie in *Sladek*. Marianne heißt noch Agnes, wie in der Urfassung des *Ewigen Spießers*, und begegnet, wie im *Ewigen Spießer*, einem Eishockeymann, im *Ewigen Spießer* wird er Harry Priegler heißen, und Agnes begegnet dem Herrn Reithofer aus dem Hörspiel *Stunde der Liebe* und aus dem *Ewigen Spießer*.

Das Fräulein »fiel bei den besseren Herren nirgends besonders auf [...] hatte nur eine Durchschnittsfigur und ein Durchschnittsgesicht, nicht unangenehm, aber auch nicht hübsch, nur nett«, beschrieb Ödön von Horváth das Fräulein Pollinger. (5,75) »Sie war auch trotz allem sehr gutmütig und verschloß sich den Herren nicht. Oft liebte sie zwar gerade ihren einen nicht, aber es ruhte sie aus, wenn sie neben einem Herrn sitzen konnte, im Schellingsalon oder anderswo.« Zum Beispiel im Wienerwald. »Auf einer Lichtung am Ufer der schönen blauen Donau«. Zum Beispiel: »In einem möblierten Zimmer im achtzehnten Bezirk«. Zum Beispiel: in einem »kleinen Café im zweiten Bezirk«. Zum Beispiel: »Draußen in der Wachau«.

Dem Fräulein, Anna, Agnes oder Marianne, »war fast alles in ihrem Leben einerlei, denn das mußte es ja sein«.

Das mußte es ja sein, denn sie alle konnten ihrem Schicksal nicht entrinnen.

Was war ihr Schicksal?

Die Suche nach dem, was man Glück nennt, nach dem, was man Liebe nennt – und keine ist.

Ein Ausflug in den Wald, um Verlobung zu feiern. Haustochter. Bei einer Ballettmeisterin, der Schönheit und des Freundes wegen. Schönheitskonkurrenz. Ein Kind. Und dann passé. Ein Treppenhaus, um sich »vom dritten Stock runter zu stürzen«. Frau von Krammel, Luise Krammel, einmal Retterin in der Not, einmal Kupplerin, einmal schlichte Hure, aber mit Gefühl. Ein Animierlokal als Alternative zu Südamerika. Café oder Heuriger. Und das Ende: ein Selbstmord oder ein Happy-End, der Strich oder, wie Hildebrandt es nennt, eben jener »grausamste, quälendste Tod [...] der langsame Tod in der Ehe«.[16]

Sind die im Nachlaß erhalten gebliebenen Entwürfe und Skizzen auch unvollständig und lückenhaft, so ermöglichen sie dennoch, einzelne Phasen des schriftstellerischen Prozesses aufzuzeigen und einen Einblick in das Wachsen des Stückes zu vermitteln. Gleichzeitig belegen sie auch, wie sich Horváths zentrales Bühnenstück aus dem Milieu und Figurenkreis anderer Arbeiten nach und nach emanzipierte.[17]

So entwarf Horváth unter dem Titel *Schönheit* ein dreiteiliges Stück, das als erster Entwurf zum späteren Volksstück *Geschichten aus dem Wiener Wald* gelten kann:

I. Teil	1. Wald
	2. Balkon bei den Motorradfahrern
	3. Beim Vater
	4. Haustochter
II. Teil	5. Bei der Ballettmeisterin
	6. Der Vater des Kindes
	7. Vater – Fredy
	8. Schönheitskonkurrenz
III. Teil	9. Treppenhaus
	10. Bei Frau von Krammel
	11. Animierlokal
	12. Café
	13. Das Kind.

Während das 1. Bild »Wald« – zu dem es in einem anderen Entwurf heißt: »Es machen einen Ausflug: Vater – Agnes – Oskar – Carola – Motorradler – Eishockeymann –« eindeutig zum 3. Bild des I. Teils der Endfassung (1,174 ff.) führt, erinnert der III. Teil dieses Konzepts an die ersten beiden Szenen des Fragmentes *Ein Fräulein wird verkauft* (8,125 ff.).

Mit dem Titel *Die Schönheit aus der Schellingstraße* konzipierte Horváth ein Volksstück in sieben Bildern.

1. Bei Agnes.
Agnes – ihr Bräutigam: der normale Optimist, der abends Sport trainiert; Marx liest (man muß durch Marx hindurchgegangen sein); dabei Metaphysiker ist: sein Ideal – der neue Mittelstand
– ihre Freundin, die Halbhur
– ihr Vater und (die Stiefmutter?)
2. In der Ballettschule. (Bei Frau Krammel)
3. Schönheitskonkurrenz.
4. Sie gibt den Startschuß ab. (Fürs Eishockey)
5. Bei ihrem Kinde.
6. Haustochter.
7. Heirat mit dem Bräutigam. (Im Animierlokal)

(Der Freund kommt mit Bekannten: ist verzweifelt, weil ihm plötzlich sein Optimismus wankend geworden ist.)

Dasselbe – handschriftliche – Blatt Horváths zeigt noch ein anderes, zweiteiliges Konzept:

I. Teil.
(Agnes wird Schönheitskönigin; erwartet ein Kind; ihr Vater, der Mann des Kindes wollen es abtreiben – sie will nicht)
(Bräutigam wandelt sich zum Katholiken)
1. Bild: Bräutigam – sein Kollege Schminke
Bräutigam: Ich verstehe dich oft nicht, Kollege.
Du kannst so gut reden, du hast so viel gelesen. Ich seh dich schon als Minister. Oder Abgeordneten.
Schminke: Es dreht sich hier nicht um mich.
II. Teil.
(Das Kind ist da; Agnes ist noch schön – aber: »Sie zieht keinen mehr an« – Haustochter / Gedanke an Südamerika)
Tod des Kindes – Selbstmordversuch / Heirat /
Bräutigam: Die Hauptsache ist die innere Schönheit – die äußere ist nur Teufels Blendwerk.
Agnes: Bin ich denn nicht schön?
Bräutigam: Doch! Du bist schön! –

Die Schönheit aus der Schellingstraße war – einem anderen Manuskriptblatt zufolge – auch als »Volksstück mit Gesang und Tanz« geplant. Mit den Vorschlägen »Musik von Kurt Weill. Tänze: Cläre Eckstein. Regie: Erich Engel«.
Danach folgte auf demselben Blatt ein anderes Konzept:

1. Irene wird überredet Tänzerin zu werden, ihre Schönheit auszunützen – sie verliert ihren Freund, den kleinen Angestellten Friedrich: ein richtiger Spießer – Gespräch der Eltern über Irenes Zukunft: beide wünschen heimlich, daß sie einen reichen Freund findet. Irene wird Tänzerin.
2. Bei der Ballettmeisterin.
Vertrag. Agent. Lokalbesitzer. – Fredy, ein Turftyp, der Bruder der Ballettmeisterin. Sie lernt Freunde kennen: einen verheirateten Rechtsanwalt, einen Militärattaché, einen melancholischen Reichswehroffizier – den Scherzartikelerfinder.
3. Auf der Rennbahn.
(Mannequin. Der Johny, der um den Tod seiner Frau trauert.)
4. Auf dem Sportplatz (Eishockey)
5. Die Schönheitskonkurrenz.
(Sie fühlt sich bereits Mutter – wird keine Schönheitskönigin)
6. Sie hat das Kind. (Fabrik)

(Ihr Kind stirbt)
7. In dem Animierlokal
(Sie trifft Friedrich und kehrt zu ihm zurück.)

Das Animierlokal, so weist auch ein anderer Entwurf nach, in dem Irene bereits wieder Agnes heißt, ist das »selbe Lokal, wie die Schönheitskonkurrenz«. Auch Details der Szene »Nacktplastik« zeichnen sich in den Entwürfen Horváths bereits ab: »Die Jagd nach dem Glück (Friderizianischer Marsch), Nacktes Mädchen mit Schwarzweißrot, Der echte Völkerbund (mit Wimpeln)«; eine »Show«, die dann später auch – variiert – in die Endfassung von *Geschichten aus dem Wiener Wald* aufgenommen wird. Frühere Skizzen werden in einen neuen Entwurf integriert.

Die Schönheit aus der Schellingstraße. Volksstück in sieben Bildern.
Personen: Papa – Agnes – Frau Krammel – Alfred – Oskar – Schminke – der Eishockeymann – Ballettmeisterin – Geldmann – Krankenschwester – Pfleger
1. Bei Papa, 2. Wald, 3. Ballettmeisterin, 4. Nacktplastik, 5. Dachgarten, 6. Klinik, 7. Bei Papa
1. Bei Papa.
Verlobungsfeier der Tochter Agnes mit Oskar.
Agnes: Ich hab schon auch andere Interessen, als wie die Küche.
Oskar: Darf ich dir einen Griff zeigen –
Agnes: Au! Au!
Oskar: Das ist Jiu-Jitsu! – Erzählt von einem Besuch der Folterkammer – »chinesische Hinrichtung«: das Tausendstechen.
2. Wald.
Alfred (bringt sie in die Ballettschule)
Stille Wasser sind tief.
Wir werden dich umwandeln. Du hast eine gute Rasse in dir – wie kann ein solcher Vater ein Mädel mit so schönen Beinen haben?
Agnes: Ich gerate nach meiner Mutti.
(Freibad; »polizeilich verboten« – das Meer gehört doch der ganzen Menschheit)
Erste Annäherung zwischen Agnes und Alfred (Eifersucht der Frau Krammel)
3. In der Ballettschule.
Alfred: Das beste Geschäft wäre ein Puff. Neulich erst hat mir wieder ein intelligenter Mann gesagt, er begreift es nicht, daß wir keine haben – er weiß nicht, wohin er gehen soll. – Natürlich gibt es einen Fortschritt – aber das ist ein Fortschritt in einer verkehrten Richtung.
Zusammen: Alfred – Carola – Agnes
Alfred: Ich versteh das. In dieser Umgebung würden Sie versauen. Dis-

kretion Ehrensache!
Schminke: Ich brauche Informationen. Ich möchte Sie bekämpfen. Durch einen Film oder eine Artikelserie. Ich weiß, wen ich vor mir habe – ich brauche Informationen.
4. Nacktplastik.
Agnes – Vater – Oskar.
Große Aussprache: Selbständigkeit des Weibes = Trennung von Oskar.
a) Vor der Vorstellung:
Papa – Oskar: Ich kanns nicht überwinden. Es ist furchtbar mit mir.
5. Dachgarten.
Schminke (zu Agnes): Keine wird die Rolle so spielen können, wie Sie! Sie sind Natur!
Alfred:
Der Geldmann (der den Film finanziert): Ich suche einen bestimmten Schweißgeruch –
Wir müssen das arrangieren, daß sie den ersten Preis bekommt. – Ich liebe in der das Primitive . . .
Als junger Mensch habe ich den Schweiß nicht vertragen können. Dadurch war ich sehr behindert.
6. Klinik.
Agnes (im Bette)
Schwester (zum Vater und zu Oskar): Sie dürfen es sich aber nicht anmerken lassen, daß sie verstellt aussieht. Sie hat sich noch nicht im Spiegel gesehen.
Agnes – Vater – Oskar
Agnes – Oskar (leiht ihr den Spiegel)
Vater: Ich kann sie nicht sehen. Das sieht ja aus, wie Aussatz.
Oskar: Das Gesicht ist zerfressen –
(Oskar – Vater)
Oskar: Es bleibt dabei. Ich nehme sie. Die innere Schönheit kommt vor der äußeren.
(Oskar bekehrt sich zum Christentum)
7. Hochzeitsmarsch (in die Kirche)
Agnes (zieht sich an – Oskar auch)
Gratulation: Vater – Alfred – Schminke
Schminke: Aus dem Film ist nichts geworden. Jetzt bin ich wieder 100% K.P.D.!
Pfarrer (hält die Rede): Gott hat euch zusammengeführt.

Ein Walzer von Strauß – und in Klammer gesetzt: *Geschichten aus dem Wiener Wald* – neben der Titelvariante *Die Schönheit im Wiener Wald* sieht folgenden Handlungsablauf vor:
Erster Teil.
1. Gruppenaufnahme – Straße

2. Verlobung
3. Wald (Raketen)
(Aus der Ferne der Lichtschein)
Zweiter Teil.
4. Bei der Ballettmeisterin
5. Nacktplastik
6. Separée (= der Himmel der Erinnerung)
(Graf: Ich möchte einen Staat haben, in dem die Frauen herrschen. – Mit einem Parlament.)
Der Graf: Früher war alles anders. Wo sind die alten schönen Zeiten – wo wir Offiziere uns nacket ausgezogen haben? Und die Joly? Hat Lues – Gott hab sie selig –
Dritter Teil.
7. Beim Vater
8. Beim Kind
Vater (bringt dem Kind Spielsachen mit)
Die Alte: Der Schutzengel –
Agnes: Ich will jetzt mal den Schutzengel suchen –
(Das Kind ist ins Wasser gefallen und ersoffen; daran ist der Schutzengel schuld)
Agnes: Was für ein Schutzengel?
Die Alte: Jeder Mensch hat einen Schutzengel –
9. Ruine – Himmel.
10. Klinik – Hochzeitsmarsch und -tanz
Schacher beim Bett:
Vater: Du nimmst sie –
Oskar: Sie hat nur einen Arm. Sie wird den rechten Arm nicht mehr gebrauchen können – ich werde mir eine Angestellte (Kraft) leisten müssen, wenn du mal Gottbehüt nicht mehr unter uns weilen solltest –
Vater: Ich bin noch da. Aber ich sehe es ein – einen Krüppel zu ehelichen –
Agnes: Redest du von mir, Vater? Ich bin kein Krüppel –

Bleistiftkorrekturen Horváths unterteilen dieses 10. Bild in »Klinik« und »Hochzeitsmarsch und -tanz«. »Klinik« mit dem Vermerk: »Operationstisch«, an dem sich der oben skizzierte Dialog zwischen Vater und Oskar abspielt; »Hochzeitsmarsch und -tanz« mit dem Vermerk: »Braut und Bräutigam (erscheinen). Alle: Ah –«

Die weiteren Entwürfe im Nachlaß Horváths nähern sich, alle unter dem Titel *Geschichten aus dem Wiener Wald*, immer mehr dem Handlungsablauf der Endfassung.

III.

Seit dem 22. Juni 1931 hält sich Horváth aus Anlaß der österreichischen Erstaufführung von *Italienische Nacht* in Wien auf. Er wohnt in der Pension Zipser, Wien 8., Lange Gasse 49. Dort hatte er auch schon 1920 gewohnt und auch im Mai 1931. Wenige Schritte von der Pension entfernt, Lange Gasse 29, steht das Haus, das Ödön von Horváth als Kulisse für seine »stille Straße im achten Bezirk« diente. Ein Haus mit einem Laden für »Oskars gediegene Fleischhauerei«, mit einem Laden für »eine Puppenklinik mit Firmenschild ›Zum Zauberkönig‹«, darüber »ein Balkon mit Blumen« und – »endlich: eine kleine Tabak-Trafik«, Ecke Lange Gasse und Josefsgasse. Ein bisher nicht beachteter »Schauplatz österreichischer Dichtung«.

Am 5. Juli 1931 veröffentlicht die Wiener Allgemeine Zeitung ein Interview mit Ödön von Horváth, in dem er erklärt, daß er die Arbeit an dem »Wiener Volksstück *Geschichten aus dem Wiener Wald* eben beende; Reinhardt und Martin von der Volksbühne haben es bereits gelesen und einer von beiden wird es im Herbst in Berlin herausbringen«.

Auch Heinz Hilpert liest das Stück. Er ist am Berliner »Deutschen Künstlertheater« und »Renaissance-Theater« als Regisseur verpflichtet und hat einen Gastvertrag bei Max Reinhardt, der zu diesem Zeitpunkt Eigentümer und Leiter des »Deutschen Theaters« und der »Kammerspiele« in der Schumannstraße, der »Komödie« am Kurfürstendamm in Berlin und Direktor des »Theaters in der Josefstadt« in Wien ist.

»Als mir Horváth im Sommer des Jahres 1931 sein Stück *Geschichten aus dem Wiener Wald* übergab und ich es gelesen hatte, war ich so fasziniert davon, daß ich sofort beschloß, es auch zu inszenieren«, sagte Heinz Hilpert fünfunddreißig Jahre später.[18] Die Proben beginnen Mitte September 1931. Mit Hans Moser als Zauberkönig, Carola Neher als Marianne, Paul Hörbiger als Rittmeister und Paul Dahlke als Erich. Lucie Höflich spielt die Valerie und Willy Trenk-Trebitsch den Hierlinger Ferdinand, Josef Danegger den Havlitschek und Heinrich Heilinger den Oskar. Die Mutter und die Großmutter sind mit Lina Woiwode und mit Frida Richard besetzt. Den Alfred spielt Peter Lorre und hat damit »eine seiner ersten großen Rollen«, schreibt Paul Hörbiger[19], und das Stück war – nicht nur für ihn – der Durchbruch.«

Heinz Hilpert hält sich bei seiner Inszenierung genau an Horváths Konzept.

»Das Tempo der ersten Bilder ist eminent«, schreibt er in sein Regiebuch und: »Die Pausen sind präzis einzuhalten.«[20]

Was Horváth in den Bühnenanweisungen andeutet, führt Hilpert szenisch aus. Er läßt nach Horváths Vorlage spielen, notiert sogar: »Wie's da steht.«

Auf dem Deckblatt seines Regiebuches hatte Hilpert vermerkt: »Was H. sagt?« Mit »H.« war Horváth gemeint. »Fragen, was Horváth sagt.«

Am 14. Oktober, knapp drei Wochen vor der Premiere, arrangiert Heinz Hilpert die »Heurigen-Szene« zu Beginn des dritten Teils der *Geschichten aus dem Wiener Wald.* »Alles sonst wie heutiges Arrangement«, vermerkt er, » – braucht nicht aufgeschrieben zu werden.«

IV.

Ende Oktober 1931.

»Horváth scheint mir unter den jüngeren Dramatikern die stärkste Begabung und darüber hinaus der hellste Kopf und die prägnanteste Persönlichkeit zu sein. Seine Stücke sind ungleichwertig, manchmal sprunghaft und ohne Schwerpunkt, aber niemals wird sein Ausdruck mittelmäßig, was er macht, hat Format, und sein Blick ist eigenwillig, ehrlich, rücksichtslos. Seine Gefahr ist das Anekdotische, seine Stärke die Dichtigkeit der Atmosphäre, die Sicherheit knappster Formulierung, die lyrische Eigenart des Dialogs. Es wäre ein Mißverständnis, ihn für einen Satiriker zu halten, obwohl noch einzelne seiner Figuren und Situationen satirisch gezeichnet, d. h. vom kritischen Blickpunkt her überzeichnet sind. Wesentlich sind aber bei ihm nicht diese Momente, sondern das Weltbild und seine künstlerische Umschmelzung. Es ist anzunehmen, daß er der dramatischen Kunst, die immer ohne Einschränkung eine Menschenkunst und eine Sprachkunst bleibt, neue lebensvolle Werte zuführen wird.«[21]

Mit diesen Sätzen begründet Carl Zuckmayer als »Vertrauensmann« der Kleiststiftung die Zuerkennung des Kleist-Preises 1931 zu gleichen Teilen an den knapp dreißigjährigen Ödön von Horváth für seine bisherigen dramatischen Werke und an den achtunddreißigjährigen Erik Reger für seinen Roman *Union der festen Hand,* 1931 im Rowohlt Verlag erschienen.

Zuckmayers Empfehlung ist nicht ohne Kritik. Sind Horváths Stücke »ungleichwertig, manchmal sprunghaft und ohne Schwerpunkt«, so ist Erik Regers Roman in Zuckmayers Empfehlung »ein sehr merkwürdiges und ein sehr wichtiges Buch«, aber »in der Mitte erlahmend und zeitweise der literarischen Mode soziologischer Akribie verfallend.«

Der gewählte Preisrichter kann sich diese Einschränkungen leisten. Selbst Träger des Kleist-Preises 1925, ist der fünfunddreißigjährige Carl Zuckmayer der meistgespielte deutsche Dramatiker. Nach dem *Fröhlichen Weinberg* 1925, dem *Schinderhannes* 1927 und *Katharina Knie* 1928 leitete die Uraufführung von Zuckmayers *Hauptmann von Köpenick* durch Heinz Hilpert am 3. März 1931 am Deutschen Theater in Berlin eine unvergleichliche Aufführungsserie ein.

130 deutschsprachige Bühnen setzten den *Hauptmann von Köpenick* auf den Spielplan. In Berlin wird er hundertfünfzigmal gespielt, in Essen achtundsiebzigmal, in Hamburg sechzigmal und in Leipzig und Nürnberg fünfzigmal. Bühnen in Amsterdam, Budapest, New York, Oslo, Paris, Stockholm und Warschau sichern sich 1931 die Aufführungsrechte.

Der Kleist-Preis war 1911, hundert Jahre nach Kleists Tod, durch Fritz Engel angeregt worden. »Die Kleiststiftung bezweckt«, heißt es in den Bestimmungen, »Ehrengaben aufstrebenden und wenig bemittelten Dichtern deutscher Sprache, Männern und Frauen zu gewähren. Der Preis wird nach freiem Ermessen und unter alleiniger Entscheidung und Verantwortung von dem jeweils für das Kalenderjahr gewählten Vertrauensmann und Preisrichter vergeben.« Fritz Engel, Kritiker und Redakteur des Berliner Tageblattes, ist selbst Vorsitzender des »eingetragenen Vereins« mit dem Sitz Berlin. Schriftführer der »Kleiststiftung« ist der Kritiker und Herausgeber der Zeitschrift Horen, Dr. Hanns Martin Elster, der dann, 1933 bis 1934, Schriftleiter der Zeitschrift Das Dritte Reich wird. Als Beisitzer fungieren der Schriftleiter und Theaterreferent der Vossischen Zeitung, Dr. Arthur Eloesser, und Professor Leopold Jeßner, Regisseur am Preußischen Staatstheater Berlin. Der »Kunstrat«, ein alle drei Jahre wechselndes

Gremium, setzt sich aus namhaften Kritikern, Theaterleuten und Schriftstellern zusammen. Kritiker wie Julius Bab, Bernhard Diebold, Herbert Ihering und Monty Jacobs, Schriftsteller wie Richard Dehmel, Alfred Döblin, Hans Henny Jahnn, Bernhard Kellermann, Heinrich Mann und Wilhelm von Scholz gehören zeitweise diesem »Kunstrat« der »Kleiststiftung e. V.« an.

Den ersten Kleist-Preis erhielten im Jahr 1912 der dreiunddreißigjährige Hermann Burte für seinen Roman *Wiltfeber* und der zwanzigjährige Reinhard Johannes Sorge für seinen *Bettler*. Hermann Essig und Oskar Loerke folgen 1913, Fritz von Unruh 1914 und 1915 Arnold Zweig. Heinrich Lersch und Agnes Miegel, die Kleist-Preisträger des Jahres 1916, werden 1933 im »Bewußtsein der Kraft und der wiedergewonnenen Einigkeit«, gemeinsam mit 86 anderen deutschen Schriftstellern durch ihre Unterschrift vor Hitler »das Gelöbnis treuester Gefolgschaft« ablegen.

Den Kleist-Preis 1917 erhielt der siebenundzwanzigjährige Walter Hasenclever für sein Drama *Der Sohn,* und 1918 wurde der Preis dem sechsunddreißigjährigen Leonhard Frank und dem siebenunddreißigjährigen Paul Zech zugesprochen. Hans Henny Jahnn folgte 1920, zwei Jahre später, 1922, Bert Brecht, 1923 Robert Musil zusammen mit Wilhelm Lehmann, und 1924 Ernst Barlach. 1925 erhielt Carl Zuckmayer den Kleist-Preis für den *Fröhlichen Weinberg*, 1926 der neunundzwanzigjährige Alexander Lernet-Holenia für sein Drama *Demetrius*, zusammen mit dem einunddreißigjährigen Alfred Neumann für den Roman *Der Teufel.* 1928 bekam Anna Seghers den Preis, Peter Martin Lampel und Ernst Glaeser wurden »lobend erwähnt«. Reinhold Goering, 43 Jahre alt, war der Kleist-Preisträger des Jahres 1930.

Für das Jahr 1931 standen – neben Ödön von Horváth – unter anderen noch Joachim von der Goltz, Eugen Gürster, Paul Kornfeld, Arnold Krieger, Hanns Kyser und Ilse Langner auf der »Kandidaten-Liste«.

Schon am 27. März 1931 fragt Sebastian Brant im Berliner *Angriff*, als dessen Herausgeber Dr. Joseph Goebbels zeichnet, unter der Überschrift »Der ›deutsche‹ Kleistpreis«, ob die Liste der Kleist-Preisträger von 1912 bis 1930 »nicht ebenso das Hohelied deutscher Dummheit und Schlafmützigkeit wie jüdischer Überheblichkeit« sei. »44 Juden und 17 Deutschblütige« hätten 1911 den Aufruf von Fritz Engel unterzeichnet. Reinhard Johannes

Sorge ist im Jargon der Nazis »ein wirrer Halbjude«, ein »jüdischer Bolschewist« Leonhard Frank, ihn »mit Kleist auch nur in Verbindung zu bringen, ist eine Dreistigkeit sondersgleichen«, Hans Henny Jahnn wird »der moderne Klassiker des Unappetitlichen« genannt, und zu Bert Brecht heißt es in dem Artikel: »im Dritten Reich wird er der erste sein, dem das Handwerk streng legal gelegt wird.«

Am 1. Mai 1931 reagiert Julius Bab: »Wie bekommen es also die völkischen Beobachter fertig, den Eindruck zu erwecken, daß es sich beim Kleist-Preis ganz wesentlich um jüdische Preisträger und Preisrichter handelt? Das positive Verfahren ist sehr einfach. Es marschieren auf, ausdrücklich und unter Sperrdruck des Wortes Jude: der Jude Hermann Essig, der Jude Oskar Loerke, der Jude Bertolt Brecht, der Jude Leonhard Frank, der Jude Alfred Brust – all diese Männer sind Nichtjuden, und sie sind nicht nur vom besonderen Wesen ihrer deutschen Provinz, sondern großen Teils auch von ihrer christlichen Herkunft [. . .] entscheidend bestimmt. Aber die alte antisemitische Taktik, alles, was einem nicht gefällt, jüdisch zu nennen, führt immer am einfachsten zum Ziel.«[22]

Ödön von Horváth erfährt aus den Zeitungen, daß er und Erik Reger den mit 1500 Mark dotierten, angesehenen Kleist-Preis 1931 erhalten haben. Erst einige Tage später wird er vom Vorsitzenden Fritz Engel offiziell informiert. »Ein Teil der Presse begrüßte diese Preisverteilung lebhaft«, sagt Horváth ein halbes Jahr später, »ein anderer Teil zersprang schier vor Wut und Haß.«[23]

»Die Würde des Kleist-Preises hat durch solche Komödie der Urteilskraft schwer gelitten, Carl Zuckmayer hat sich unrühmlich hervorgetan. Der Kunstverstand Berlins ist zum Teufel«, heißt es in der Neuen Preußischen Kronenzeitung vom 26. Oktober 1931. Und Dr. Rainer Schlösser, den die Nationalsozialisten später zum »Reichsdramaturgen und stellvertretenden Präsidenten der Reichstheaterkammer« machen, schreibt im Völkischen Beobachter vom 19. November 1931 zur Kleist-Preis-Verleihung, die er »Kleistpreisrummel« nennt, »eine solche Ehrengabe – sollte man meinen – dürfte nur den vornehmsten Belangen dienen. Indessen gilt auch hier wie annoch im Pseudo-Geistesleben unserer Zeit überhaupt der Satz: Der Deutsche denkt, und der Jude lenkt.« Der »Halbjude« Carl Zuckmayer bestätige durch seine Preisrichtertätigkeit, »daß er allen Geschmacks und Urteilsvermögens bar ist«. Die Werke Erik Regers und Horváths sind für Schlösser »wertloseste, dürftigste und platteste Tendenzliteratur«. Horváth habe mit seinen bisherigen Werken »nicht einmal die Höhenlage der Mittelmäßigkeit erreicht«. Sein *Sladek* war «dünnstes, dümmstes, lebloses, politisch-tendenziöses ›Zeittheater‹, von keinerlei dramaturgischem Können angekränkelt, im Gegenteil von geradezu erbarmungswürdiger Hilflosigkeit«. Das Volksstück *Italienische Nacht* des »Salonkulturbolschewiken« Horváth war ein »ebenso fades wie lächerliches Beispiel dafür, ›wie der kleine Oedoen sich die große deutsche Freiheitsbewegung vorstellt‹ [. . .] Frühere Stücke (*Die Bergbahn, Revolte auf Höhe 3018*) sind schon längst im Orkus der Belanglosigkeit für immer verschwunden«. Schlössers Angriff gipfelt schließlich in dem Satz: »Und wir wissen, daß Horváth deutschen Menschen nichts, aber auch gar nichts zu sagen hat.«

Auch in Will Vespers Zeitschrift Die schöne Literatur, die seit 1931 Die neue Literatur heißt und mehr und mehr ihren deutschnationalen und »bodenständischen« Charakter betont, wird Ödön von Horváth nach der Preisverleihung scharf angegriffen.[24] In der Rubrik »Unsere Meinung« nennt Dr. Richard von Schaukal, 57 Jahre alt, Sektionschef in Ruhe, Lyriker und Verfasser zahlreicher Erzählungen, Bekenntnis- und Erinnerungsbücher, in denen er laut Literaturlexikon[25] »seine tiefe religiöse und adelige Gesinnung in einer Zeit kultureller Verwahrlosung zum Ausdruck bringt«, Horváth einen »Balkanliterat« und »mitleiderregenden Dilettanten«.

Auslösendes Moment für diese Beschimpfung war die Tatsache, daß ein Berliner Vervielfältigungsbüro in der Beilage zum Schriftsteller, der Zeitschrift des »Schutzverbandes deutscher Schriftsteller«, ein »Anerkennungsschreiben« Horváths mit dem Datum vom 26. Oktober 1931 zu Werbezwecken publiziert hatte. Es handelte sich dabei um ein authentisches Schreiben Horváths und nicht um »ein fingiertes Schreiben«, das nur »angeblich von Horváth stammend von Richard Schaukal [. . .] abgedruckt« wurde, um Horváth zu diskreditieren, wie Dieter Hildebrandt meinte.[26] Der handschriftliche Entwurf dieses, wohl »auf Bestellung« geschriebenen, Briefes, befindet sich in einem Notizbuch Horváths. »Wertes Fräulein«, lautet das Schreiben, »indem, daß ich es einsehen muß, daß die Manuskripte von meinen Stücken infolge ihrer Satzstellungen und ihren Regiebemerkungen äußerst schwierig zu vervielfältigen sind, habe ich festzustellen, daß Sie, wertes Fräulein, diese Vervielfältigungen kurzerhand fehlerlos tun. Besonders meine *Geschichten aus dem Wiener Wald*, die wo sehr lang sind, haben Sie innerhalb von 24 Stunden fix und fertig gehabt. Über sowas kann man sich natürlich nur wundern. In diesem Sinne Ihr Ödoen Horvath.«

»So also sieht das ›Deutsch‹ des Kleistpreisträgers dieses Jahres aus, ehe es von Verlegern, Setzern oder Schauspielern druckreif und sprechbar gemacht wird«, kommentiert Richard von Schaukal in der Neuen Literatur. »Und über sowas kann man sich nicht einmal mehr wundern. Horváth ist keineswegs der einzige Balkanliterat, der mit seinem gebrochenen Deutsch die Ohren eines perversen Berliner Publikums kitzelt. Besonders in der Filmdichtung wimmelt es von ähnlichen Kreaturen. Durch die Schamlosigkeit aber, den Namen Kleists, des höchsten Meisters deutscher Sprachkunst, mit dem eines solchen mitleiderregenden Dilettanten zu verkuppeln, hat Karl Zuckmayer hoffentlich endgültig den Kleistpreis erledigt. Kein Hund würde nach solcher Besudelung künftig den Preis noch annehmen.«

V.

Montag, den 2. November 1931 wird Ödön von Horváths Volksstück *Geschichten aus dem Wiener Wald* im Deutschen Theater in der Schumannstraße uraufgeführt.[27] Das Theater, seit 1905 im Besitz und unter Leitung von Max Reinhardt, faßt 1038 Personen. Auf dem Spielplan der anderen Bühnen von Max Reinhardt steht am 2. November 1931 *Jemand* von Molnár in der Komödie, Offenbachs *Schöne Helena* im Theater am Kurfürstendamm. Reinhardts Kammerspiele waren geschlossen. Die Staatsoper spielt an jenem Abend den *Zigeunerbaron* von Johann Strauß, das Schauspielhaus des Staatstheaters *Peer Gynt* von Henrik Ibsen in der Übersetzung von Christian Morgenstern. Die Volksbühne spielt Anzengrubers *Viertes Gebot*, das Schillertheater *Dr. Klaus* von L'Arronge, das Deutsche Künstlertheater Jules Romains *Kapitalist*, das Große Schauspielhaus Ralph Benatzkys Operette *Im weißen Rößl*, die Komische Oper Gerhart Hauptmanns *Biberpelz*, das Lessing-Theater Robert Sherwoods *Waterloo-Brücke*, das

Metropol-Theater Abrahams Operette *Blume von Hawaii*, das Theater des Westens Schubert-Bertés *Dreimäderlhaus*, das Theater im Admiralspalast Millöckers *Dubarry*. Auf dem Spielplan des populären Rose-Theaters in der Großen Frankfurter Straße (nahe der heutigen Karl-Marx-Allee) steht ein dreiaktiges Singspiel mit dem Titel *Frühling im Wiener Wald*, dessen Texte von Fritz Beda und Fritz Lunzer stammen, und der Musik von Leo Ascher.[28]

Der Beginn der Vorstellung von *Geschichten aus dem Wiener Wald* im Deutschen Theater ist für 19 Uhr 30 vorgesehen. Der Schriftsteller Joseph Breitbach und Walter Landauer, Lektor des Berliner Kiepenheuer Verlages, sowie dessen Kollege Hermann Kesten begleiten Horváth ins Theater. »Wir kamen da herein«, berichtet Joseph Breitbach[29], »und da stand der Kerr mit dem Gesicht zum Publikum und mit dem Rücken zur Bühne und musterte mit der Arroganz, die ihm eigen war, alle, die herein kamen. Dem armen Horváth ist das Herz in den Schuh gefallen. Er sah sich schon von ihm hingerichtet. Er hatte furchtbare Angst. [. . .] Wir haben alle wie die Krankenschwestern um ihn herum gestanden, bis es dann anfing. In der Pause war der Erfolg schon sicher.«

»Niemals zuvor ist das Theaterpublikum einem Autor mit so weit geöffneten Armen entgegengekommen, wie dem jüngsten Träger des Kleist-Preises, Ödön Horváth«, schreibt Monty Jacobs in der Vossischen Zeitung[30] über die Uraufführung von *Geschichten aus dem Wiener Wald*. »Im Anfang schlug jedes Wort ein, jede Szene zündete. Am Schlusse freilich war der Wind umgeschlagen. Man pfiff, man klatschte Autor und Darsteller an die Rampe, und die Majorität enthielt sich der Abstimmung.«

Warum »war der Wind umgeschlagen«?

Nach Herbert Iherings Meinung, die er im Börsen-Courier[31] formuliert, mußte Horváth »die Mittel benutzen, gegen die er vom Leder zieht. So drängen sich auch hier die Figuren heran, deren Existenz er leugnet. So schwanken gerade die Kraßheiten, die er zeigt, die Wahrheiten, die er darstellt, die Enthüllungen, die er wagt, über die Grenzen des Taktes. Man kann alles riskieren, wenn man eine direkte Anschauung von Menschen und Dingen hat. Aber man gerät zwischen zwei Kitschfronten, wenn man ein Stück schreibt, nur um die eine zu vermeiden. Eine Operettenwelt verträgt keinen Kindesmord, und wenn es eine Welt gegen den Kitsch ist.«

Manfred Georgs Ansicht nach, der die Uraufführung in der Zeitung Tempo[32] bespricht, »schlagen sich hier zwei Darstellungsstile und heben sich in der Wirkung auf. Daß die klaffende, innere Stil-Gegensätzlichkeit überbrückt wurde, war die Leistung der großen künstlerischen Spannkraft Carola Nehers. In ihrem armseligen Mantel, das geflochtene Mützchen auf dem Kopf, ganz schlicht in der Sprache und den unbewußten Gesten des Körpers, war sie wirklich ein armes Stück Mädchen aus dem Volk. Voll Nervenzucht und Gefühlsspannung, dichtete sie Horváths literarische Heldin als Halbproletarische um. Und weil sie vom ersten Liebeswort bis zum Versiegen des letzten echt war, rührte sie so, und keine ihrer Szenen, auch nicht die kolportagenaheste, roch nach Kolportage.«

Für Alfred Kerr bringt der Abend »eine fast beängstigende Gipfelung im Spiel«. Seine Kritik im Berliner Tageblatt[33] beginnt mit den Sätzen: »Eine stärkste Kraft unter den Jungen, Horváth, umspannt hier größere Teile des Lebens als zuvor. In den Stücken von einer Bergbahn, dann von einer schwarzen Reichswehr gab er Wirtschaftliches und Kämpferisches. In der himmlischen *Italienischen Nacht* den besten Zeitspaß dieser Läufte. Jetzt malt er [. . .] ein ganzes Volk. So umspannt er weit mehr als zuvor.« Er schreibt weiter: »Horváth ist ein ehrlicher Kopf mit einem Blick von heut. Einer, der zu uns gehört. Ihn ergötzt jener Unterschied zwischen dem feindlich übertünchten Außen und dem verdammt hintergründigen Inneren.« Kerr schreibt außerdem: »Kurz: eine junge Kraft mit starken Aussichten schrieb das alles. Stärker zwar im einzelnen als im Umriß. Doch ein Könner [. . .] Er hat vielleicht nur einen Fehler gemacht. Diesen:

Daß er den Ironiker Horváth am Schluß, wenn da halb gottselig geredet wird, nicht als Ironiker um ein Körnchen durchgucken läßt. Daß er hier den Standpunkt der Gestalten in Szene setzt: statt auch den Überstandpunkt ihres Dichters.«

Karl Kraus, der ebenfalls die Premiere besuchte, soll auf die Frage, wie ihm das Stück gefallen habe, achselzuckend geantwortet haben: »Wie soll mir ein Stück gefallen, das Alfred Kerr gefallen hat?«[34]

Alfred Polgar[35] schreibt: »Die dramatische Begabung Ödön von Horváths erweisen seine *Geschichten aus dem Wiener Wald* zwingend. Er sieht scharf und gestaltet mit knappster Ökonomie der Mittel. Seine Figuren lösen sich deutlich ab von ihrem menschlichen, sozialen Hintergrund, ohne daß dieser jemals aus dem Spiel verschwände. Jeder ist Spiegel für die Art des andern, Wechsel der Belichtung erzeugt drollige und spukhafte Schattenspiele.«

Für Julius Bab, Berliner Volkszeitung[36], steht es »außer jeder Frage, daß er ein Dichter ist«, für Bernhard Diebold, Frankfurter Zeitung[37], zeigt sich der »Dichter Horváth [. . .] hier auf der Höhe seiner Menschenkennerschaft und Wahrheitsliebe«. Ein »Wiener Volksstück gegen das Wiener Volksstück« sind die *Geschichten aus dem Wiener Wald* für den damals zweiunddreißigjährigen Erich Kästner, der für die Leipziger Neuesten Nachrichten[38] schreibt. Horváth »zerstörte nicht nur das überkommene Wiener Figuren-Panoptikum, er gestaltet ein neues, echteres, außerdem«. Für Kurt Pinthus, Berliner 8-Uhr-Blatt[39], ist es zwar »kein ausgezeichnetes, aber ein hochbegabtes, das bitterste, das böseste, das bitterböseste Stück neuerer Literatur«.

Nach Angaben des Propyläen Verlages[40] erscheint auch in der New York Times eine Kritik. »Dieser junge Deutsch-Ungar ist zweifellos eine Persönlichkeit. Er kann abgründige Charaktere schaffen; sein Dialog hat Kraft und Humor, und er hat seine eigene persönliche Note, die Welt zu betrachten. Mit diesem Stück hat sich Horváth einen Platz in der Reihe der besten zentraleuropäischen Dramatiker gesichert und wird nicht mehr übersehen werden können.«

Eine »Ungeheuerlichkeit« nennt Ludwig Sternaux in der Vorkritik des deutschnationalen Berliner-Anzeigers[41] Horváths *Geschichten aus dem Wiener Wald*: »Fünfzehn Bilder, die ein einziges Pamphlet auf Wien sind, vor keiner Rüpelei zurückschrekken, in Gefühlsroheit nur so schwelgen und in trübsten Kitsch versanden. Ein Skandal! Reinhardt sieht dem mit fataler Gelassenheit aus seiner Loge zu, sein Publikum jubelt, wo es am ärgsten zugeht. Pfiffe und Zischen, nur zu schüchtern, können zum Schluß nicht verhindern, daß der ›Dichter‹ dieser Ungeheuerlichkeit auch noch erscheint.«

Für das nationalsozialistische Montagsblatt Der Angriff des Dr. Goebbels ist Horváths Stück ebenfalls »ein wüst verzerrtes Pamphlet auf Wien«. In der Rezension[42] heißt es, daß »dieses goldene Wiener Herz rettungs- und hilflos in der Horváthschen Jauche ersoff. Denn nur die Jauche blieb übrig und stank in die Nase eines Publikums, das in seiner Mehrzahl jenes Parfüm gierig einsog. Zur Ehrenrettung der schwachen Minderheit sei indessen nicht verschwiegen, daß auch Zischen zu vernehmen war und sogar ein zaghafter Pfiff. Wie sagten doch Mutter, Großmutter, Tochter, Vater, Schlächter- und Rittmeister und so fort? Richtig: ›Miststück!‹ Wir schließen uns dieser Meinung an.«

»Wenn man in der letzten Premiere des Deutschen Theaters, wo ein zweifelhafter Herr aus Ungarn als Kleistpreisträger debütierte, anwesend war, so hatte man durchaus nicht mehr die Empfindung im Deutschen Reich sich aufzuhalten«, ist im Leitartikel[43] der Deutschen Allgemeinen Zeitung vom 4. November 1931 zu lesen. »Das, was sich kein Negervolk ohne Widerspruch nachsagen läßt, wurde hier applaudiert. Die Vorstellung, daß im Zuschauerraum vielleicht ein Engländer hätte anwesend sein können, der diese Kundgebung übelsten Fellachentums mitangehört hätte, verursachte physische Übelkeit. Man wurde in der Tat für einen Augenblick rot vor Unbehagen.« Das Feuilleton der Deutschen Allgemeinen Zeitung wird zu diesem Zeitpunkt von Paul Fechter geleitet, der 1925 noch als Vertrauensmann und Preisrichter den Kleist-Preis Carl Zuckmayer zugesprochen hatte, dann aber zu einem Wegbereiter und Protagonisten nationalsozialistischer Literaturbetrachtung wurde. Paul Fechter selbst schreibt am 4. November 1931[44] über den »Ungarn« Horváth: »Es ist wenigstens ein hübscher Zug von ihm, daß er nicht in seiner Muttersprache dichtet, sondern ein ihm fremdes Idiom mißbraucht. Weniger schön ist es von Zuckmayer, der ihm dafür, daß er als dieses fremde Idiom ausgerechnet unsere geliebte deutsche Muttersprache auserlesen hat, einen deutschen Literaturpreis zuerkannt hat [. . .] Zuckmayer wird viele gute Stücke schreiben müssen, bevor er die Krönung dieser Talentlosigkeit wieder gutgemacht hat. Zumal diese Talentlosigkeit eben so peinlich wie unsympatisch ist.«

Am 10. November 1931 kontert dann Kurt Tucholsky in der Weltbühne[45]:»Daß man sich auf der Rechten nicht immer so tolerant verhält wie im Falle Hitler, beweist ein haßerfüllter Ausfall, den Herr Paul Fechter in der Deutschen Allgemeinen Zeitung jetzt gegen den Kleistpreisträger Ödön von Horvath unternommen hat, denn Horvath ist geborener Ungar, deshalb hat er sich nicht um deutsche Dinge zu kümmern. Der tapfere Fechter hätte seinen deutschen Zorn an eine ihm näher stehende Stelle verschwenden können, nämlich an seinen Chefredakteur, Herrn

Doktor Klein, der in Siebenbürgen geboren ist und trotzdem nicht für Ungarn oder Rumänien, sondern für Deutschland optiert hat. Herr Fechter dürfte das bei seinem wütenden Ausfall übersehen, aber Herr Doktor Klein dürfte wahrscheinlich ohne Vergnügen in seinem eigenen Blatt gelesen haben, daß ein geborener Ungar kein Recht hat, sich aktiv am deutschen Schrifttum zu beteiligen.« Am selben Tag rezensiert Karl-Martin Friedrich im Völkischen Beobachter[46] Horváths Stück: »Armer Strauß, dein Titel wird hier vervolksstückt, daß es schon eine Sauerei ist. ›Sauerei‹ ist nämlich ein Lieblingswort dieser Komödie, genauso wie ›Mistvieh‹ und andere Zärtlichkeiten. Man erkennt daran sofort das hohe Niveau. Ein Volksstück über Wien, wie es Herr Horvath zu kennen scheint. Gespickt mit Unflätigkeiten und Deutlichkeiten.«

Eine Klassifizierung, die dann Rainer Schlösser neun Tage später noch einmal im Völkischen Beobachter[47] aufgreift, wenn er über den »Schmutz- und Schundgehalt des Machwerks« schreibt und Horváths Stück als »Unflat ersten Ranges« bezeichnet.

»Sauherdenton« nennt Ödön von Horváth die Art, in der »bei literarischen Auseinandersetzungen von einer gewissen Presse [. . .] dahergeschrieben wird«. Horváth schreibt diesen Satz im Entwurf[48] zu seinem Interview mit Willi Cronauer im Bayerischen Rundfunk. In der Sendefassung des Zwiegesprächs bleibt dieser Satz dann allerdings weg.

Eine Woche nach der Uraufführung, am 9. November 1931, erscheint im Berliner Montag-Morgen folgender Bericht[49]:

»Sturm im Wasserglas gegen *Geschichten aus dem Wienerwald.* Hiesigen Rechtskreisen ist die Aufführung von Oedon Horwarths *Geschichten aus dem Wiener Wald* stark auf die Nerven gegangen. Nicht nur, daß ein rassenfremder Ungar für dieses Stück mit einem offiziellen deutschen Preise ausgezeichnet wurde, verstimmte sie, sondern vor allem die Tatsache, daß in diesem im Wiener Milieu spielenden Werk ein reichsdeutscher *Windjackenjüngling* in einer nicht gerade sympathischen Rolle auf die Bühne gebracht wird. Diese Kreise haben sich nun einen ganz eigenartigen Trick ausgedacht, um das Stück vom Schauplatz des Deutschen Theaters wieder verschwinden zu lassen. Durch Mittelsmänner haben sie sich *mit österreichischen Rechtskreisen in Verbindung* gesetzt und ihnen eingeflüstert, daß die *Geschichten aus dem Wiener Wald* nichts anderes seien, als *eine einzige, ungeheuerliche Verächtlichmachung Österreichs* und seiner sozialen und gesellschaftlichen Einrichtungen, der im Interesse des österreichischen Ansehens schleunigst Einhalt geboten werden müsse. Tatsächlich haben die Empfänger dieser Mitteilungen sich dann wieder mit der österreichischen Regierung in Verbindung gesetzt und verlangten nicht weniger als eine *diplomatische Intervention der Berliner Gesandtschaft* gegen die weitere Aufführung des bedenklichen Stückes. Die österreichische Regierung hat denn auch erwogen, einen solchen Schritt zu unternehmen. Sie war aber vorsichtig genug, zunächst durch Vertrauensleute eine *Aufführung im Deutschen Theater besuchen* und sich Bericht erstatten zu lassen. Der Bericht lautete dahin, daß es sich bei den *Geschichten aus dem Wiener Wald* um eine ganz harmlose *Satire auf das Spießbürgertum im allgemeinen* handele, die zufällig im Wiener Milieu spiele, aber mit spezifisch österreichischen Belangen nicht das Mindeste zu tun habe.«

Der »reichsdeutsche Windjackenjüngling« Erich aus Kassel, der national-kämpferische »Sprüche« im Munde führt und sich von einer männerhungrigen Trafikantin, seinem Jargon nach ein »altes fünfzigjähriges Stück Scheiße«, aushalten läßt, hat auch dem Rezensenten der amtlichen Wiener Zeitung mißfallen. Hugo Engelbrecht, Komponist, Musik- und Theaterkritiker und Verfasser einiger Lustspiele, schreibt in seiner Kritik vom 7. November 1931: »Was die Figur des Studenten, rechtsradikal, anbetrifft, so kann der Autor nur die Tatsache seiner magyarischen Abstammung ins Treffen führen, um Ablaß für seine Geschmacklosigkeit zu erlangen. Wenn er schon die Figur unbedingt benötigt, um die Verkommenheit dieser Wiener Welt darzutun, dann hätte er sich für den ausgehaltenen Jungen doch ein anderes Modell auswählen können.« Horváth fehle »die Bodenständigkeit, um die Seele des wienerischen Menschen zu erkennen«, heißt es bei Hugo Engelbrecht. »Er sieht nur Masken und karikiert ihre zum Überdruß im Tonfilmkitsch zu Tode gehetzten Urbilder. Er konnte nicht einmal umhin, seine Kleinbürgergestalten zu einem vollkommen unwienerischen ›Heurigen‹ zu führen, der außer in drei, vier, für die Zug'reisten, zu denen auch Herr Horváth gehört, hergerichteten Exemplaren nicht existiert. Solche Art Theaterstücke hat die selige Birch-Pfeiffer weit wirksamer, aber kaum verlogener zusammengekleistert wie der Kleist-Preisträger.« Er schließt seine Kritik mit dem Satz: »Der Kleist-Preis war also ein Vorschuß, und als Wiener sag' ich: Herr von Horváth, machen's keine G'schichten aus dem Wienerwald!«

Als erste Wiener Zeitung hatte am 3. November bereits die Neue Freie Presse über die Uraufführung des Stückes von »Oedön Horwath« berichtet[50], das »ein verkommenes und abstoßendes Wien« schildert. »Der Verfasser hat sich in bewußten Gegensatz gestellt zu einer gewissen Art süßlich-verlogener Volksstücke. Aber er wird nach der entgegengesetzten Seite manchmal ebenso unwahr wie jene Stücke, da sein Pessimismus allzu einseitig ist [...] Dieser neue Volksstückautor ist zu hart. Es fehlt ihm an Geschmack. Es fehlt ihm auch an Humor [...]«

Ernst Deczey, Korrespondent des Neuen Wiener Tagblattes, ein aus einer Ödenburger Familie stammender, in Hamburg geborener, in Berlin und Wien lebender Musikschriftsteller, von dem ein Volksstück über Anton Bruckner *Der Musikant Gottes* und ein anderes über *Sissy* bekannt wurden, sieht in der Uraufführung »willkommene Gelegenheit für ein gewisses Literatur-Berlinertum, wieder einmal über uns herzufallen«.[51]

Zwei Jahre später kommt es in Wien wegen der *Geschichten aus dem Wiener Wald* zu einer Auseinandersetzung, die dann, 1934, vor Gericht endet.

Als das Deutsche Volkstheater im Herbst 1933 ein neues Stück von Ödön von Horváth, nämlich die Uraufführung der Posse *Hin und her* ankündigt, erscheint am 15. September 1933 im Wiener 12-Uhr-Blatt, der Mittagsausgabe des berüchtigten deutschnationalen und antisemitischen 8-Uhr-Blattes, auf Seite 4 ein Artikel mit der Überschrift *Ein berüchtigter Autor im Deutschen Volkstheater*. In dem Artikel, der mit »Tarzan« unterzeichnet ist, heißt es: »Herr Direktor Jahn ist im Begriff, einen österreichischen Skandal vorzubereiten. Offenbar rechnet er auf die oft gerühmte Vergeßlichkeit oder zumindest Großzügigkeit der Wiener, die entweder überhaupt nicht mehr wissen oder aber es nicht wissen lassen, wer Herr Oedön Horváth, den er aufführen will, eigentlich ist [...] Dieser Autor hat sich vor zwei Jahren in Berlin aufführen lassen, und zwar mit den *Geschichten aus dem Wiener Wald*, die geradezu ein Pamphlet österreichischen Wesens darstellten. Man hat damals in Wien spaltenlange Berichte über

Herrn Oedön Horváths beispiellose Unverschämtheit geschrieben, man war mit vollem Recht, ehrlich entrüstet über diese dramatisch behandelte Verunglimpfung des alten Österreich-Ungarn, um so entrüsteter, als Herr Horváth selbst aus diesem Österreich-Ungarn stammt! [...] Herr Horváth, der Österreich vor den Augen des Auslands in den Kot gezerrt und den Berlinern den Österreicher als ein kretiniertes Wesen vorgestellt hat.«

Fünf Wochen später, am 21. Oktober, erscheint wieder ein »Tarzan«-Artikel auf Seite 4 des 12-Uhr-Blattes. Die Überschrift: *Oedön Horvath und der charakterlose Wiener*. Mit einer gezielten Auswahl negativer österreichischer Pressestimmen zur seinerzeitigen Uraufführung von *Geschichten aus dem Wiener Wald* polemisiert das Blatt dagegen, daß »die in Berlin gestarteten *Geschichten aus dem Wienerwald*« Horváth »offenbar vor der ›österreichfreundlichen‹ Presse befugt erscheinen lassen, nunmehr als ›österreichischer Autor‹ gewürdigt zu werden [...] Man hat sich damals in Wien ein bißchen stark erregt über Herrn Oedön Horvath, der den Berlinern eine so wenig schmeichelhafte Skizze des Wienertums bot. Aber wie man sieht, heilt die Zeit alle Wunden, und viele von jenen Wienern, die damals so schwer gekränkt waren, erinnern sich heute nicht einmal mehr daran, daß Oedön Horvath nicht nur die *Italienische Nacht* (die älteren Datums ist), sondern auch die *G'schichten aus dem Wienerwald* verfaßte. Auch Herr Direktor Jahn erinnerte sich nicht! Da kann ma nix machen. So würde der von dem deutschschreibenden Ungarn so treffend charakterisierte ›Wiener‹ sagen. Was den anlangt, so hat der Herr von Horvath halt doch wahrscheinlich recht gehabt – mit dem Charakter ist's bei ihm recht schlecht bestellt.«

Horváth geht vor Gericht.

Anfang 1934 wird vor dem Wiener Strafbezirksgericht I unter Vorsitz von Landesgerichtsrat Dr. Kunze über die »Preßklage« verhandelt, die der »Bühnenschriftsteller Ödön Horváth gegen den verantwortlichen Schriftleiter des 12-Uhr-Blattes, Dr. Felix Potz, eingebracht hatte«. Horváth wird durch Dr. Richard Flatter vertreten, Dr. Potz von Dr. Morawetz verteidigt. Horváth empfindet die beiden Artikel und die darin enthaltenen Formulierungen als »ehrenrührig«. Dr. Potz beruft sich auf eine Reihe von Rezensionen und auf den seinerzeitigen Versuch »österreichischer Rechtskreise«, mit Hilfe der österreichischen Regierung eine Absetzung des Stückes in Berlin wegen »Verächtlichmachung Österreichs« zu erreichen. Dr. Flatter verliest mehrere Passagen aus Horváths Stück und legt den Artikel des Berliner Montag-Morgen vom 9. November 1931 vor.

Dr. Potz wird wegen der Formulierung »Herrn Ödön Horváths beispielloser Unverschämtheit« zu einer Geldstrafe von 200 Schilling, »eventuell fünf Tage Arrest« verurteilt. Freispruch erfolgt im Hinblick auf die Formulierung, die *Geschichten aus dem Wiener Wald* stellten »geradezu ein Pamphlet österreichischen Wesens dar«, da »mit dieser Äußerung nur das Werk des Privatklägers, nicht aber dessen persönliche Ehre angegriffen wurde.«[52]

VI.

Alfred Kerr hatte in seiner Kritik Horváth als »hochbegabten Menschen« bezeichnet, der allerdings »vielerlei mixt; der Anzengruber heutig fortsetzt und Strindberg österreichisch nachholt«.[53]

Paul Goldmann, der 66jährige Korrespondent der Wiener Neuen Freien Presse[54], sah Horváth »beeinflußt von dem czechischen Volksstückdichter Frantischek Langer, dem Verfasser von *Peripherie«*, das 1926 von Max Reinhardt in Berlin erstaufgeführt worden war.

Für Ernst Heilborn[55] wiederum war Horváth »ein talentierter Wedekind-Epigone«. Die *Geschichten aus dem Wiener Wald* bezeichnete er als »eine Abwandlung von Wedekinds *Musik«* und warf Horváth vor allem vor, daß er von Wedekind »Empfindungsweise, Stilisierung, das gesamte Weltbild (um es pathetisch auszudrücken) übernimmt«.[56]

Für Herbert Ihering[57] war Horváths Stück »die literarische Reaktion auf die Legende Wien«, und »nur zu verstehen, wenn man das kennt, was über Wien geschrieben und gesungen und gefilmt wird«.[58] Ihering nannte Horváths fünfzehn Szenen »fünfzehn Variationen über Friedrich Hollaenders[59] Wien-Refrain ›Rattengift her‹«.

Wiener Stimmungssoubrette
von Friedrich Hollaender

Was schimmert und flimmert und glimmert und wimmert?
Mein Wien, mein Wien, mein Wien!
Was funkelt und munkelt und kunkelt und schunkelt?
Mein Wien, mein Wien, mein Wien!
Was macht uns so toll, fesch, flott, wild, dünn und weich,
Was ist uns so lieb und zum Kotzen zugleich?
Mein Wien, mein Wien, mein Wien!
Was flüstert und knistert und jokelt und kokelt?
Mein Wien, mein Wien, mein Wien!
Was rieselt und rauschelt und plauschelt und mauschelt?
Mein Wien, mein Wien, mein Wien!
Wo gibt's eine Mehlspeis' und Heurigenwein?
Wo ist das, wo wird das, wo kann das schon sein?
In Wien, in Wien, in Wien!

Refrain
Das ist der Kitsch im Dreivierteltakt!
Rattengift her! Rattengift her!
Kosig in Seidenpapier verpackt!
Rattengift her! Rattengift her!
Im Prater blühn wieder zum elfhunderttausendsten Mal
die Bäume ...
Rattengift her! Rattengift her!
Servus Du!

Wo wimmelt's von Liedeln und Fiedeln und Jüdeln?
In Wien, in Wien, in Wien!
Wo lebt sich's gemütlich bei Knödeln und Blödeln?
In Wien, in Wien, in Wien!
Wo haben die Madeln das goldenste Herz,
Wo ragt denn, nu wenn schon, der Steffel wie Erz?
In Wien, in Wien, in Wien!
Wo lebt denn der Kaiser, auch wenn er schon tot is?
In Wien, in Wien, in Wien!
Wo wandert zu Freud, wer von Träumen bedroht is?
In Wien, in Wien, in Wien!
Kurz: wo ist als Rettung, sowie was geschah,
Die Psycho, die Ana, die Lyse gleich da?
In Wien, in Wien, in Wien!

Refrain

Wo bezieht man die fetten, koketten Soubretten?

Aus Wien, aus Wien, aus Wien!
Wo wandeln mit Stöckchen und Löckchen die Schmöckchen?
In Wien, in Wien, in Wien!
Wo gibt's eine Torte, die jeder gern speist
Und die ausgerechnet noch Pischinger heißt?
In Wien, in Wien, in Wien!

Wo nimmt sich die Presse so ernst wie die Messe?
In Wien, in Wien, in Wien!
Wo sind alle Texte von Dr. Benatzky?
In Wien, in Wien, in Wien!
Wo wünscht sich ein jeder, ob groß oder klein,
Nur amol, nur amol in Grinzing zu sein?
In Wien, in Wien, in Wien!

Refrain

Wendelin Schmidt-Dengler hat es unternommen, Horváths *Geschichten aus dem Wiener Wald* »innerhalb der Wiener Literatur der zwanziger Jahren zu orten«[60]. Allerdings »nicht, um Horváths Abhängigkeit von dieser zu zeigen, sondern eine Verwandtschaft vor allem in bezug auf das Personeninventar und Handlungsführung sichtbar zu machen«. Besonders in Felix Dörmanns 1925 in Wien erschienenem Roman *Jazz* findet Schmidt-Dengler zahlreiche Motivparallelen, aber auch in Hugo Bettauers und Joe Lederers Romanen. Allerdings schränkt Schmidt-Dengler mit Recht ein: »Wir unterstellen nicht, daß Horváth gegen diese Klischees aus den Wiener Romanen angeschrieben, wir wissen nicht, ob er solche Texte überhaupt vor Augen hatte.« Denn die Lesegewohnheiten Horváths sind nicht bekannt. Einige wenige Dichternamen sind überliefert.[61] Von Joseph Breitbach wissen wir, daß die Weltbühne zu Horváths Lieblingslektüre zählte, daß Horváth Ernst Toller sehr schätzte und über Anna Seghers spöttelte.[62] Belege über seine Lektüre sind nicht vorhanden, und alle Bemühungen, auf Grund von Ausleihjournalen einzelner Bibliotheken Anhaltspunkte zu gewinnen, blieben erfolglos.

So ist nicht belegbar, daß Horváth Bettauers Romane *Stadt ohne Juden*, *Der Kampf um Wien*, *Die freudlose Gasse*, *Das entfesselte Wien* oder Bettauers umstrittene »Wochenschriften für Lebenskultur und Erotik« kannte, die in den Jahren 1924 bis 1927 Auflagenhöhen bis zu 60.000 Exemplaren erreichten.[63] Als Hugo Bettauer am 10. März 1925 in seinem Wiener Büro in jener »stillen

Straße im achten Bezirk«, Lange Gasse 7, von Otto Rothstock erschossen wurde, berichteten sämtliche Zeitungen über den Mord. Auch die Weltbühne brachte einen Artikel von Rudolf Olden über Hugo Bettauer.[64]

Schmidt-Dengler führt auch Margarethe Böhmes 1905 erschienenes *Tagebuch einer Verlorenen* an[65], das im Mai 1927 eine Gesamtauflage von 1 200 000 Exemplaren erreichte.

Mir scheint bei Horváth »eine Verwandtschaft vor allem in bezug auf das Personeninventar und die Handlungsführung« nicht in erster Linie mit dem »trivialen Roman« sichtbar, als vielmehr mit jenen Filmen, die auf einem »trivialen Roman« basierten und dessen Strukturelemente Horváth über den »Umweg Kino« erreichten. Das trifft wohl auf die Verfilmung von Bettauers *Stadt ohne Juden* (1924) durch Hans Karl Breslauer ebenso zu wie auf die Verfilmung von Bettauers Roman *Die freudlose Gasse* (1925) nach einem Drehbuch von Willy Haas durch G.W. Pabst mit Greta Garbo, Asta Nielsen, Valeska Gert und Werner Krauss. Auch bei Pabsts Stummfilm *Tagebuch einer Verlorenen* (1929) läßt sich »eine Verwandtschaft in bezug auf Personeninventar und Handlungsführung« zu Horváth überzeugender darlegen als auf Grund von Margarethe Böhmes Roman. Diese »Von Stufe zu Stufe«-Thematik, wie Ernst Heilborn die Handlung von *Geschichten aus dem Wiener Wald* umriß[66], hatten viele Filme aus der Wiener Inflationszeit. Einige der Titel: *Frauen der Wiener Vorstadt* (1925), *Gefährdete Mädchen* (1928) oder *Café Electric* (1927).[67] Der Filmhistoriker Fritz Walter verweist auf L'Estrange Fawcettes Darstellung, daß damals »Wien als Filmmilieu überaus beliebt und daß die alte ›Kaiserstadt‹ in Hunderten von Filmen verewigt worden sei. ›Wien ist in der internationalen Filmwelt Mode geworden und wird es hoffentlich noch lange bleiben‹.[68] Von *Ein Walzer mit Strauß* (1925) bis *Beethoven* (1927), von *Vater Radetzky* (1929) bis *Erzherzog Otto und das Wäschermädl* (1930) wurde das unproblematische Trivial-Wien dargestellt. Der frühe deutsche Tonfilm sollte diesen Trend weiter ausbauen mit Exportwienern in Berlin.«[69] Erinnert sei auch an Filme wie *Das tanzende Wien* und dessen zweiten Teil *An der schönen blauen Donau*, zu denen Willy Haas die Drehbücher schrieb, oder an Tonfilme wie *Wien, du Stadt meiner Lieder* (1930), über dessen »künstlerischen Wert« wie folgt geurteilt wurde: »In Anbetracht, daß es bisher Filmpossen noch kaum gegeben hat, Tonfilmpossen überhaupt noch nicht, daß also auch ein rechter Maßstab zur Beurteilung mit gleichartigen Erzeugnissen noch fehlt, hat der Gutachterausschuß die Anerkennung als künstlerisch ausgesprochen in dem Zutrauen, daß die Industrie durch diese Anerkennung ermutigt werde, ähnlich saubere und fesselnde Werke der heiteren Kunst in noch höherer Vollendung zu schaffen.«[70]

In *Geschichten aus dem Wiener Wald* findet sich der Satz: »Wir hatten uns über das Burgtheater unterhalten und über den vermeintlichen Siegeszug des Tonfilms.« (1, 176).

In einem Flugblatt des Volksverbands für Filmkunst war 1928 zu lesen: »Tag für Tag sitzen allein in Berlin an die 200 000 Menschen im Kino. Das macht im Jahre weit über 60 Millionen von Kinobesuchern. Diese Ziffer allein beweist zur Genüge die ungeheure Bedeutung des Films. Er ist heute in gewissem Sinne wichtiger als das Theater oder irgendeine andere Kunstgattung.«[71] Als das »Theater der kleinen Leute« hatte schon 1909 Alfred Döblin das Kino bezeichnet.[72] Für Béla Balázs ist, 1930, das Kleinbürgertum »das größte Absatzgebiet« für die »Großindustrie« Film, wobei er den Begriff »kleinbürgerlich« als »die begrenzte Sicht des unsozial und unpolitisch betrachteten Lebens« definiert. Balázs schreibt: »Vor allem aber ist das Kleinbürgertum darum das größte Absatzgebiet, weil sein Geist nicht auf eine Gesellschaftsschicht beschränkt ist. Der Kleinbürger steckt überall. Sehr viele Proleten, Intellektuelle und Großbürger braucht man nicht lange zu kratzen und das eine und einige große Kinopublikum kommt zum Vorschein.«[73]

»Kleinbürger und Proletarier« waren auch bei Horváth[74] die »heutigen Menschen aus dem Volke«, die man »auf die Bühne bringen« müsse, wenn man »das alte Volksstück heute fortsetzen« wolle, da Deutschland, nach Ansicht Horváths, »wie alle europäischen Staaten, zu neunzig Prozent aus vollendeten oder verhinderten Kleinbürgern«[75] besteht. »Will ich also das Volk schildern, darf ich nicht nur die zehn Prozent schildern, sondern als treuer Chronist meiner Zeit, die große Masse.«

Die Zielgruppe ist also identisch. Auch die Absicht scheint identisch. »Das Theater phantasiert für den Zuschauer, und gleichzeitig läßt es ihn auch die Produkte dieser Phantasie erleben«, heißt es bei Horváth. (8,660 f.)

Und bei Balázs: »Da der Kleinbürger nicht daran denkt, an seiner eignen Wirklichkeit etwas zu ändern, so schafft er sich die

Filmmythologie vom gemütlichen Wien [. . .] Mythologie vom Zeitalter des goldenen Herzens.«[76]

Dem begegnete Horváth durch die Störung dessen, was man »Erbauung« nennt, durch die »Demaskierung des Bewußtseins.« Solche Identitäten wie die oben erwähnten haben zu zahlreichen Mißverständnissen geführt. Denn »Mißverständnissen bieten sich die Stücke Horváth geradezu an«, schreibt Helmut Arntzen. »Im Gegensatz zu denen Brechts, die jedem möglichen Mißverständnis von vornherein mit Warnungstafeln der Theorie begegnen, hat Horváth für seine Stücke derartige verbindliche Rezeptionsanweisungen nicht gegeben. [. . .] Einem Zeitalter, das mit literarischen Arbeiten fast nur noch etwas anfangen kann, wenn sie entweder den Kommentar mitliefern oder wegen ihrer Dunkelheit die Interpretation beliebig zu machen scheinen, müssen Dramen mißverständlich sein, die deutlich sind und dennoch hermetisch wirken: Keine Szene, die nicht unmittelbar aufgefaßt werden könnte, keine, von der sich zweifelsfrei sagen ließe, was sie bedeute.«[77] Eine Ansicht, die auch Hajo Kurzenberger schon 1975 auf dem Grazer Horváth-Kolloquium vertreten hatte, als er ausführte, daß »nicht ohne Ironie« zu beobachten sei, »wie sehr im Falle Horváth ein naiver Autor die intellektuellen Interpreten anzieht, wie zusehends mehr die theoretisch differenzierten Auslegungen sich des Theoriefeindlichen und -unfähigen bemächtigen. Auch das geschieht wohl nicht nur, weil Horváth – anders als Brecht, der den theoretischen Apparat in aller Ausführlichkeit zu seinen Stücken mitgeliefert hat, – seinen Exegeten wehr-, weil theorielos ausgeliefert ist. Horváths Stücke transportieren gerade dort, wo sie keine Gesellschaftskritik intendieren, genug Gesellschaftliches, das zur Ausdeutung lockt. So tritt im literarischen Bodensatz des Trivialen etwas von jenen kollektiven Mythen zutage, die erst der Dechiffrierung bedürfen.«[78]

VII.

Postskriptum.

Nicht um »den Abstand zweier Buchdeckel voneinander [zu] vergrößern« (Nolting[79]), sondern um den »dynamischen Prozeß von Produktion und Rezeption, von Autor, Werk und Publikum« (Jauß[80]) aufzuzeigen, sei noch auf Reaktionen der Wiener Kritik anläßlich der österreichischen Erstaufführung von *Geschichten aus dem Wiener Wald* am Wiener Volkstheater 1948, siebzehn Jahre nach der Uraufführung, hingewiesen. So schrieb Peter Loos[81] in der Zeitung Der Abend: »Ich sehe an allen Ecken und Enden die österreichfeindliche Einstellung. [...] Horváth hat ja in seinem Bilderbogen nur die Karikatur eines österreichischen Volkes eingespannt und die Bezeichnung ›Volksstück‹ fordert nur Protest heraus. [...] drei Stunden Zynismus – drei Stunden Menschenheitszertrümmerung und das in der Qualität einer Kabarettrevue um die dreißiger Jahre; das hält niemand aus.« Fritz Koselka[82] in der amtlichen Wiener Zeitung: »Das Wiener Publikum aber wird sich nicht gefallen lassen, daß man ihm seinen traditionellen Familienausflug an die Donau, seine holdseligen Wochenendpantscherln und sein Heurigendulliöh so vermiest.« So kam es auch, wie die Zeitung Weltpresse[83] berichtet, zum Skandal: »Pfuirufe, schrille Pfiffe und Rufe wie ›Das sind keine Menschen, sondern Bestien!‹, ›Das Stück gehört abgesetzt‹ und ›Schmeißt die Schauspieler von der Bühne herunter!‹ wurden von Gegenkundgebungen abgelöst, so daß die Schauspieler für kurze Zeit unterbrechen mußten.« Denn »unsere Wiener vertragen selbst von der Kanzel herab nur verzuckerte Strafpredigten«, hatte Friedrich Heer[84] in der katholischen Wochenschrift Die Furche vermerkt. Als »Frechdachsigkeit« und »Verunglimpfung Wiens« bezeichnete Hugo Huppert[85] Horváths Stück und näherte sich damit dem Jargon des deutschnationalen und antisemitischen Wiener 8-Uhr-Blattes aus dem Jahr 1933 und, wie manche andere Wiener Kritiker des Jahres 1948[86] auch, dem Jargon der Rechtspresse des Jahres 1931.

Erst zwanzig Jahre später, 1968, als das Volkstheater in Wien Horváths *Geschichten aus dem Wiener Wald* wieder aufführte, wars anders geworden. Horváth war mittlerweile »auf dem Weg zum Klassiker, ob er's will oder nicht und ob er's noch so komisch fände, wenn er's erlebt hätte« (Torberg[87]), und es hatte das begonnen, »was man halb verwundert, halb verschreckt die ›Horváth-Renaissance‹ genannt hat« (Wapnewski[88]). Herbert Nedomansky[89] schrieb 1968 in seiner Kritik: »Diese *Geschichten aus dem Wiener Wald* – das erkennt man erst jetzt wieder – scheinen doch ein großes Werk zu sein.« Er schloß mit den Worten: »Viel Applaus. Viele Lacher. Nicht immer an den richtigen Stellen« ...

1982

Anmerkungen

Originalbeitrag; unter Anlehnung an das Kapitel »Geschichten aus dem Wiener Wald« in T. K., *Ödön von Horváth. Kind seiner Zeit*, München 1980 (Heyne Biographien 71), S. 102-128.

1 Vgl. 1,12: »Mit vollen Bewußtsein zerstörte ich das alte Volksstück, formal und ethisch – und versuchte als *dramatischer Chronist* die neue Form des Volksstückes zu finden.« 8,662: »Will ich also das Volk schildern, darf ich natürlich nicht nur die zehn Prozent schildern, sondern als *treuer Chronist meiner Zeit*, die große Masse.« (Hervorhebungen durch mich.)

2 Diesen Hinweis verdanke ich dem Beitrag von Katrin Lindner und Jürgen Wertheimer, *Formen des satirischen Dialogs in Kaspar Hausers Beiträgen zur »Weltbühne«*, in: Irmgard Ackermann (Hg.), *Kurt Tucholsky. Sieben Beiträge zu Werk und Wirkung*, München 1981, S. 131-161.

3 Dazu zähle ich, als eklatantestes Beispiel einer »Überinterpretation«, Aspekte in Wolfgang Heinz Schobers Beitrag auf dem Grazer Horváth-Kolloqium 1975, der dort ausführte: »Ein weiteres Symbol für zwischenmenschliche Kälte ist das Eis. Horváth geht dabei vom einfachen Speiseeis aus, womit er zeigt, daß die Menschen sozusagen die Kälte begierig zu sich nehmen. Schon Karoline (*Kasimir und Karoline*) ißt sehr gerne Speiseeis, und das tut sie gerade zu dem Zeitpunkt, als die Kälte in die Beziehung zwischen ihr und Kasimir eindringt (1,257 ff.). Auch der Fisch T. hat Eis sehr gerne (6,370), überdies will er sehen, wie einer stirbt (6,376). Der Soldat ißt sein Eis, ohne es wirklich zu mögen, wobei er ›lange Zähne‹ bekommt (6,426). Er nimmt also ununterbrochen die Kälte zu sich, die unmenschlich ist, kann aber dennoch nicht aufhören und kauft sich gleich die nächste Portion. Bei ihm vollzieht sich der Übergang vom Speiseeis zum echten Eis am deutlichsten. In seiner Vergangenheit ist er noch einmal der Polizei ›über das Eis‹ entkommen (6,411), seine Tätigkeit als Dieb ist nicht aufgedeckt worden. Sich selbst, seiner inneren Kälte vermag er nicht mehr zu entfliehen. Der Frost kommt aus dem Inneren: ›Mein Herz beginnt zu frieren‹. (6,476) Zuletzt erfriert er, von außen gesehen im Schneefall, tatsächlich an sich selbst, wie Don Juan, der bezeichnenderweise ebenfalls aus dem Krieg zurückgekehrt ist.« Zit. nach Wolfgang Heinz Schober, *Die Jugendproblematik in Horváths Romanen*, in: Kurt Bartsch u. a. (Hg.), *Horváth-Diskussion*, Kronberg/Ts. 1976, S. 124-137; hier S. 135.

4 Zit. nach Ödön von Horváth, *Randbemerkung zu »Glaube Liebe Hoffnung«. Fassungen und Lesarten*, in: *Mat. GLH*, S. 61-75; hier S. 71.

5 Hajo Kurzenberger, *Möglichkeiten, Horváth zu spielen – keine Gebrauchsanweisung*, in: *Horváth-Diskussion*, S. 82-94; hier S. 92.

6 Zit. nach dem Typoskript der ersten Fassung (Fassung A) des *Interviews mit Ödön von Horváth*. In: *Mat. GLH*, S. 61-75; hier S. 71.

7 Ebd., S. 19.

8 Beim Bau der österreichischen Zugspitzbahn, die am 5.7.1926 in Betrieb genommen wurde, war es wegen der forcierten Bauweise und mangelhaften Sicherheitsvorkehrungen zu heftigen Auseinandersetzungen zwischen der Betriebsleitung und den Arbeitern gekommen, in deren Verlauf drei Arbeiter getötet wurden.

9 Nach Dietmar Griesers Recherchen spielte »die Komödie *Zur schönen Aussicht*, diese gallbittere Abrechnung mit einer käuflichen Männerwelt, in Murnau – genauer: in der schleißigen Kulisse der heruntergekommenen Pension Schönblick, der die Horváths, schräg gegenüber wohnend, fast in die Fenster schauen konnten«. (Dietmar Grieser, *Schauplätze österreichischer Dichtung. Ein literarischer Reiseführer*, München 1974, S. 119).
Als »Schlüsselkomödie« bezeichnete Lajos von Horváth, der Bruder des Dichters, *Zur schönen Aussicht* und nannte neben der Hotelpension Schönblick als Vorlage auch noch die Hotelpension Seeblick, wo die lebenden Vorbilder von Max und Karl, von Emmanuel Freiherr von Stetten und Ada Freifrau von Stetten verkehrten. (Lajos von Horváth am 28.9.1966 in einem Gespräch mit dem Verf.)
In einem ersten Entwurf Horváths mit dem Titel *Nach der Saison* scheinen im Personenverzeichnis noch die Namen »Reichhardt« und »Engelhardt« auf. Heinz Reichhardt hieß der Besitzer der Hotelpension Seeblick in Murnau, und mit »Engelhardt« ist vermutlich der Murnauer Kaufmann und spätere NSDAP-Bezirksleiter Hugo Engelbrecht gemeint.

10 Vgl. hierzu Dieter Hildebrandts Dokumentation und Nachwort, in: Ödön von Horváth, *Sladek oder Die schwarze Armee*. Frankfurt 1974 (st 163), S. 85-129. Sowie: Berthold Jacob, *Plaidoyer für Schulz*, in: Die Weltbühne XXIII, 12 (22.3.1927).

11 Joseph Breitbach hat (am 18.9.1979 in einem Gespräch mit dem Verf.) darauf hingewiesen, daß Die Weltbühne zu Horváths ständiger Lektüre zählte. (Siehe auch: Traugott Krischke [Hg.], *Ödön von Horváth*, Frankfurt 1981 [stm 2005], S. 209). Zur Thematik von *Rund um den Kongreß* findet sich im Entstehungsjahr 1927 in der Weltbühne u. a. Hans Deckers Beitrag *Das Gesetz zur Bekämpfung der Geschlechtskrankheiten* (Die Weltbühne XXIII,19), wie auch: Peter Panter, *Mädchenhandel in Buenos Aires* (Die Weltbühne XXIII,27).

12 Siehe hierzu das Nachwort in: Ödön von Horváth, *Sechsunddreißig Stunden. Die Geschichte vom Fräulein Pollinger*, Frankfurt 1979 (BS 630), S. 143-156; vor allem S. 147 ff.

13 Vgl. hierzu Günther Rühles Kommentar zu Horváths *Italienische Nacht* in: Günter Rühle (Hg.), *Zeit und Theater. Von der Republik zur Diktatur. 1925-1933*, Berlin 1972, S. 810-816, sowie die Hinweise in Ödön von Horváth, *Italienische Nacht*, Frankfurt 1974 (BS 410), S. 132 ff.

14 Zit. nach einem Typoskript von Jürgen Schröder, *Ödön von Horváth als »Chronist seiner Zeit«. Zum Dramenfragment »Der Fall E.«*, S. 2. Vgl. hierzu auch: Jürgen Schröder (Hg.), *Horváths »Lehrerin von Regensburg«. Der Fall Elly Maldaque*, Frankfurt 1982 (stm 2014).

15 Dieter Hildebrandt, *Liebe Tod und Kapital*, in: *Mat. ÖvH*, S. 161-172; hier S. 166.

16 Ebd., S. 172

17 Die Darstellung folgt im wesentlichen den *Hinweisen* in: Ödön von Horváth, *Geschichten aus dem Wiener Wald*, hg. Traugott Krischke. Frankfurt 1977 (BS 247 [Erweiterte Neuausgabe]), S. 308-316.

18 Heinz Hilpert, *Statement*, in: *Das Porträt: Ödön von Horváth*, TV-Film von Traugott Krischke, Köln (WDR) 1966. Der Text des Statements ist vollständig abgedruckt in: *Mat. ÖvH*, S. 34.

19 Paul Hörbiger, *Ich hab für euch gespielt. Aufgezeichnet von Georg Markus*, München 1979.

20 Dieses und die folgenden Zitate nach dem Regiebuch Heinz Hilperts im Heinz Hilpert-Archiv in der Akademie der Künste in Berlin.

21 Zit. nach: Carl Zuckmayer, *Aufruf zum Leben. Porträts und Zeugnisse aus bewegten Zeiten*, Frankfurt 1976, S. 214. Vgl. auch Helmut Sembdner (Hg.), *Der Kleistpreis 1912-1932. Eine Dokumentation*, Berlin 1968. Diesem Band sind auch die nachfolgenden Informationen entnommen. Siehe auch: *Der Kleist-Preis 1931* in: *Mat. GWW*, S. 67-84.

22 Zit. nach: Dieter Hildebrandt, *Ödön von Horváth in Selbstzeugnissen und Bilddokumenten*, Reinbek 1975, S. 66 f.

23 Zit. nach *Interview mit Ödön von Horváth. Fassungen und Lesarten*, in: *Mat. GLH*, S. 7-32; hier S. 31.

24 Richard Schaukal, *Unsere Meinung*, in: Die neue Literatur, 32. Jg., Dezember 1931.

25 *Kleines österreichisches Literaturlexikon*, hg. H. Giebisch, L. Pichler und K. Vancsa, Wien 1948, S. 391.

26 Dieter Hildebrandt, *Ödön von Horváth in Selbstzeugnissen und Bilddokumenten*, S. 68.

27 Die Mitwirkenden der Uraufführung waren: Lina Woiwode (Die Mutter), Peter Lorre (Alfred), Frida Richard (Die Großmutter), Willy Trenk-Trebitsch (Der Hierlinger Ferdinand), Lucie Höflich (Valerie), Heinrich Heilinger (Oskar), Felicitas Kobylanska (Ida), Josef Danegger (Havlitschek), Paul Hörbiger (Rittmeister), Carola Neher (Marianne), Elisabeth Neumann (Eine gnädige Frau), Hans Moser (Zauber-

könig), Hedwig von Lorré (Erste Tante), Jula Benedek (Zweite Tante), Paul Dahlke (Erich), Sylva Havran (Emma), Grete Jacobsen (Helene), Maria Secher (Dienstbote), Cäcilie Lvovsky (Baronin), Hermann Wlach (Beichtvater), Max Lammer (Kavalier), Saluta Kobylanska (Mädchen), Karl Huszar-Puffy (Der Mister), Hans Strohm (Der Conferencier).
Regie: Heinz Hilpert. Bühnenbilder: Ernst Schütte. Musikalische Leitung: Kurt Heuser.
Die Aufführung dauerte 142 Minuten.
Laut *Deutscher Bühnen-Spielplan* (Berlin 1931) fanden, nach der Uraufführung am 2.11., weitere Vorstellungen vom 3. bis 19.11. statt, am 19.11. zusätzlich nachts noch eine »Schauspieler-Vorstellung«, am 20. und 21.11., und dann vom 23.11. bis 1.12.

28 Zusammenstellung nach *Deutscher Bühnen-Spielplan*, Berlin 1931.

29 Joseph Breitbach am 18.9.1979 im Gespräch mit dem Verf.

30 Monty Jacobs, [*Geschichten aus dem Wiener Wald*], in: Vossische Zeitung, Berlin, 3.11.1931.

31 Herbert Ihering, [*Geschichten aus dem Wiener Wald*], in: Berliner Börsen-Courier, 3.11.1931.

32 Manfred Georg, *Geschichten aus dem Wiener Wald. Horváths Kleistpreis-Stück im Deutschen Theater*, in: Tempo, Berlin 3.11.1931.

33 Alfred Kerr, *Ödön von Horváth »Geschichten aus dem Wiener Wald«. Deutsches Theater*, in: Berliner Tageblatt, 3.11.1931.

34 Zit. nach Géza von Cziffra, *Kauf dir einen bunten Luftballon. Erinnerungen an Götter und Halbgötter*, München 1975, S. 208.

35 Alfred Polgar, *Geschichten aus dem Wiener Wald*, in: Die Weltbühne XXVII, 46 (17.11.1931).

36 Zit. nach: *Geschichten aus dem Wiener Wald. Volksstück von Ödön Horváth im Urteil hervorragender Berliner Kritiker anläßlich der Uraufführung am Deutschen Theater, Berlin.* Arcadia-Verlag. 10. Flugblatt. Februar 1932.

37 Ebd.

38 Ebd.

39 Ebd.

40 Zitiert nach einem Prospekt des Propyläen Verlages, Berlin.

41 Zit. nach: Günter Erken, *Materialien zu »Geschichten aus dem Wiener Wald«*, in: Jan Berg u. a. (Hg), *Von Lessing bis Kroetz. Einführung in die Dramenanalyse. Kursmodelle und sozialgeschichtliche Materialien für den Unterricht*, Kronberg/Ts. 1975, S. 160-179; hier S. 175.

42 Zit. nach: *Das deutsche Drama* 4 (1932).

43 *Unsere Meinung*, in: Deutsche Allgemeine Zeitung (Reichsausgabe), Berlin 4.11.1931.

44 (Paul) Fechter, *Oedön von Horváth »Geschichten aus dem Wiener Wald«*, in: Deutsche Allgemeine Zeitung (Reichsausgabe), Berlin,

4.11.1931.
45 [Kurt Tucholsky], *Antworten. Nationaler Mann*, in: Die Weltbühne XXVII, 45 (10.11.1931).
46 Karl-Martin Friedrich, *Berliner Theater*, in: Völkischer Beobachter, München, 10.11.1931.
47 R[ainer] S[chlösser], *Der Kleistpreisrummel. Ein Musterbeispiel neudeutscher Propaganda-Praktiken*, in: Völkischer Beobachter, Berlin, 19. 11. 1931 (Beiblatt der 323. Ausgabe).
48 Zit. nach: *Interview mit Ödön von Horváth. Fassungen und Lesarten*, in: *Mat. GLH*, S. 31.
49 Zit. nach: Günther Erken, *Materialien zu »Geschichten aus dem Wiener Wald«*, S. 179.
50 [Paul Goldmann], *»Geschichten aus dem Wienerwald« von Oedön Horwath. Erstaufführung im Berliner Deutschen Theater*, in: Neue Freie Presse, Wien, 3.11.1931.
51 Ernst Deczey, *Geschichten aus dem Berliner Wald. Und Kitschlügen um Österreich*, in: Neues Wiener Tageblatt, 8.11.1931.
52 Zit. nach einem undatierten Zeitungsausschnitt (vermutlich Neues Wiener Tagblatt) aus dem Nachlaß Franz Theodor Csokors in der Handschriftensammlung der Österreichischen Nationalbibliothek in Wien. Der Zeitungsausschnitt trägt den handschriftlichen Vermerk »Jan. 1934« und die Inv. Nr. »3. Beil. 296/30«.
53 Wie 33.
54 Wie 50.
55 Ernst Heilborn, *[Geschichten aus dem Wiener Wald]*, in: Die Literatur, Berlin 1931/32, S. 221 f.
56 Frank Wedekinds »Sittengemälde« *Musik* war am 7. 5. 1927 im Berliner Schiller-Theater mit Maria Koppenhöfer (Klara) und Aribert Wäscher (Josef Reißner), unter der Regie von Erich Engel, uraufgeführt worden. Mit Wedekinds Schaffen hatte sich Horváth bereits als Student der Ludwigs-Maximilians-Universität in München bei Arthur Kutscher befaßt, wo er u. a. im Wintersemester 1919/20 die *Übungen über das deutsche Theater und Drama der jüngsten Zeit* belegt hatte und im Sommersemester 1921 Kutschers Vorlesungen *Das deutsche Drama unserer Zeit* gehört hatte. Wenn sich auch im »Weltbild« gewisse Parallelen andeuten (Klara in *Musik:* »Aber es gibt da droben über uns keinen Gott! das habe ich untrüglich erfahren! Es müßte denn ein Ungeheuer sein, dem das klägliche Ächzen meines armen verlassenen Kindes Musik in den Ohren ist!« – Marianne in *Geschichten aus dem Wiener Wald* nach dem Tod ihres Kindes: »Ich hab mal Gott gefragt, was er mit mir vorhat. – Er hat es mir aber nicht gesagt, sonst wär ich nämlich nicht mehr da. – Er hat mir überhaupt nichts gesagt. – Er hat mich überraschen wollen. – Pfui!«), so scheint der Vorwurf, Horváth sei ein »Wedekind-Epigone«, ungerechtfertigt.

Später, 1934, sagt Horváth in einem Interview *(Oedön-Horváth-Premiere am Reinhardt-Seminar* in: Wiener Allgemeine Zeitung, 11.1.1934), daß sein Stück *Die Unbekannte aus der Seine* »am ehesten vielleicht [...] an den Versuch« erinnert, »den Frank Wedekind seinerzeit mit seinem Stück *Musik* unternommen hat. Es ist der Versuch, das Komische und Groteske der Tragik aufzuzeigen.« Er schränkt dies jedoch sofort wieder ein, wenn er anfügt: »Selbstverständlich gehe ich meine eigenen Wege, und der Hinweis auf Wedekinds *Musik* soll nur die Richtung des Experiments andeuten.«

57 Wie 31.

58 Wenn es bei Ihering heißt, Horváth habe »sein Wien vom Gegensatz zur Wiener Operette, vom Gegensatz zu Felix Salten, vom Gegensatz zu Hans Müller kontrollieren« lassen, so meint Ihering wohl nicht in erster Linie den Feuilletonisten und Schriftsteller Felix Salten, sondern den Drehbuchautor, der – zusammen mit Arthur Schnitzler – 1924 »literarischer Beirat« der Vita-Film in Wien war und zu etlichen Filmen das Drehbuch schrieb. (Vgl. Bernhard Zeller [Hg.], *Hätte ich das Kino! Die Schriftsteller und der Stummfilm*, München 1976, S. 232.)
Hans Müller (1882-1950), Verfasser zahlreicher Novellen und Komödien, dem in Eduard Castles *Deutsch-Österreichische Literaturgeschichte* (Wien 1937) bescheinigt wird, daß er »ein großer Dichter wäre, wenn er sich auf seine tieferen Kräfte besänne« (Band 4, S. 1377), lieferte u. a. auch das Textbuch zu *Im weißen Rößl*. Seinen ersten Erfolg in Berlin hatte Hans Müller am 19.11.1918 mit dem Schauspiel *Der Schöpfer*, in dem Albert Bassermann auftrat, der am 7.1.1921 auch in Müllers Drama *Die Sterne* als Galilei mitwirkte.Am 23.10.1920 machte Müllers Drama *Die Flamme* Käthe Dorsch berühmt, die am 22.12.1922 auch die Uraufführung von Müllers Lustspiel *Die Großmama* im Berliner Künstlertheater mit großem Erfolg kreierte.

59 Friedrich Hollaender (1896-1976) hatte für Paul Graetz und Rosa Valetti Tucholsky und Klabund vertont und selbst Texte und Musik zu zahlreichen »literarischen Revuen« verfaßt. Er war einer der erfolgreichsten und bekanntesten Komponisten und Kabarettisten der »goldenen« zwanziger Jahre. Hollaenders Chanson *Wiener Stimmungssoubrette* wird zitiert nach: Christian Ferber (Hg.), *Der Querschnitt. »Das Magazin der aktuellen Ewigkeitswerte«* 1924-1933, Berlin 1981, S. 293 f.

60 Wendelin Schmidt-Dengler, *Ödön von Horváths »Geschichten aus dem Wiener Wald« und der triviale Wiener Roman der zwanziger Jahre*, in: Traugott Krischke (Hg.), *Ödön von Horváth*, S. 57-66; hier S. 57.
Vgl. hierzu auch: Wendelin Schmidt-Dengler, *Die erste Republik in der Literatur. »Wiener Roman« und Feuilleton*, in: Friedbert Aspets-

berger (Hg.), *Staat und Gesellschaft in der modernen österreichischen Literatur*, Wien 1977, S. 65-88.

61 Gustl Schneider-Emhardt, *Erinnerungen an Ödön von Horváth*, (unveröffentlichtes Typoskript). Auf S. 4 heißt es dort: »Ödön brachte immer Bücher mit. Ich erinnere mich an einige Autoren wie Büchner, Rimbaud, Edgar Allen Poe, E.T.A. Hoffmann, Oscar Wilde (*Das Bildnis des Dorian Gray*) und Meyrink (*Der Golem*).« Über die »unzertrennliche Clique«, die sich Anfang 1920 um Horváth sammelte, berichtet Gustl Schneider-Emhardt (S. 9): »Wir spielten stundenlang Platten, lasen alle dasselbe Buch und sprachen dann von morgens bis abends in dessen Jargon, ob das nun Nietzsche, Rilke, Balzac oder Rabelais war.«
Dietmar Grieser erfuhr 1974 von Dr. Heinrich Emhardt: »In Murnau lasen die Freunde gemeinsam Strindberg und Tucholsky, analysierten die Königsdramen und suchten Rilke auf ›komische Stellen‹ ab.« (Dietmar Grieser, *Schauplätze österreichischer Dichtung*, S. 126).

62 Joseph Breitbach am 18.9.1979 im Gespräch mit dem Verf.

63 Beleg für die Möglichkeit, daß Horváth Bettauers Wochenschriften kannte, scheint mir sein grundsätzliches Interesse an »sittengeschichtlichen« Werken. Bei den in seinem Roman *Sechsunddreißig Stunden* (8,518) genannten erotischen Titeln und Schriften handelt es sich größtenteils um nachweisbare Publikationen jener Jahrzehnte. Im selben Roman zitiert Horváth ein Antwortschreiben, das Margarethe Swoboda auf eine Annonce hin erhalten haben soll: »Wertes Fräulein! Teilen Sie mir Näheres über Ihren Busen und über Ihre sonstigen Formen mit. Wenn Sie einen schönen und vor allem festen Busen haben, kann ich Ihnen sofort höchst angenehme Stellen zu durchweg distinguierten Herren vermitteln. Auch möchte ich wissen, ob Sie einen Scherz verstehen und entsprechend zu erwidern imstande sind. Hochachtungsvoll!« (8,565)
Im 3. Band der 1912 erschienenen *Illustrierten Sittengeschichte vom Mittelalter bis zur Gegenwart* von Eduard Fuchs findet sich auf S. 414 folgender Text: »Die Stellenvermittler männlichen und weiblichen Geschlechts sind in gleicher Weise sehr häufig nichts anderes als heimliche Kuppler. [. . .] Eine andere (Stellenvermittlerin) war noch deutlicher, wenn sie an ein junges Mädchen schrieb, das sich um die Stelle einer Privatsekretärin bewarb: ›Teilen Sie mir Näheres über Ihren Busen und über Ihre sonstigen Formen mit. Wenn Sie einen schönen und vor allem festen Busen haben, kann ich Ihnen sofort mehrere höchst angenehme Stellen zu durchweg distinguierten Herren vermitteln. Auch möchte ich wissen, ob Sie einen Scherz verstehen und entsprechend zu erwidern imstande sind.«
Im Ergänzungsband für »Gelehrte, Sammler und Bibliotheken« zu Fuchs' *Sittengeschichte* ist auf S. 178 zu lesen: »Alles in Ehren, ist die

geheiligte Redensart. Sie findet sich in allen derartigen Briefen wieder.« Bei Horváth heißt es: »Diskretion Ehrensache. Dieses ›Diskretion Ehrensache‹ ist ein Sinnspruch im Wappen der Prostitution.« (8,565).

64 Rudolf Olden, *Österreichische Köpfe. IV. Hugo Bettauer*, in: Die Weltbühne XXI, 22 (2.6.1925).
Rudolf Olden (1885-1940) hatte mit Hugo Bettauer zusammen die »Wochenschrift für Lebenskultur und Erotik« Er und Sie herausgegeben, die mit der 5. Nummer (13.3.1924) ihr Erscheinen einstellen mußte. Bettauer und Olden wurden angeklagt, das Verfahren gegen Olden schließlich niedergeschlagen und Bettauer am 19. 9. 1924 freigesprochen (Murray G. Hall, *Der Fall Bettauer*, Wien 1978).

65 Wendelin Schmidt-Dengler, *Ödön von Horváths »Geschichten aus dem Wiener Wald« und der triviale Wiener Roman der zwanziger Jahre*, S. 66.

66 Ebd., S. 55.

67 Walter Fritz schreibt in seinem Buch *Kino in Österreich. Der Stummfilm 1896-1930* (Wien 1981) über *Café Electric* mit den Untertiteln *Wenn ein Weib den Weg verliert* und *Die Liebesbörse*: »Am 25. November 1927 fand die Premiere in Wien statt. Unter der Regie von Gustav Ucicky spielten Willi Forst (Ferdl), Marlene Dietrich (Erni), Fritz Alberti, Anny Coty, Igo Sym (Max), Vera Salvotti (Paula), Nina Vanna (Hansi). Jaques Bachrach entwarf das Buch nach dem Stück von Felix Fischer. ›Café Electric‹ ist der Treffpunkt der Halbwelt Wiens. Hansi, die Tochter eines Bauunternehmers (Erni) läßt sich mit dem zwielichtigen Ferdl ein, ihre Beziehung scheitert. Der arbeitslos gewordene Ingenieur Max aber holt Hansi aus dem Sumpf der Halbwelt, und nach einigen unvermeidlichen Mißverständnissen findet er nicht nur wieder Arbeit, sondern auch seine Hansi wieder.« (S. 141)

68 L'Estrange Fawcette, *Die Welt des Films*, Wien o. J., S. 145.

69 Walter Fritz, *Kino in Österreich*, S. 145.

70 Zit. nach: *Die leicht spießerhafte Mittelschicht oder Die Zensur als Lachreizmotiv*, in: Die Weltbühne XXVI, 22 (27.5.1930).

71 *Die Volks-Film-Bühne ruft!* Flugblatt des Volksverbands für Filmkunst 1928 (18). Zit. nach: Bernhard Zeller (Hg.), *Hätte ich das Kino*, S. 385.

72 Alfred Döblin, *Das Theater der kleinen Leute*, in: Das Theater 1, H. 8 (Dezember 1929), S. 191-192. Zit. nach: Anton Kaes (Hg.), *Kino-Debatte. Texte zum Verhältnis von Literatur und Film. 1909-1929*, München-Tübingen 1978, S. 37 f.

73 Béla Belázs, *Der Film des Kleinbürgers*, in: Die Weltbühne XXVI, 33 (12. 8. 1930). Siehe auch den Abdruck S. 188-193 dieses Bandes.

74 *Interview mit Ödön von Horváth. Fassungen und Lesarten*, S. 29.

75 Ödön von Horváth, *Gebrauchsanweisung. Fassungen und Lesarten*, S. 106. Vgl. hierzu auch die Hinweise von Franz Kadrnoska innerhalb

seines Beitrags *Die späten Romane Ödön von Horváths. Weltliteratur und Vergangenheitsbewältigung*, in: Österreich in Geschichte und Literatur 26 (1982), H. 2, S. 81-109; vor allem S. 97 f. und die Anm. 101 (S. 107 f.).

76 Wie 73.

77 Helmut Arntzen, *Horváth – Geschichten aus dem Wiener Wald*, in: Walter Hinck (Hg), *Die deutsche Komödie. Vom Mittelalter bis zur Gegenwart*, Düsseldorf 1977, S. 246-268 und 395-399; hier S. 246.

78 Hajo Kurzenberger, *Möglichkeiten, Horváth zu spielen – keine Gebrauchsanweisung*, S. 92 f.

79 Winfried Nolting, *Drama des Tonfalls*, S. 116 dieses Bandes.

80 Hans Robert Jauß, *Ästhetische Erfahrung und literarische Hermeneutik*, München 1977, Band 1, S. 11.

81 Peter Loos, *»G'schichten aus dem Wienerwald«. Zur gestrigen Oedön-Horváth-Premiere im Volkstheater*, in: Der Abend, Wien, 2. 12. 1948.

82 Fritz Koselka, *»G'schichten aus dem Wienerwald« im Volkstheater*, in: Wiener Zeitung, 3. 12. 1948.

83 *Lärmende »G'schichten aus dem Wienerwald«*, in: Weltpresse, Wien, 3. 12. 1948.

84 Friedrich Heer, *Echte und falsche Sittenpredigt*, in: Die Furche, Wien, 3. 12. 1948.

85 Hugo Huppert, *Strohleerer Kitsch im Volkstheater. Vorgebliche »G'schichten aus dem Wienerwald«*, in: Österreichische Zeitung, Wien, 3. 12. 1948.

86 Vgl. hierzu *Wiener Auslese 1948*, in: *Mat. GWW*, S. 138-144. Meiner Auffassung widerspricht Wolfgang Lechner in seiner Innsbrucker Dissertation *Mechanismen der Literaturrezeption in Österreich am Beispiel Ödön von Horváths*. Stuttgart 1978. Lechner schreibt auf S. 52: »Traugott Krischke hat in einem seiner Materialienbände eine Auswahl von Rezensionen dieser Volkstheater-Premiere aufgenommen, die in ihrer Zusammenstellung ein verzerrtes Bild von der Reaktion der Wiener Kritiker auf die Inszenierung entstehen lassen können. So zitiert Krischke nach nur zwei zustimmenden Besprechungen als ›Wiener Auslese 1948‹ Ausschnitte aus neun ablehnenden Rezensionen. Durch systematische Suche konnten der vorliegenden Untersuchung aber (neben einigen Meldungen) 20 Rezensionen zugrundegelegt werden, von denen elf das Stück ablehnen und neun positiv aufnehmen.«

Bei den in *Mat.GWW* abgedruckten (positiven) Kritiken (S. 136-138) handelt es sich um die in den beiden damals größten und auflagenstärksten Zeitungen Wiens (Wiener Kurier und Weltpresse) erschienenen Rezensionen. Unter der Überschrift *Wiener Auslese 1948* wurden auszugsweise acht (nicht, wie Lechner anführt, neun) negative Stimmen wiedergegeben, um einerseits die Parallelen im Vokabular zu den Rezensionen der rechts orientierten Presse aus dem Jahr 1931 aufzuzeigen und andererseits den Wandel zu der positiven Aufnahme *der Geschichten aus dem Wiener Wald* im Wien des Jahres 1968 zu verdeutlichen.

87 Friedrich Torberg, *Kasimir und Karoline (1964)*, in: ders., *Der Beifall war endenwollend, Theaterkritiken und Glossen*, hg. Eberhard Gaupp, München 1970. S. 157-159; hier S. 157.

88 Peter Wapnewski, *Ödön von Horváth und seine »Geschichten aus dem Wiener Wald«*, in: *Mat.GWW*, S. 10-43; hier S. 16.

89 Herbert Nedomansky, *Sprüch' oder nicht Sprüch‹! Ödön von Horváths »Geschichten aus dem Wiener Wald« im Volkstheater*, in: Die Presse, Wien, 27./28. 4. 1968.

Hermann Glaser

Ab mit ihr
Ehe die toten Seelen töteten
Zur deutschen ›Spießer-Ideologie‹

»Dann komm«, sagt Oskar am Ende der *Geschichten aus dem Wiener Wald. »Er stützt sie, gibt ihr einen Kuß auf den Mund und langsam ab mit ihr – und in der Luft ist ein Klingen und Singen, als spielte ein himmlisches Streichorchester die ›Geschichten aus dem Wiener Wald‹ von Johann Strauß.«* (1,251) Sicherlich einer der deprimierendsten Dramenabschlüsse der Weltliteratur; ein Mädchen wird lebendigen Leibes eingesargt – im trauten Heim. Der zukünftige Paterfamilias nimmt die Verlobte in seine Arme; er stützt sie, bald wird er sie mit Liebesbanden fesseln; da gibt es kein Entrinnen mehr. Der Kuß auf den Mund – Beginn von Vergewaltigung. Die Szenenanweisung sagt nicht: ». . . langsam mit ihr ab . . .«; es heißt »langsam ab mit ihr«; das Herrische im Vorgang wird durch diese Umstellung unterstrichen: ab, hinab in den Orkus der Geborgenheit. Der zukünftige Gebieter wird dafür sorgen, daß das Mädchen nicht mehr auf- bzw. hochkommt. Das »Klingen und Singen« in der Luft intoniert, was – so kann man vermuten – das sentimental-erotische Bild über den breiten Ehebetten mit den dicken Zudecken und den Paradekissen im zukünftigen »Allerheiligsten«, dem Schlafzimmer, visualisiert: ein Panorama des Höheren, das den männlichen Trieben, durch eheliche Pflichten sanktioniert, zur transzendierenden Weihe verhilft. Nun kann das Mädchen ihrem Gemahl Kind um Kind gebären, bis sie, ausgelaugt und nicht einmal der Vorspiegelung von Sinnlichkeit mehr fähig, in ehelicher Gleichgültigkeit versinkt. Für ihn bleibt: der Seitensprung.

Marianne, denn so heißt das süße Mädel, das längst Frau ist: »Ich kann nicht mehr. Jetzt kann ich nicht mehr –« Oskar: »Dann komm.« Die Eskapade mit dem leichtsinnigen Alfred ist zu Ende. Jungfräulich hätte Oskar sie gewollt; auf Zeit war sie ihm entkommen; nun nimmt er sie auch so noch. Ein höheres Geschick hat dafür gesorgt, daß die Störung der ursprünglichen Partnerbeziehung wieder rückgängig gemacht, Marianne zum »Ehemaligen«, nun ihr »Zukünftiger«, zurückgekehrt ist; ihr uneheliches Kind ist verstorben; die Großmutter hat sich als »Engelmacherin« betätigt.

MARIANNE: Kind! Wo bist du denn jetzt? Wo?
OSKAR: Im Paradies.
MARIANNE: So quäl mich doch nicht –
OSKAR: Ich bin doch kein Sadist! Ich möcht dich doch nur trösten. – Dein Leben liegt doch noch vor dir. Du stehst doch erst am Anfang. – Gott gibt und Gott nimmt.
MARIANNE: Mir hat er nur genommen, nur genommen –
OSKAR: Gott ist die Liebe, Mariann – und wen er liebt, den schlägt er –
MARIANNE: Mich prügelt er wie einen Hund!
OSKAR: Auch das! Wenn es nämlich sein muß.

Im Häuschen spielt derweilen die Großmutter auf der Zither die »Geschichten aus dem Wiener Wald« von Johann Strauß.

Und Oskar fährt fort: »Mariann. Ich hab dir mal gesagt, daß ich es dir nie wünsch, daß du das durchmachen sollst, was du mir angetan hast – und trotzdem hat dir Gott Menschen gelassen – die dich trotzdem lieben – und jetzt, nachdem sich alles so eingerenkt hat. – Ich hab dir mal gesagt, Mariann, du wirst meiner Liebe nicht entgehn –« (1,251).

Beinahe wäre die vorgegebene Ordnung auseinandergebrochen: Das Mädchen, Tochter eines autoritären Vaters, der über sie wie über ein Stück Eigentum verfügen will, ist ausgebrochen; den Metzger Oskar mag sie nicht heiraten. Alfred, der windige Galan, bringt sie auf die schiefe Bahn, die in einem Bumskabarett bei Nacktszenen endet. *»Die ›Träumerei‹ von Schumann erklingt und der Vorhang teilt sich [...] – eine Gruppe nackter Mädchen, die sich gegenseitig niedertreten, versucht einer goldenen Kugel nachzurennen, auf welcher das Glück auf einem Bein steht – das Glück ist ebenfalls unbekleidet und heißt Marianne.«* (1,228)

Wenn Emanzipation scheitert, ist die spießbürgerliche Theodizee wieder eingerenkt. Der Determinismus bourgeoiser Moral funktioniert; das Mädel muß dem Mann, der sie will, gehören; sie darf seiner Liebe nicht entgehen.

Die banalen Sprechtakte des Dramas sind Teile einer Partitur, die »Spießer-Ideologie« heißt. Im Überbau hochgemute Romantik, weiter drunten Triebdynamik; amalgamiert ist das Ganze durch Bewußtlosigkeit; Horváth spricht von Dummheit: die individual- wie sozialpsychologische Unfähigkeit, sich selbst erkennen, geschweige denn, Gerichtstag über sich selbst halten zu können. »Wahrlich, ihr könntet gar keine bessere Maske tragen, ihr Gegenwärtigen, als euer eigenes Gesicht ist! Wer könnte euch – erkennen! Vollgeschrieben mit den Zeichen der Vergangenheit, und auch diese Zeichen überpinselt mit neuen Zeichen: also habt ihr euch gut versteckt vor allen Zeichendeutern. Und wenn man auch Nierenprüfer ist: wer glaubt wohl noch, daß ihr Nieren habt? Aus Farben scheint ihr gebacken und aus geleimten Zetteln.« So Friedrich Nietzsche in *Also sprach Zarathustra*.[1]

Oskar, der Kleinbürger: die geleimten Zettel hängen ihm nur so aus dem Mund heraus; Strandgut des Idealismus – irgendwo an der kargen Küste seiner Psyche angeschwemmt, beflissen aufgelesen und aufpoliert; erhöht durch eine heruntergekommene Religiosität (Gott ist die Liebe. Gott gibt, Gott nimmt. Gott hat alles eingerenkt):

– Marianne! Du weißt, daß ich ein religiöser Mensch bin und daß ich es ernst nehme mit den christlichen Grundsätzen! (1,171)

– Gottes Mühlen mahlen langsam, mahlen aber furchtbar klein. Ich werd an meine Mariann denken – ich nehme jedes Leid auf mich, wen Gott liebt, den prüft er. – Den straft er. Den züchtigt er. Auf glühendem Rost, in kochendem Blei. (1,214)

– Denn so lang du dies nicht hast,
Dieses ›Stirb und werde!‹,
Bist du noch ein trüber Gast
auf der dunklen Erde! (1,246)

Oskar, der Prototyp des Kleinbürgers: dieser ist asozial; ihm ist der Mitmensch Menschenmaterial, manipulierbarer, verwertbarer Gegenstand. Bildung besteht in geflügelten Worten, die zu nichts inspirieren, lediglich die Direktheit von Bösartigkeit kaschieren. Seelenleben: Maldigestion. Vor allem der Intimbereich offenbart die heillose innere Leere; die Geliebte ist Geschlechtstier; Minderwertigkeitsgefühle schlagen in Biermystik um; die Romantik der Horde entlastet von gesellschaftlicher und politischer Verantwortung. Die Triebe werden nicht absorbiert, geschweige denn sublimiert; sie wuchern im Verborgenen. Wollust der Grausamkeit.

Oskar tritt aus seiner Fleischhauerei und sagt zum Gesellen Havlitschek:

Daß du es nur ja nicht vergißt: wir müssen heute noch die Sau abstechen. – Stichs du, ich hab heut keinen Spaß daran.

HAVLITSCHEK: Darf ich einmal ein offenes Wörterl reden, Herr Oskar?

OSKAR: Dreht sichs um die Sau?

HAVLITSCHEK: Es dreht sich schon um eine Sau, aber nicht um dieselbe Sau. – Herr Oskar, bittschön, nehmens Ihnen das nicht so zu Herzen, das mit Ihrer gewesenen Fräulein Braut, schauns, Weiber gibts wie Mist! Ein jeder Krüppel findt ein Weib und sogar die Geschlechtskranken auch! Und die Weiber sehen sich ja in den entscheidenden Punkten alle ähnlich, glaubens mir, ich meine es ehrlich mit Ihnen! Die Weiber haben keine Seele, das ist nur äußerliches Fleisch! Und man soll so ein Weib auch nicht schonend behandeln, das ist ein Versäumnis, sondern man soll ihr nur gleich das Maul zerreißen oder so!
Pause.

OSKAR: Das Weib ist ein Rätsel, Havlitschek. Eine Sphinx. Ich hab mal der Mariann ihre Schrift zu verschiedenen Graphologen getragen – und der erste hat gesagt, also das ist die Schrift eines Vampirs, und der zweite hat gesagt, das ist eine gute Kameradin, und der dritte hat gesagt, das ist die ideale Hausfrau in persona. Ein Engel.« (1,194 f.)

Das kleinbürgerliche Idyll ist an sich bodenlos. Havlitschek steigt hinunter, wo der Männlichkeitswahn als unverhüllte Brutalität grassiert. Der Spießerideologie entspricht das nicht; der Abgrund muß eingenebelt werden. Natürlich schätzt Oskar das »Weib« so ein wie Havlitschek. Aber auf den geleimten Zetteln steht: sie sei eine Sphinx; ein Vampir; eine Kameradin; ein Engel. Zwischen drunten und droben die mittlere Einschätzung: die Frau als ideale Hausfrau. Ab mit ihr – in die Geborgenheit. Kuhglück ist die erste Spießerpflicht. Die Heimeligkeit ist unheimlich.

Ein Pech für Oskar, und das wird er ihr in der Ehegruft heimzahlen, daß Marianne eben nicht mehr der Prototyp des »Mädels« ist, wie er sie sich, orientiert am tradierten Überbau, erwartet hat: etwa als Gretchen; ein sauberes Mädchen in einem sauberen Stübchen, mit einem schneeweißen Bettchen, vor dem Faust »heiliger Wonnegraus« erfaßt. »Gretchens Seele«, meinte Heinrich Düntzer, einer der bekanntesten Kommentatoren deutscher Klassiker im 19. Jahrhundert, »erschließt sich dem geliebten Manne in aller Herzensgüte, Reinheit und Unschuld, ihre Liebe ist gleichsam der Duft aller ihrer Tugenden.«[2] Gretchen ist da nicht mehr »Person«

für Mitleid, aus dem sich Impulse für eine gesellschaftliche Umwandlung ergeben können, sondern Objekt »reiner«, das heißt folgenloser Verehrung. Keuschheitsideologie: nicht die Reinheit als solche wird geschätzt, sondern die Reinheit des Mädels als Aphrodisiakum für den Mann. Ein solches Gretchen hätte Oskar gern unter der Haube; aber nun ist sie nicht mehr rein und nicht mehr unschuldig; der Duft ihrer Tugend ist hinweggefegt. Immerhin – die bigotte Fassade macht's möglich: Gott ist die Liebe. Wen er liebt, den schlägt er. Ab mit ihr. Sie wird seiner Liebe nicht entgehen.

Horváths Volksstück *Geschichten aus dem Wiener Wald* markiert Kleinbürgertum in seinen »Eckwerten«, und zwar in Kunstfiguren; Natur ist da nicht präsent; Spießer-Ideologie seziert, in Präparaten aufbereitet, mit Personennamen versehen; Körperhaftigkeit entsteht so nicht. Die Kunstfiguren sind vornehmlich Sprachfiguren, die Bewußtseins- und Unterbewußtseinszustände markieren. Und zwar eines heruntergekommenen Bürgertums, das in seinem Seelenleben ausgelaugt, in seiner Moral korrumpiert ist. »Wer von euch Schleier und Überwürfe und Farben und Gebärden abzöge: gerade genug würde er übrigbehalten, um die Vögel damit zu erschrecken. Wahrlich, ich selber bin der erschreckte Vogel, der euch einmal nackt sah und ohne Farbe; und ich flog davon, als das Gerippe mir Liebe zuwinkte.« (Friedrich Nietzsche)[3]

Vogelscheuchen führt der Dichter in seinem Drama vor oder besser: Marionetten, deren Fäden eng miteinander verbunden sind; der Spielraum ist begrenzt. Alle Figuren hängen am Kreuz depravierten Menschentums. Die einen werden etwas höher gezogen, damit sie tiefer fallen können; aber auch deshalb, damit man die Tiefe der anderen, die gar nicht hochgezogen werden, deutlich genug erkennt. Wichtigstes »Gefälle«: Marianne – Oskar.

Marianne, unterdrückte Kreatur – vom autoritären Vater, der sie denn auch, als sie den Verlobten Oskar verläßt, verstößt; ihre Ursprünglichkeit ist von den Versatzstücken kleinbürgerlichen Idealismus, der nach Höherem strebt, verstellt. »Ich wollte mal rhythmische Gymnastik studieren, und dann hab ich von einem eigenen Institut geträumt, aber meine Verwandtschaft hat keinen Sinn für so etwas. Papa sagt immer, die finanzielle Unabhängigkeit der Frau vom Mann ist der letzte Schritt zum Bolschewismus.« (1,177) So fällt sie denn auch auf den leichtsinnigen und leichtfertigen Bonvivant Alfred (»Vertretertyp«, dessen Geschäfte meist fallieren, es sei denn, er findet ein »Verhältnis«, das ihn einigermaßen über Wasser hält) herein.

Nun ist die Sonne untergegangen, es dämmert bereits, und in der Ferne spielt der lieben Tante ihr Reisegrammophon den Frühlingsstimmen-Walzer von Johann Strauß. Alfred im Bademantel und Strohhut – er blickt verträumt auf das andere Ufer.
Marianne steigt aus der schönen blauen Donau und erkennt Alfred.
Stille.

ALFRED *lüftet den Strohhut*: Ich wußte, daß Sie hier landen werden.
MARIANNE: Woher wußten Sie das?
ALFRED: Ich wußt es.
Stille.
MARIANNE: Die Donau ist weich wie Samt –
ALFRED: Wie Samt.
MARIANNE: Heut möcht ich weit weg – heut könnt man im Freien übernachten.
ALFRED: Leicht.
MARIANNE: Ach, wir armen Kulturmenschen! Was haben wir von unserer Natur!
ALFRED: Was haben wir aus unserer Natur gemacht? Eine Zwangsjacke. Keiner darf, wie er will.
MARIANNE: Und keiner will, wie er darf.
Stille.
ALFRED: Und keiner darf, wie er kann.
MARIANNE: Und keiner kann, wie er soll –
ALFRED *umarmt sie mit großer Gebärde und sie wehrt sich mit keiner Faser – ein langer Kuß.*
Haucht: Ich habs gewußt, ich habs gewußt.
ALFRED: Ich auch.
MARIANNE: Liebst du mich, wie du solltest –?
ALFRED: Das hab ich im Gefühl. Komm, setzen wir uns.
Sie setzen sich.
Stille. (1,187 f.)

In solchen Szenen ist die Freudsche Anthropologie präsent – mit ihrem Unbehagen an der Kultur, entsublimiert zwar, aber noch durch Klischees höheren Anspruch vorgebend. Mit dem Blick auf die Sterne am überwölbenden Himmel verkitschter Gefühle (... und leis erklingt Musik ...), entschwebt die arme Mädchenseele, verläßt sie die versprochene bürgerliche Geborgenheit zugunsten eines abenteuerlichen Lebens. Ein Tagtraum, der, ehe er zur Beute der Betrüger wird, schon sich selbst betrogen hat. Die kleinen Ladenmädchen gehen ins Kino, um sich ihre Sehnsüchte absättigen zu lassen; Marianne schwärmt von der rhythmischen Gymnastik und gelangt in ein Institut für gehobene Prostitution.

Marianne singt und offenbart so ihr epigonal-romantisches Psychogramm:

Es kam einst gezogen ein Bursch ganz allein
Und wanderte froh in den Abend hinein.
Da flog ein Lächeln ihm zu und ein Blick.
Er dachte noch lange daran zurück.
Ein rosiges Antlitz, ein goldener Schopf,
zwei leuchtende Augen, ein Mädchenkopf.
Das Mädel, das ging ihm nicht mehr aus dem Sinn,
Und oft sang er vor sich hin:
Da draußen in der Wachau
Die Donau fließt so blau,
Steht einsam ein Winzerhaus,
Da schaut ein Mädel heraus.
Hat Lippen rot wie Blut,
Und küssen kanns so gut,
Die Augen sind veilchenblau
Vom Mädel in der Wachau. (1,205 f.)

Die verlogene Heurigenseligkeit mit Schrammelmusik und Blütenregen – selbst sie kann nicht verhindern, daß die Ahnung von einem anderen, besseren Leben Marianne erfüllt. »[...] ich kann mich nur einem Manne geben, den ich aus ganzer Seele mag – ich hab ja als ungelernte Frau sonst nichts zu geben – dann bleibt mir nur der Zug.« (1,232)

Daß es in dieser verdorbenen Welt ein bißchen reine, ehrliche Liebe geben könnte, ist die Utopie dieser Frau. Sie läuft sich im eigenen Romantizismus fest; die Wahrheit bleibt in falschen Botschaften verpackt. Aber sie hat, wenn auch durch »Verfehlung«, etwas über den engen Horizont ihres Milieus hinausgesehen, sich darüber hinausbewegt. Kleine Frau, was nun? Der Liebe Oskars kann sie nicht entgehen; »langsam ab mit ihr«.

Die Konfiguration dieses Kunst-Werkes soll mit derjenigen eines an sich fernliegenden anderen Kunst-Werkes verglichen werden; Aufschlüsse über die Genealogie der Spießer-Mentalität, als Residuum eines heruntergewirtschafteten Idealismus, können sich daraus ergeben. Ich vergleiche Marianne und Oskar mit Hermann und Dorothea.

Bei Goethe: eine strenge patriarchalische Ordnung im Hauswesen; der Vater zuständig für die Gastwirtschaft, die Mutter für das Hauswesen, der Sohn für Feld und Stallung. Als Hermann in Dorothea nicht die einzustellende Magd, sondern seine »Zukünftige« erblickt, ist die bürgerliche Ordnung wenn nicht erschüttert, so doch irritiert. Denn Dorothea ist schon einmal verlobt gewesen. Doch ihr solider Eindruck beschwichtigt: »[. . .] der rote Latz erhebt den gewölbeten Busen,/schön geschnürt, und es liegt das schwarze Mieder ihr knapp an./Sauber hat sie den Saum des Hemdes zur Krause gefaltet,/die ihr das Kinn umgibt, das runde, mit reinlicher Anmut;/frei und heiter zeigt sich des Kopfes zierliches Eirund;/stark sind vielmal die Zöpfe um silberne Nadeln gewikkelt;/vielgefaltet und blau fängt unter dem Latze der Rock an/und umschlägt ihr im Gehen die wohlgebildeten Knöchel.«

Solcher Anblick erfreute, wie die Beliebtheit der Dichtung im 19. Jahrhundert zeigt, des Spießers Herz. Auch spricht Dorothea die der herrschenden Gesellschaftsform angemessenen Sätze: »Dienen lerne beizeiten das Weib nach ihrer Bestimmung« (freilich mit dem Nachsatz: »denn durch Dienen allein gelangt sie endlich zum Herrschen, / zu der verdienten Gewalt, die doch ihr im Hause gehöret«). An entscheidender Stelle aber findet sich der Vor-Schein einer Idee von Partnerschaft, die der nachfolgenden Mädel-Ideologie als der Perversion jedes emanzipatorischen Ansatzes zutiefst entgegengesetzt war; es ist eine Stelle, die von der Würde der Frau und der Würde des Mannes kündet – voll von transzendierendem Pathos, das durch Ironie aufs Menschliche hin gebrochen wird. Als im Mondlicht auf dem Heimweg Dorothea, »unkundig des Steigs und der roheren Stufen« zu fallen droht, streckt gewandt der »sinnige Jüngling« den Arm aus: »Hielt empor die Geliebte; sie sank ihm leis auf die Schulter, / Brust war gedrängt an Brust und Wang' an Wange. So stand er, / starr wie ein Marmorbild, vom ernsten Willen gebändigt, / drückte nicht fester sie an, er stemmte sich gegen die Schwere. / Und so fühlt' er die herrliche Last, die Wärme des Herzens / und den Balsam des Atems, an seinen Lippen verhauchet, / trug mit Mannesgefühl die Heldengröße des Weibes.«

Die Mädelgenerationen danach fielen bei solchen oder ähnlichen Gelegenheiten stets in die nervigen, festen Arme ihrer Geliebten, die sie an die breite, hochgewölbte Brust ihrer kräftigen Mannesgestalt unbändig drückten. Als holdselige Geschöpfe, deren Reize man mit glühenden Blicken verschlang, als Mädel mit dem Liliensammet der Wangen, den Schwanenhälsen, dem Lilienbusen, dem lockigen Haar mit den flatternden Bändern, der freudetrunkenen Seele, mit dem Gott der Träume darinnen, waren sie IHM in stummem Entzücken ganz hingegeben; und ER genoß dies.

Die Zwischenstadien, bevor Hermann und Dorothea zu Oskar und Marianne wurden, sind vielschichtig. Doch konsequent haben die Agenturen der Gesellschaft dafür gesorgt, daß das klassische Menschenbild der Kalokagathie, voller Anmut und Würde wie inspirierender Optative (»Edel sei der Mensch, hilfreich und gut . . .«), durchschlagend wirkungslos blieb und dann in sein Gegenteil verkehrt wurde. *Hermann und Dorothea* etwa erwies sich als Paradestück deutschtümlicher Germanistik; es entsprach besonders der kleinbürgerlichen Mentalität, da dort die saubere deutsche Kleinstadt mit ihrer Gemütlichkeit gezeigt wurde.

Goethes Kritik an der deutschen Idyllik in diesem Werk blieb genauso unbeachtet wie sein feiner, wenn auch antik verfremdeter Humor, mit dem er die Schwächen der deutschen Menschen beleuchtete. Aus *Hermann und Dorothea* spreche, meinte Heinrich Düntzer, der seine *Erläuterungen zu den deutschen Klassikern* »dem deutschen Volk darbrachte«, »echt deutsche Tüchtigkeit und Innigkeit, ein schlichter, gerader, auf Recht und Billigkeit haltender Sinn, ruhige Verständlichkeit, reine Gemütlichkeit, behagliche Häuslichkeit«. Hermanns Eltern stünden für die »echt deutsche, auf Tüchtigkeit und Innigkeit beruhende Häuslichkeit«; dem Vater gehe als einem »echten Deutschen« das Herz beim Weine auf; er habe eine tüchtige, kernhafte Natur. Hermann sei aus dem »häuslichen Leben hervorgegangen«; er verkörpere »echt tüchtiges und redliches Wesen«; er beharre »fest auf dem Bestehenden, das er mit aller männlichen Kraft zu bewahren sich gerüstet fühlt; als echter ruhiger Deutscher will er nicht jener ungeheuren Bewegung, welche alles vernichtet hat, sich schwärmerisch anschließen, sondern fest auf deutschem Sinne und deutschem Boden jedem Feind zum Trotz beharren«. Der Pfarrer sei der Inbegriff der »reinen auf edler Bildung ruhenden deutschen

Humanität, welche über alle Beschränkungen des Lebens erhaben, unverrückt dem Wahren und Guten zugewandt bleibt, die immer auf den Kern dringt, sich nicht vom oberflächlichen Schein täuschen läßt«. Dorothea sei eine linksrheinische Deutsche mit einem »höheren, dem Leben mit entschiedenem Bewußtsein und freiem Mut zugewandten Sinn«.[4]

In einer anderen weit verbreiteten Interpretation (einem Schulkommentar in hohen Auflagen) heißt es:

Inwiefern ist *Hermann und Dorothea* ein echt deutsches Epos? Parzival, Oberon und Cid sind nicht ins Volk gedrungen, weil ihnen der nationale Charakter fehlte. Anders bei *Hermann und Dorothea*. Es ist ein echt deutsches Epos.

1. Es spielt auf deutschem Boden, und zwar
a) in der Nähe des echt deutschen Rheinstroms,
b) in einem anmutigen deutschen Städtchen mit seinem geweißten Kirchturm, seinen reinlichen Straßen, geraden Kanälen, dem ›Goldenen Löwen‹, der Engelapotheke usw.
2. Es spielt in einer echt deutschen Familie
a) mit ihrer Sittlichkeit und strengen Ordnung, die sich zeigt in der Verteilung der Beschäftigung (Hermann: Feld und Stallung; Vater: Gastwirtschaft; Mutter: Hauswesen) und im Gegensatz zum welschen Nachbar (dem Sitte, Zucht und Achtung vor der Ehe abgehen);
b) überhaupt alle Hauptpersonen sind Deutsche: der Löwenwirt (sorgt hausväterlich für die Stadt und die Seinen), die Wirtin (fleißig, gemütvoll, liebevoll), Hermann (anhänglich an den deutschen Boden, Zartheit seines Benehmens gegen Dorothea), Dorothea (Reinheit bei der Verteidigung der Unschuld ihrer Gespielinnen; Zurückhaltung gegen Hermann, dem sie notgedrungen ihre Liebe verrät).
3. Deutsch sind auch einzelne Züge, namentlich die Trinkszene.[5]

Geschichten aus dem Wiener Wald sind, von der Konfiguration her gesehen, das strikte Gegenbild zu klassisch-bürgerlicher Idealität, aber das genaue Abbild der kleinbürgerlichen Rezeption und Perversion klassischen Menschenbildes – sozusagen eine von oben über die Null-Linie banaler Biederkeit ins Negative gekippte Welt- und Menschen-Anschauung. Wo bei Goethe Fürsorge, Heiterkeit, Ehrlichkeit walten, auch Skurrilität, Begrenzung, Kleinheit, doch überwölbt von den Freiheitsmöglichkeiten der Christenmenschen, ist in Horváths Anatomie des Spießertums alles in Bosheit, Oberflächlichkeit, Gemeinheit, Verlogenheit verwest. Goethes Werk ist durchzogen von der Sehnsucht nach Heimat; die Marseillaise ertönt von ferne; man fürchtet zwar revolutionären Aufbruch, nimmt aber in den Liebesbeziehungen die Botschaft der Gleichberechtigung wahr. Der Bürger bei Goethe hat Kultur, die es freilich schwer hat, in der Realität, etwa in der Provinzialität einer kleinen deutschen Stadt, sich auszuprägen. Der Kleinbürger dagegen hat kein Kulturbewußtsein; er fühlt sich jedoch als der eigentliche Kulturträger der Nation. Kultur ist Fassade – und dennoch nicht Vortäuschung; hinter der Fassade ist nichts, die Fassade ist er selbst. Die Barbarei ist in die Kunstsinnigkeit eingesprenkelt; Krieg und Kunst, Gemeinheit und Schönheit werden zu auswechselbaren Begriffen; die Schizophrenie wird nicht als solche empfunden; das gespaltene Wesen ist das Wesen des Kleinbürgers schlechthin. Man verehrt Goethe, aber er ähnelt dem Soldatenkönig; man bewundert das Schöne, aber es ist nur die muskulöse Nacktheit; man ist für Sauberkeit, aber sie ist steril; man spricht hohe Worte, aber es sind hohle Worte; man strebt nach Idealen, aber es sind Spießeridole; man pflegt Innerlichkeit – in der Gartenlaube. Die Lieder, die man singt, sind Kitsch; der Mythos, den man verehrt, ist Kolportage; das Gemüt im Heim liegt auf Plüsch; Kultur ist Farce; die »Dichter und Denker« werden wichtiges propagandistisches Material in der Hand der »Richter und Henker«; der Kleinbürger merkt die Absicht – und »macht mit«, sieht er doch nun das eigene »Kulturbewußtsein« von seinesgleichen propagiert.[6]

»Die Fahne hoch, die Reihen dicht geschlossen« – so marschierte man »letztendlich« für die deutsche Kultur. Dem Schöpfer des Liedes, Horst Wessel, legte denn auch der Goebbels-Biograph Wilfried Bade die für die NS-Politik sehr aufschlußreichen und sinnigen Worte in den Mund: »Die SA marschiert nämlich für Goethe, für Schiller, für Kant, für Bach, für den Kölner Dom und den Bamberger Reiter. [. . .] Wir müssen jetzt für Goethe mit Bierkrügen und Stuhlbeinen arbeiten. Und wenn wir gewonnen haben, nun, dann werden wir wieder die Arme ausbreiten und unsere geistigen Güter an unser Herz drücken.«[7]

Das Personenarsenal der *Geschichten aus dem Wiener Wald* illustriert sozusagen die »Vorhölle« des »Reichs der niederen Dämonen«; mit Ausnahme von Erich, dem Gast aus Deutschland, der eine eindeutige rassistische Einstellung hat und zackiges deutschnationales Preußentum verkörpert, ist die Unmenschlichkeit oder lädierte Menschlichkeit der Hauptakteure noch weitgehend auf den privaten Bereich beschränkt. Die Nationalsozialisten verstanden es, die Rieselfelder abgesunkenen Seelenlebens dem nationalen Aufbruch zu erschließen.

»Der Polizeiagent, der Falschspieler, der Lügner, der Defraudant, der Hochstapler, der Geldschrankknacker, der schwere Junge, der Ordensschwindler, der Abenteurer, der Quacksalber, der Sektierer, der kitschige Gemütsathlet, der Schmierenschauspieler, der Schwätzer und Folterknecht, der Bauchaufschlitzer – das ist die Personnage des Dritten Reiches [. . .]« (Ernst Niekisch)[8]

Durchwoben ist Horváths Volksstück von Musik. Die das Drama eröffnende Szenenanweisung lautet: *»In der Luft ist ein Klingen und Singen – als verklänge irgendwo immer wieder der Walzer ›Geschichten aus dem Wiener Wald‹ von Johann Strauß. Und in der Nähe fließt die schöne blaue Donau.«* Und die abschließende Szenenanweisung: *»In der Luft ist ein Klingen und Singen, als spielte ein himmlisches Streichorchester die ›Geschichten aus dem Wiener Wald‹ von Johann Strauß.«* Aber nicht nur der Straußsche Walzer klingt durch das Stück; ein Glockenspiel wird zum Klingelzeichen an der »Puppenklinik«, dem kleinen Spielwarengeschäft von Mariannes Vater; ein Reisegrammophon spielt im Wiener Wald Puccini, Marianne singt am Spinett, die Großmutter spielt die Zither, Valerie summt beim Schminken den Trauermarsch von Chopin, beim Heurigen hören wir Schrammelmusik, im Kabarett den Hoch- und Deutschmeistermarsch usw.; »aber auch die sogenannte ›gute Musik‹ von Strauß, Puccini, Chopin, Schumann bekommt hier Kitsch-Funktion durch den Gebrauch, der von ihr gemacht wird. Sie unterstreicht nur die der Person selbst nicht bewußte Verlogenheit in ihrem sentimentalen Gefühlsleben. Am deutlichsten wird diese negative Funktion der Musik in der Kabarettszene, in der die ›Träumerei‹ von Schumann zur Kulisse geschäftstüchtiger Grausamkeit werden kann. Und selbstverständlich wird eben dort auch vom national und sexuell gefärbten Kitsch reichlich Gebrauch gemacht. Was die Musik an heiler, ›gemütlicher‹ Welt vortäuscht, steht in niederdrückendem Kontrast zu dem, was sich an Lieblosigkeit und brutalem Egoismus zwischen den Personen abspielt. Die Täuschungsfunktionen der Musik korrespondieren mit den Täuschungsfunktionen der Sprache.« (Benno von Wiese)[9]

Oskar *singt zur Laute*:
»Sei gepriesen, du lauschige Nacht,
Hast zwei Herzen so glücklich gemacht.
Und die Rosen im folgenden Jahr
Sahn ein Paar am Altar!
Auch der Klapperstorch blieb nicht lang aus,
Brachte klappernd den Segen ins Haus.
Und entschwand auch der liebliche Mai,
In der Jugend erblüht er neu!« (1,180)

Im Volksstück des Volkes Musik: »Wo man singt, da laß dich ruhig nieder: / böse Menschen haben keine Lieder.« Die derart zusammengezogene Strophe eines Gedichts von Gottfried Seume lautet aber:

Wo man singet, laß dich ruhig nieder,
Ohne Furcht, was man im Lande glaubt;
Wo man singet wird kein Mensch beraubt;
Bösewichter haben keine Lieder.

Gemeint ist: Beim Raub gehen die Bösewichter schweigend vor, was nicht ausschließt, daß sie bei anderer Gelegenheit sehr laut, sehr kräftig, sehr volksnah singen.

Oskar, der Bösewicht, singt, gerade weil er ein Bösewicht ist. Wen Gott als Spießer in die weite Welt schickte, damit er sein Lied singe, der ritt zugleich gen Frankreich oder halste und küßte sein Mägdelein, weil sie just am deutschen Rhein wohnte oder sich aus anderen Gründen als echt deutsches Mädel erwies. In der epigonalen Romantik – anhebend mit den Freiheitskriegen – wurde dem Lied eine ideologische Bedeutung (die der Deutschheit) unterlegt. Eine breite Schlammflut des Kitsches brachte heran, was dann eineinhalb Jahrhunderte lang das Herz des deutschen Bildungsphilisters erfreute: die Sentimentalität seiner Haustrost-Anthologien und »lyrischen Andachten«, der hohle Vaterlandskult und Chauvinismus seiner Kommersbücher, die verbogene Gefühlswelt seiner Gesangvereinsbücher und schulischen Liederfibeln. Es war ein unerschöpfliches Arsenal für altdeutsche Recken, frohdeutsche blondzopfige Mädel, silberfließende Wiesenbächlein, Altheidelberger Kaschemmenseligkeit, stopffreudige und mondsüchtige Idylle, rheinbewußte Franzosenwut und preußisch-kühne Morgenrot- und Morgenrittbegeisterung. All das brach hervor aus den Zirkeln und Bünden, Kneipenabenden und

Fahnenweihfesten, aus den Liedertafeln und Schulstuben. Kitsch in der Kehle sorgte mit dafür, daß Aufklärung im Hirn wenig Chancen hatte.

Diese singende und klingende Welt ist voller Toten-Stille. Die Großmutter bei Horváth, die dafür sorgt, daß das uneheliche Kind der Marianne stirbt, singt weiter ihre gemütvollen Weisen.

Wechseln wir den Topos: Oskar auf dem Plüschsofa – ein Mann heimeligen Gemüts, das mit Schlägerinstinkten versetzt ist. Sagt die »zweite Tante« über Oskar: »Na wenn das kein braver Familienvater wird! Ein Kindernarr, ein Kindernarr! Unberufen!« (1,175) Die Abgründigkeit der Banalität des Bösen. Oskars Liebe kann Marianne nicht entgehen. Ab mit ihr.

Die Geschichte hat Horváths Figuren fortgeschrieben. Nun waren es keine Kunst-Figuren mehr, sondern solche aus »Fleisch und Blut«. Liest man z. B. die Gespräche mit Franz Stangl, dem Kommandanten von Treblinka[10], dann erscheint ein Biedermann wie Oskar, der den Kahlschlag der Gefühle nur in der eigenen Familie betreibt, geradezu als harmlos. Aber Leute wie Oskar haben vielfach ihren zunächst nach »innen« gekehrten Destruktionstrieb nach außen gewandt. Zu Hause wird's dann friedlich. Nach des Tages Müh und Plage sucht man sein Heim auf, weil dort das Idyll grünt. »Meine Frau hatte ein Blumenparadies«, schreibt Rudolf Höß von seiner Auschwitz-Villa. »Immer hatten die Kinder im Garten besonderes Viehzeug, das die Häftlinge immer angeschleppt brachten [. . .] oder sie planschten im Garten [. . .] Ihre größte Freude war jedoch, wenn Vati mitbadete. Der hatte nur wenig Zeit für alle die Kinderfreuden.« Der mußte nämlich Juden vergasen. »Meine Frau hat mich oft und oft gemahnt: Denk nicht immer an den Dienst, denk auch an deine Familie.«[11] Höß gibt zwar keine Beschreibung seines häuslichen Interieurs, aber wir kennen die Wohnwelt vieler anderer NS-Kleinbürger zur Genüge: sie war »lauschig und heiter«, immer gebohnert; da gab es viel Nippes und eine Zimmerlinde, einen repräsentativen Bücherschrank mit Goethe, Binding und Schulungsbriefen; in Glasrähmchen vergilbte und neuere Photographien (von Rekrutenzeit und Reserveübung, SA-Kameradschaftsabend und SS-Etappenbewährung).

»Üb immer Treu und Redlichkeit.« Ungeziefer-Menschen mußten in Pflichterfüllung liquidiert werden. (»Jeder Franzose und jede Französin gehören vergast! Ich mach auch vor den Weibern nicht halt, ich nicht!«, tobt ein Vertreter des »gesunden Volksempfindens« in Horváths Roman *Der ewige Spießer*. [8,470])

Oskar und Marianne: Bald waren es Hunderttausende von Tätern, Millionen von Opfern. Ein herabbrechender Ast, der Horváth in Paris erschlug, verhinderte, daß der Dichter das ganze Ausmaß der Gewalttätigkeit von rabiat gewordenen, Amok laufenden Spießern miterleben mußte. Es vorauszusehen, hat auch seine Phantasie nicht ausgereicht; aber in manchem seiner Volksstücke hat er den fruchtbaren Schoß aufgezeigt, aus dem das Furchtbare kroch. In *Geschichten aus dem Wiener Wald* beschreibt er tote Seelen. Noch nicht solche, die töten; sondern solche, die sich in ihrer Seelenlosigkeit einrichten. Mit Liedern auf den Lippen. Mit Gemüt im Heim. Mit Pathos auf der Zunge. Mit der Leere im Herzen.

1982

Anmerkungen

Originalbeitrag

1 Friedrich Nietzsche, *Werke in drei Bänden*, hg. Karl Schlechta, 2. Band, München 1956, S. 375 f.
2 Heinrich Düntzer, *Erläuterungen zu den deutschen Klassikern. Faust*, 1. Teil, Jena 1859, S. 113.
3 Nietzsche, S. 376.
4 Heinrich Düntzer, *Erläuterungen zu den deutschen Klassikern. Hermann und Dorothea*, Jena 1855; vor allem S. 131, 25, 33, 27, 41, 56, 70, 103, 131.
Hierzu auch: Hermann Glaser, *Spießer-Ideologie. Von der Zerstörung des deutschen Geistes im 19. und 20. Jahrhundert und dem Aufstieg des Nationalsozialismus,* erw. Ausg. Frankfurt/Berlin/Wien: Ullstein (1979), S. 114 ff.
5 *Ferd. Schöninghs Ausgaben deutscher Klassiker. Goethes Hermann*

und Dorothea, mit ausführlichen Erläuterungen von A. Funke, Paderborn 1907 (14. Auflage), S. 137.

6 Vgl. Glaser, S. 27 ff.

7 Zit. nach Helmut Heiber, *Joseph Goebbels*, Berlin 1962, S. 84.

8 Ernst Niekisch, *Das Reich der niederen Dämonen*, Hamburg 1953, S. 111.

9 Benno von Wiese, *Ödön von Horváth*, in: Traugott Krischke (Hg.), *Ödön von Horváth*, Frankfurt 1981, S. 21.

10 Gitta Sereny, *Am Abgrund. Eine Gewissensforschung. Gespräche mit Franz Stangl, Kommandant von Treblinka und anderen*, Frankfurt, Berlin, Wien 1979.

11 *Kommandant in Auschwitz. Autobiographische Aufzeichnungen des Rudolf Höß*, hg. Martin Broszat, München 1962, S. 134.

Martin Hell

Mord und k.o.-Schlag. Die »süße« Brutalität in Horváths Dramen

Sentimentalität vornehmlich in den »Geschichten aus dem Wiener Wald«

Am Beispiel der Sentimentalität Horváthscher Dramenfiguren soll aufgezeigt werden, wie ehedem falsche und geheuchelte Formen von ›Partnerschaft‹ sich auf ein einzelnes Subjekt reduzieren, woher historisch gesehen dieses Verhalten kommt und wie es sich im gesellschaftlichen Alltag auswirkt. Wir haben es also mit einem politischen Phänomen zu tun. Max Wieser, dem wohl die nach wie vor profundeste Untersuchung zu diesem Thema zu verdanken ist[1], spricht, eine solche Lebenshaltung in all ihren Ausprägungen analysierend, von einer »*Verschiebung* [...], *Verschiefung* des Lebensgefühls«, ja mehr noch: des gesamten »Weltbildes«.[2]

Der sentimentale Mensch vergißt die Grundlage seines Daseins: er nimmt sich selbst nicht in seiner Bedingtheit, weil es ihm an einem gewissen Relativismus fehlt; er vergißt sich als handelnder Mensch und läuft einem Gefühle nach, für das es keine Wirklichkeit gibt.[3]

Weil Sentimentalität als eine Spielart des Kitsches, als ein Kitschgefühl zu verstehen ist, muß die von Giesz festgestellte »Ich-Welt-Vermanschung«[4] als eines seiner Merkmale sich auch für den Bereich des Sentimentalen nachweisen lassen.

Im Nachlaß des Dichters findet sich eine Prosaskizze, in welcher die apostrophierte Form des Weltverlustes, der Rückzug allein noch auf das Ich – im Bild des Spiegels programmatisch fast zum Ausdruck gebracht[5] – Symbolcharakter erlangt hat. Dort formuliert Horváth in aller Kürze und anscheinend um sich selbst über seine eigene Intention Rechenschaft abzulegen, das Lebensgefühl des Rittmeisters aus den *Geschichten aus dem Wiener Wald*; es gelingt ihm hier paradigmatisch, einen Grundzug seines Werkes insgesamt zum Ausdruck zu bringen, der als Trauer und melancholische Sentimentalität zu beschreiben wäre:

Als der Rittmeister nachhause kam, war er allein, nicht nur in seinem möblierten Zimmer, sondern auch in der ganzen Wohnung und überhaupt. Er hatte wiedermal nichts in der Lotterie gewonnen und setzte sich vor den Spiegel. Er sah sich an und dies inspirierte ihn. Sein Hühnerauge tat ihm weh und es fiel ihm ein Herbstmanöver ein und apropos die Operett. In der Operett war damals eine Primadonna, die war sehr frech und hat zwei steinreiche Leut animiert [?].[6]

Methodisch soll im weiteren Verlauf analog zum inhaltlichen Aufbau der Prosaskizze gewissermaßen vom ›Großen‹ zum ›Kleinen‹ vorgeschritten werden. Parallel zur Heimkehr des Rittmeisters wird zunächst die Außenwelt des sentimentalen Typus als ein ihm unerklärlicher Mystizismus beschrieben, der zunächst auf zwischenmenschliche Beziehungen eingeschränkt wird, die ihrerseits wiederum gekappt werden und den Sentimentalen als einen krankhaft introvertierten Menschen erscheinen lassen.

Sentimentalität wird so durchschaubar gemacht als eine falsche Lebenshaltung, die darüber hinaus sich auch als spezifisch deutsch zu erkennen gibt. Max Wieser legt gerade auf eine solche Begrifflichkeit großen Wert, denn er betont in seiner Untersuchung ausdrücklich:

Die Verinnerlichung der deutschen Seele hängt innig zusammen mit dem Aufkommen der Fürstenmächte in Deutschland, diesem Symbol ihrer Unfreiheit im Ganzen, zugleich auch mit dem Anwachsen der Nationalstaaten in Europa überhaupt.«[7]

Er kann somit begründen, daß unter anderem hier die Ursachen für einen Herrschaftsausschluß des Bürgertums zu suchen sind, der für die Gegenwart insofern folgenreich sei, als politische Wirkungslosigkeit sich in ihr Extrem auswachse. Diese sei nicht Anlaß geworden für eine Revolution, die im 18. und 19. Jahrhundert Deutschland nicht wesentlich berührt habe, sondern gerade in der präfaschistischen Zeit Ursache gewesen für einen genüßlichen Narzißmus.[8] Denn dem Kitsch wie der Sentimentalität fehlt die Transzendenz, die den Blick auf übergeordnete soziale Strukturen und Werte schärft; Kitsch und Sentimentalität genügen sich selbst, nicht aber dem Streben nach einer humanen Gesellschaftsordnung, die der Faschismus gerade annulliert.

Dem scheint zunächst die Tatsache zu widersprechen, daß die dramatis personae sich oft an einen indifferenten Sternenglauben klammern, der ihnen Erklärungsmuster für ihre Gegenwart liefern soll. Er wird aber als tendenzieller Narzißmus gedeutet, als die erste Stufe einer genüßlichen Selbstliebe, als Anfangsstadium eines Introversionsprozesses. Horváth spricht in seinem *Mittelstand*-Fragment ausdrücklich von spezifisch kleinbürgerlichen »Vergnügungen«; darunter versteht er unter anderem »Mystik, Okkultismus, Spiritismus« (8, 649) und meint damit ein Weltgefühl und eine Wirklichkeitsbetrachtung, die sich nicht von rationalem Denken leiten lassen. Kritische Analysen finden nur vermeintlich statt; sie sind ersetzt durch eine Emotion, die Valerie in den *Geschichten aus dem Wiener Wald* unbewußt, dennoch aber richtig zum Ausdruck bringt:

VALERIE: Ja, diese Planeten! Da hängt man damit zusammen und kann gar nichts dafür! (1,227)

Irene in der *Unbekannten* spricht gar von »einem Zirkel [. . .], wo man sich mit dem Einfluß der Gestirne auf unser menschliches Leben beschäftigt hat –« (3,147), und auch in der Komödie *Zur schönen Aussicht* versucht man das Geschehen – korrekter: die Geschichte – mit Hilfe der »Astrologie« (3,13) zu erklären. Bezeichnenderweise ist allerdings an keiner Stelle von einem Fortschrittsoptimismus bei den Figuren die Rede. Vielmehr handelt es sich um einen Fatalismus, dem sich die dramatis personae ausliefern und in dessen Schatten sie sich letztlich sogar sicher wähnen. Dieser Fatalismus begründet den melancholisch geäußerten Rückzug auf das eigene Ich und damit den Weltverlust:

ERNA: Herr Kasimir. Da schauns mal hinauf. Das ist der Große Bär.
KASIMIR: Wo?
ERNA: Dort. Und das dort ist der Orion. Mit dem Schwert.
KASIMIR: Woher wissen Sie denn all das?
ERNA: Das hat mir mal mein Herr erklärt, wie ich noch gedient hab – der ist ein Professor gewesen. Wissens, wenns mir schlecht geht, dann denk ich mir immer, was ist ein Mensch neben einem Stern. Und das gibt mir dann wieder einen Halt. (1,264 f.)

Und Kasimir selbst, von Erna so in ein neues ›Wissens‹gebiet eingeführt, glaubt felsenfest an die Ausführungen der Frau, ohne die Konsequenz aus seiner in Ansätzen vorhandenen rationalen Urteilskraft zu ziehen. Die richtige Einschätzung der Welt gerinnt auch bei ihm nur zu einer fatalistisch-traurigen Reaktion:

KASIMIR *starrt noch immer in den Himmel*: Die Welt ist halt unvollkommen. (1,320)

Bildhafter noch als in diesen Beispielen gestaltet Horváth den beschriebenen Weltverlust in einer Vorstufe zu diesem Stück, in einem »siebenten Bild«, in dem im Anschluß an einen Blick ins Weltall gar davon die Rede ist, nach Hause zu gehen. Der Bruch der dramatis personae mit der Realität ist vollzogen, die Flucht aus ihr zum Faktum geworden:

KAROLINE: Du Kasimir. Stell dich mal daher, wo ich jetzt steh – schau, da siehst den Großen Bären. Und den Orion.
KASIMIR: Ja.
Stille.
Ich möcht jetzt nachhaus.
KAROLINE: Ich auch.
KASIMIR: Mir brummt der Schädel.
KAROLINE: Mir auch.
KASIMIR: Gehn wir heut zu dir oder zu mir?
KAROLINE: Heut komm ich zu dir.
KASIMIR: Also komm – (7,258)

Die Figuren flüchten sich in einen vermeintlichen gesellschaftlichen Freiraum, in einen scheinbar konflikt- und krisenfreien Lebensbereich, der Schutz vor der harten Wirklichkeit bieten soll, letztlich aber eben nur eine (Ent-)Täuschung parat hält.

b) Naturgefühl

Ähnlich wie der astrologische Mystizismus ist auch die kleinbürgerliche Naturvorstellung als Facette einer sentimentalen Gefühlshaltung zu verstehen. In der Sentimentalitätsforschung ist schon früh darauf hingewiesen worden, daß die Natur Fluchtort ist vor der »Unübersichtlichkeit des Lebens« und allein die Funktion zu erfüllen hat, den Menschen »in sich selbst versinken [zu] lassen.«[9]

Am Beispiel der Melancholie – einem Moment eskapistischen Verhaltens – wies Wolf Lepenies nach, daß gesellschaftliche Isolation infolge von Herrschaftslosigkeit Innerlichkeit und Naturflucht zur Folge hat, denn beide

> [. . .] bieten sich als Auswege an, wenn eine Gesellschaft verlassen werden soll, die einem nichts mehr sagt, weil man in ihr nichts zu sagen hat. Beide Spielarten eskapistischen Verhaltens sind ohne Risiko, weil sie die geltende Ordnung nicht angreifen, mithin alle Chancen haben, frei von negativen Sanktionen zu bleiben [. . .].[10]

Nur – so wäre im Hinblick auf diese Untersuchung die Feststellung von Wolf Lepenies zu ergänzen – zeigt Horváth mehr als nur das Nichtantasten der geltenden Ordnung, wenn er dem Rezipienten kritisch Sentimentalität als Form kleinbürgerlichen Bewußtseins vor Augen führt. An seiner analytischen Darstellung sentimentalen Verhaltens wird deutlich, daß dieses wesentlich zur Stabilisierung spätbürgerlicher Gesellschaftsstrukturen beiträgt. Durch die Ergebenheit in ein vermeintlich unabwendbares Schicksal sperrt sich der Kleinbürger selbst (und noch dazu gern!) gegen jede Möglichkeit konstruktiver Aktion.

Es verwundert kaum, daß gerade der kleinkariert handelnde und denkende Stadtrat in der *Italienischen Nacht* – kann er politisch doch überhaupt nichts bewirken – sich sentimental über die Vorzüge der Natur äußert; Horváth läßt ihn zudem geschickt seine eigene ›Argumentation‹ zugrunde richten, indem er dem Leser einen Hinweis auf seine egozentrische Besitzgier an die Hand gibt:

STADTRAT: [. . .] Das ist doch ein herrlicher Platz hier! Diese uralten Stämme und die ozonreiche Luft – *Er atmet tief.*

BETZ: Das sind halt die Wunder der Natur.

STADTRAT: Die Wunder der Schöpfung – es gibt nichts Herrlicheres. Ich kann das besser beurteilen, weil ich ein Bauernkind bin. Wenn man so in den Himmel schaut, kommt man sich so winzig vor – diese ewigen Sterne! Was sind wir daneben?

BETZ: Nichts.

STADTRAT: Nichts. Gott hat doch einen feinen Geschmack.

BETZ: Es ist halt alles relativ.

Stille.

STADTRAT: Du, Betz, ich hab mir ein Grundstück gekauft.

BETZ: Wo denn?

STADTRAT: Fast ein Tagwerk. Mit einer Lichtung. – Schau, lieber guter Freund, die Welt hat Platz für anderthalb Milliarden Menschen, warum soll mir da nicht von dieser großen Welt so ein kleines Platzerl gehören –

ERSTER KAMERAD *hat unfreiwillig gelauscht:* Feiner Marxist!
Stille. (1,131)

Daraus ist zu entnehmen, daß in diesem Stück ebenso wie in den *Geschichten aus dem Wiener Wald* (man vergleiche nur die Szenenfolgen »Draußen in der Wachau« und »An der schönen blauen Donau«) die Natur den entscheidenden Rahmen liefert für Horváths Analyse des sentimentalen kleinbürgerlichen Bewußtseins. Man geht wohl kaum fehl, wenn man Alfred Doppler recht gibt, der über die Bedeutung der Natur in den *Geschichten* ausführt:

»Den Bühnenfiguren ist [die Natur] Katalysator für verkitschte Gefühle, als ›hochromantisch‹ und ›wunderschön‹ korrespondiert sie mit undefinierbaren Wünschen und Sehnsüchten, als Naturgesetz mystifiziert sie persönlich Verursachtes zu schicksalhaft Verhängtem, dem Zuschauer zeigt sich die gemütvolle Idylle ›draußen in der Wachau‹ und ›am Ufer der schönen blauen Donau‹ keineswegs als Zufluchtsort, sondern als bösartige Idylle.«[11]

Zwar widerspricht Alfred Doppler in gewisser Weise den oben gewonnenen Ergebnissen, wenn er behauptet, daß von »naiver Lustigkeit oder der sentimentalen Trauer«[12] nicht die Rede sein könne, und Horváths theoretisches Postulat der »Verbindung von Ernst und Komik« in den Vordergrund schiebt, um daran nachzuweisen, daß mittels der spezifischen Dramaturgie der »unheimliche«[13] Charakter der Volksstücke begründet werde. Eine solche Aussage muß aber relativiert werden. Sicher sind die Volksstücke »unheimlich«, wirken so auf den Rezipienten, aber dies ist nicht ihr *ausschließlicher* Charakter, sondern bleibt Teilaspekt ihrer Wirkung.

Zur Begründung der hier vorgeschlagenen Interpretation muß der Nachweis für eine sentimentale »Dissoziierung«[14] der dramatis personae erbracht werden, die ihr Leiden an der Wirklichkeit als eigenes Leid »lustvoll kompensieren«[15].

In der sentimentalen Lust am Leid ist die Reflexion auf Ursachen und Bedingungen des Leids ausgeschaltet; von Sentimentalität muß darum gesprochen werden, weil die Dissonanz nur künstlich zu einem Lustgefühl reduziert wird und daher keine Verhaltens- und Einstellungsänderung erfolgt. Hier ist die Nähe zum Kitsch gegeben: die Flucht vor der Wirklichkeit [. . .][16]

Von einer anderen Seite ist in der Literaturwissenschaft bezüglich des Versuches, historisch begründbare Kriterien für Sentimentalität zu erforschen, auf den Stellenwert von Pietismus und Empfindsamkeit aufmerksam gemacht und gesagt worden[17], daß das einstmals »sittliche Ziel«[18] des Pietismus (»Für den Pietisten konnte Gottesbegegnung zum Gottesgenuß werden«[19]) pervertiert wird »zu einer Form persönlichen Genusses«.[20] Tugend aber, vom Pietisten verstanden als seine Erfahrung Gottes, die eine daraus resultierende Lebenspraxis nach sich zieht, kehrt sich daher um in ein nach und nach absoluten Stellenwert beanspruchendes Bedürfnis. Giesz kann folglich, ohne diesen historischen Aspekt in seine Analyse einzubringen, betonen, daß ›die Bereitschaft, sich um jeden Preis rühren zu lassen, auch dazu führe, rührende Aspekte da zu finden, wo es diese gar nicht gäbe‹.[21] Diesen Sachverhalt formuliert auch Jochen Schulte-Sasse in seiner Untersuchung; er spricht von der ›Herrschaft sinnlicher Triebe über die Besonnenheit‹[22] und erkennt diese als wesentliches Kriterium für die Definition eines tauglichen Kitschbegriffes an, der auch das Phänomen der Sentimentalität mit einbezieht. Kitschgenuß wird demnach also solipsistisch[23] verstanden als »Selbstgenuß«[24]. Andererseits kann aber die eben vorgetragene geistesgeschichtliche Komponente des Deutungsmodells nur als Ergänzung einer Interpretation aufgefaßt werden, die Sentimentalität auf soziale Gegebenheiten und damit auf ihre Bedingungsfaktoren zurückführt. Die Trennung der beiden Interpretationssphären wäre unhistorisch und damit letztlich falsch. Es geht darum, deren Ineinanderverwobensein als spezifisch für ein plausibles Sentimentalitäts- und Kitschverständnis[25] durchschaubar zu machen:

Die unterschiedslos beklagte Sentimentalität des Kitsches ist Ausdruck des bürgerlichen Verlangens nach Sättigung der emotionalen Bedürfnisse, gleichzeitig aber Zeichen eines von gesellschaftlicher Durchformung weitgehend unberührt scheinenden Bereiches. Dem Außenstehenden kommt die sentimentale Reaktion oder Darstellung vor als ein im Vergleich zu dem Anlaß oder den Motiven unangemessen großer Gefühls- und Empfindungsaufwand. Das schwärmerische Moment, das Sentimentalität immer enthält (nicht mit ihr identisch ist), weist aber auf ein Reservoir von ungenutzter Vitalität und Emotionalität: d. h. was der Außenstehende als Anlaß für Sentimentalität feststellt, ist nur vorgeschoben, die wirklichen Motive bleiben verborgen, gerade dem Sentimentalen selber, der im aufwendigen Gefühlserlebnis gesellschaftliche Unterlegenheit und Affektverbot lustvoll kompensiert.[26]

c) *Typen sentimentalen Verhaltens als Ausdruck des Kleinbürgerlichen*

Horváth macht eine solche Bewußtseinsverfassung bis ins optische Erscheinungsbild der Dramenfiguren transparent. In der Überzeichnung einiger Personen aber ist aufgrund des satirischen Charakters der Stücke Kritik am sentimentalen Bewußtsein schlechthin angelegt. So sind »Theodor, der Leidtragende« (3,140), Emanuel Freiherr von Stetten, »ein zierlicher Lebegreis mit Trauerflor« (3,14) und »Der Baron mit dem Trauerflor« (1,326) in erster Linie figurale Synonyme für Horváths dramaturgische Konzeption der Sentimentalität. Diesen drei Figuren ist gemeinsam, daß sie trotz »tiefer Trauer« (3,146), die eben eine Pose, zur Schau gestelltes Selbstmitleid ist, »sehr lustig« (3,146) sein können.[27]

Obwohl in *Glaube Liebe Hoffnung* der Baron sich »die heftigsten Vorwürfe« (1,333) macht, weil er am Unfalltod seiner Frau mitschuldig ist, läßt er nicht davon ab, Elisabeth und Maria aus purer Lüsternheit zu verfolgen (1,350 f.). Horváth merkt daher in den entsprechenden Szenenanweisungen an, daß ein zuerst nur »maliziös[es]« (1,350) Lächeln sich in ein »hinterlistiges« (1,351) verfratzt und daß sogar der »zerknüllte Trauerflor« (1,351) eigens noch ›geglättet‹ wird, da der Baron »etwas ramponiert« (1,350) aussieht. Auch in der Komödie *Zur schönen Aussicht* entlarvt der Autor ein ähnlich scheinheiliges Verhalten. Während Freiherr von Stetten sich am Anfang des Stückes zu seiner Schwester ›flüchtet‹, um diese auf larmoyante Weise um Geld anzubetteln, da er sein Vermögen mit Kartenspielen durchgebracht hat, gelingt es ihm, eine Aura des Schicksalhaften zu bemühen, die aber in erster Linie seine »Hinterlist« (3,16) verbergen soll. Der Schmerz ist allein zur Schau gestelltes Selbstmitleid, denn am Ende des Dramas versucht er ebenso gierig wie seine Zechbrüder, an das Geld seiner Schwester heranzukommen. Ada aber durchschaut dieses Gebaren; sie ahnt, daß es sich um eine Heuchelei handelt. Man merkt das sehr gut daran, daß sie ›ihn mißtrauisch fixiert‹:

EMANUEL: Es geht um ein Menschenleben. – Du allein sollst richten, ob dieser Mensch die nächsten zwölf Stunden überleben darf, oder ob er sich Punkt fünf Uhr früh selbst guillotinieren muß. Um was ich dich bitte, ist eine solch lächerliche Geringfügigkeit, verglichen mit eines Menschen Leben, daß – Ada, es dreht sich um ein Menschenleben.

Ohne mein Verschulden hat mich das Schicksal in eine vernichtende Situation hineinmanövriert. Gestern abend wurde im Klub gespielt, wie immer. Karten. Gott, man spielt ja nicht, um zu gewinnen, aber trotzdem kann man verlieren! Ich verlor, verlor, verlor – das Blatt wandte sich gegen mich, im wahrsten Sinne des Wortes. Ich spielte bis fünf Uhr früh, mit ganzer Kraft bemüht wiedergutzumachen, doch wen die Götter vernichten wollen, dem nützt der gute Wille nichts. Ich verlor, bis fünf Uhr früh. – Nun bist du meine letzte Hoffnung. Du kannst mich begnadigen. Nur du. Ich bin hierhergestürzt – bis ich nur diese Station auf dem Fahrplan fand! – Es ist meine vorletzte Station. (3,16)

Peter Handke hat Ende der sechziger Jahre in einem »persönlichen Postscriptum«, in dem er Brecht zugunsten Horváths förmlich verreißt, betont, daß er als Eigenart der Horváthschen Dramatik gerade deren Darstellung »unstilisierte[r] Sentimentalität«[28] schätze. Wurde soeben Sentimentalität in ihrer stilisierten Form als Personenparodie interpretiert, so ist andererseits auch die von Handke genannte Ausprägung nachweisbar. Auch in diesem Falle sind vor allem die männlichen Protagonisten beispielhaft. Da ebenso jetzt von einer Form von Weltflucht die Rede sein muß, zeigt es sich, daß die Horváthschen Männerfiguren diese als exponierte Trauer und Selbstbetrauerung genüßlich realisieren. Tendenziell weist in diese Richtung nicht zuletzt eine Art Interpretationshilfe des Dichters; *Kasimir und Karoline* bezeichnet er immerhin einmal als »Ballade voll stiller Trauer, gemildert durch Humor« (8,666). Die Übersteigerung dieser Trauer aber ist nichts anderes als der Versuch, analytisch eine Spielart melancholischer Sentimentalität auf die Bühne zu bringen.

In *Melancholie und Gesellschaft* bemerkt Wolf Lepenies, daß »die Lust am Weinen« historisch unter anderem rückführbar auf und belegbar an der bürgerlichen Literatur des 18. Jahrhunderts mit ihrem sozialen Umfeld sei, wobei er klarstellt, daß Reste beider Phänomene noch im 20. Jahrhundert spürbar seien – und zwar in Form von trivialliterarischen Strukturen ebenso wie spätbürgerlichen Methoden der Wirklichkeitsbewältigung[29]; er hält als bestimmend hierfür

»[...] sowohl [den] Widerschein verlorener Herrschaft (oder der noch gar nicht erlangten) als auch die Dokumentation eines von innen andrängenden Affektes, dessen man sich, wie jedermann – und das ist entscheidend –, nicht erwehren kann.«[30]

Und deutlicher noch formuliert er das daraus resultierende pervertierte Verhalten des (Klein-)Bürgertums, wenn er feststellt:

»Das Lustvollste war infolgedessen gerade das Leidvolle, weil das Leid begreiflicherweise die tiefsten Rührungen und Erschütterungen hervorzurufen imstande ist.«[31]

Das aber bedeutet nichts anderes als die – bereits erwähnte – Umkehrung eigener Wirkungslosigkeit in subjektiven Genuß, der als unüberwindbare Barriere den Sentimentalen von (im weitesten Sinne) politischer Aktivität fernhält. Ein typisches Beispiel aus den *Geschichten aus dem Wiener Wald* soll dies verdeutlichen.

In der ersten Szene des Volksstückes ist der Dialog zwischen Alfred und der Trafikantin Valerie von besonderem Interesse. Alfred, nach den eigenen Worten eine »Rennplatzkapazität« (1,164), versucht auf seine schleimige Art, die Frau zu hintergehen, indem er ihr verheimlicht, daß er in der von ihr mitfinanzierten Pferdelotterie einen Gewinn erzielen konnte. Valerie allerdings hat gerade dies in einer Zeitungsannonce gelesen und fordert deshalb ihren Gewinnanteil. Aber sie ist nicht grundsätzlich in der Lage, sich gegen die Machenschaften Alfreds zu wehren: sie ersetzt – ihr sicher unbewußt – ein klärendes Gespräch und eine daraus resultierende Handlungsweise durch sentimentales Verhalten, das aber nur scheinbar eine Lösung bringt (dies zeigt nicht zuletzt der weitere Verlauf der *Geschichten*) und durch das die wirklichen Probleme verdrängt werden. Entscheidend ist in diesem Interpretationszusammenhang nun nicht so sehr Valeries Reminiszenz an das Grab ihres verstorbenen Mannes, die als Ausdruck einer evasiven Haltung gelten muß und deren Erfüllung darin besteht, das »ganz verwildert[e]« (1,164) Grab herrichten zu können. Horváth geht bewußt noch einen Schritt weiter. Er führt – fast schon in der Form einer barocken Allegorie – die Morbidität des Personals als endgültigen Zustand vor; er schildert die Sentimentalität einer Gesellschaftsschicht, die mit sich selbst kaum noch etwas Vernünftiges anzufangen weiß und dies im Heulen ersticken will, – gleichzeitig sich aber der Tatsache bewußt zu sein scheint, daß Weinen (und damit nicht zuletzt auch sentimentales Verhalten) gesellschaftliche Sanktionen nach sich zieht. Das Bild des Schminkens, das Horváth nicht nur an dieser Stelle wählt, verweist so letztlich auf die Fassadenhaftigkeit des Handelns und damit der Gesellschaft insgesamt:

ALFRED: [. . .] Was mach ich denn aus deinem Ruhegehalt, Frau Kanzleiobersekretärswitwe? Dadurch, daß ich eine Rennplatzkapazität bin, wie? Durch meine glückliche Hand beziehen Frau Kanzleiobersekretärswitwe das Gehalt eines aktiven Ministerialdirigenten erster Klass! – Was ist denn schon wieder los?

VALERIE: Ich hab jetzt nur an das Grab gedacht.

ALFRED: An was für ein Grab?

VALERIE: An sein Grab. Immer, wenn ich das hör: Frau Kanzleiobersekretär – dann muß ich an sein Grab denken.
Stille.
Ich kümmer mich zu wenig um das Grab. Meiner Seel, ich glaub, es ist ganz verwildert –

ALFRED: Valerie, wenn ich morgen in Maisons-Laffitte gewinn, dann lassen wir sein Grab mal gründlich herrichten. Halb und halb. *Valerie küßt plötzlich seine Hand.* Nein, nicht so –
[. . .]
Er fixiert Valerie. Was? Du weinst?

VALERIE *weinerlich*: Aber keine Idee – *(Sie betrachtet sich in ihrem Taschenspiegel.)* Gott, bin ich wieder derangiert – höchste Zeit, daß ich mich wieder mal rasier – *Sie schminkt sich mit dem Lippenstift und summt dazu den Trauermarsch von Chopin.* (1,164)[32]

Horváth macht aber auch klar, daß es zumindest ansatzweise einigen dramatis personae möglich ist, Sentimentalität als falsches Verhalten zu durchschauen. So reagiert in *Kasimir und Karoline* Merkl Franz auf die schon oben erwähnte sentimentale Selbstbemitleidung Kasimirs zu Recht aggressiv, weil er dessen Larmoyanz als untauglich erachtet für die Verbesserung der tatsächlichen Situation seines Freundes:

DER MERKL FRANZ: Einen Dreck werden die Leut sagen! Da sterben ja täglich Tausende – und sind schon vergessen, bevor daß sie sterben! Vielleicht, daß wenn du ein politischer Toter wärst, nachher tätst noch mit einem Pomp begraben werden, aber schon morgen vergessen – vergessen!

KASIMIR: Ja man ist ziemlich allein.

DER MERKL FRANZ: Prost Arschloch! (1,291)[33]

Dennoch trägt diese Aggressivität keine Früchte. In Kasimirs kurz darauf folgender »Rede an die ferne Karoline« hat allein Sentimentalität Platz, die in eine fatalistische Haltung einmündet. Doch gesteht Horváth – so zeigt es die Regieanweisung – Kasimir in diesem Moment auch das wirkliche Alleinsein zu; er läßt ihn einsam auf der Bühne stehen. Nicht nur psychologische Deformationen sind also verantwortlich für das Verhalten der Figuren, sondern auch basisspezifische: Alleinsein und Vereinzelung als Merkmal der Gesellschaft, wie sie das Horváthsche Theater zeigt:

KASIMIR [. . .]: Fräulein Karoline. Du mußt keineswegs hergehen, weil es halt jetzt ganz aus ist mit unseren Beziehungen, auch mit den menschlichen. Du kannst ja auch nichts dafür, dafür kann ja nur meine Arbeitslosigkeit etwas und das ist nur logisch, du Schlampen du elendiger! Aber wenn ich jetzt dem Merkl Franz folgen täte, dann wärest aber nur du daran schuld – weil ich jetzt innerlich leer bin. Du hast in mir drinnen gewohnt und bist aber seit heute ausgezogen aus mir – und jetzt stehe ich da wie das Rohr im Winde und kann mich nirgends anhalten – *Er setzt sich.* (1,295 f.)

Trauerstimmung, wie sie dieser Monolog zum Ausdruck bringt, grundiert vor allem dieses Horváth-Stück. Anläßlich seiner Uraufführung in Leipzig wurde es nicht als »Volksstück« annonciert, sondern, wie in den Leipziger Neuesten Nachrichten nachzulesen ist, als balladeskes Drama, betitelt als »Ein Abend auf dem Oktoberfest von Oedön Horvath«. Als Motto waren ihm die Verse vorangestellt:

Es leuchtet meine Liebe
In ihrer dunklen Pracht:
Wie ein Märchen, traurig und trübe,
Erzählt in der Sommernacht.[34]

Zwar ist im Nachhinein kaum zu sagen, ob Horváth an dem Zeitungstext beteiligt war und ob er bzw. die Redaktion über die Quelle Bescheid wußte, stammen diese Verse doch aus Heinrich Heines *Buch der Lieder*; dennoch aber geben sie das Flair des Stückes recht gut wieder und spezifizieren das Bewußtsein eines Dramenpersonals, das allein noch, wie es in einer Vorstufe des Stückes einmal heißt, »aus Gram« (7,261) handelt bzw. zu handeln vorgibt. Aus diesem Grunde mußte letztlich auch der Versuch Merkls, Kasimir seinen dumpfen Gefühlen zu entreißen, zum Scheitern verurteilt sein, da die Aufgabe oder das Erkennen der eigenen Sentimentalität nicht zuletzt die Aufgabe eines unterschwellig vorhandenen Lustgefühls bedeutet:

MERKL: [. . .] Da schau her – *Er zeigt ihm seine Brieftasche.* Was ich Geld hab! Ich bin auch arbeitslos, aber ich richte mich darnach. Du bist zu sentimental.

Stille.

KASIMIR: Nein. (7,250 f.)

Merkl hat zwar erkannt, daß ein sentimentales Verhalten in keiner Weise Einfluß auf die ›allgemeine Krise‹ nehmen kann. Horváth läßt aber unmißverständlich durchblicken, daß »private Aktionen« (7,250) wie Schiebereien und Gaunereien ebenfalls keine Lösungsstrategien darstellen können; ebenso wie Kasimir scheitert auch Merkl am Ende des Stückes. Dennoch ist den Ausführungen von Kasimirs Partner ein gutes Stück Wahrheit eigen, indem sie auf den Materialismus der Zeit verweisen, der all das nicht zuläßt, was sich ihm nicht unterordnet:

MERKL: Ich scheiß dir was auf die Seele, sentimentales Mannsbild! Zuwas brauchst du eine Seele! Du Trumm Mensch! Du brauchst was für deine Eingeweide! Und dazu braucht man Geld! [...] (7,246)

d) Das Zusammenspiel von Sentimentalität und Brutalität

Das Beispiel von Kasimirs Sentimentalität macht verständlich, daß Momente von Gewalt in diesem Zusammenhang eine nicht zu unterschätzende Rolle spielen. Weiter oben wurde ja bereits auf die Verbindung von kleinbürgerlichem Bewußtsein und Brutalität hingewiesen[35], der Franz Werfel immerhin dazu bewog, vom Kleinbürger als dem »Statthalter des Teufels auf Erden«[36] zu reden. Hier kann deshalb durchaus, wie es einmal heißt, von »primitiven Sentimentalitäten« (1,143) gesprochen werden, die vor allem das männliche Dramenpersonal auszeichnen.

Der wohl typischste Vertreter einer solch perfiden Bewußtseinshaltung ist der Fleischer Oskar in den *Geschichten*, der nicht davor zurückschreckt, zumindest in seiner barbarischen ›Phantasie‹ seiner Angetrauten »die Hirnschale herunter«zureißen (1,172), um in ihre Gedankenwelt eindringen zu können. Die Einsicht in die Nichtrealisierbarkeit einer derartigen (nur potentiellen?) Brutalität setzt der Autor gegen ein sentimental-larmoyantes »Man ist und bleibt allein« (1,172) ab. Doch bildet diese Äußerung allein den Anlaß zu weiteren Gewalttaten, die jeweils mit einer Aura des ›Gefühlvollen‹ schön zugedeckt werden.

Schon im ersten Bühnenauftritt enthüllt sich symptomatisch Oskars Charakter.[37] Das wiederholt sichtbare maliziöse Lächeln

(1,166 u. 167) des Metzgers im Verlauf seines Gesprächs mit seinem Gehilfen Havlitschek ist Ausdruck einer sadistischen Scheinheiligkeit, die Ida, die der Unterhaltung der beiden Männer ungewollt zuhören kann, durchaus »fühlt« (1,166). Der Dramenintention Horváths zufolge hat nämlich das Gewalttätige erst einmal auf das Unterbewußtsein zu wirken. Dem Mädchen wird es auf »Oskars Blick« (1,166) und wohl ebenfalls auf Havlitscheks Herumhantieren »mit seinem langen Messer« hin plötzlich »unheimlich« (1,166). Die Leistung des Dramatikers besteht an dieser Stelle vor allem in einer subtilen Dramaturgie, die nicht nur als zeichenhaft zu verstehende Requisiten mustergültig in Szene setzt, sondern darüber hinaus auch der Figurenkomplementarität der beiden Fleischer auf verblüffende Weise Rechnung trägt. Schon aufgrund dieses Szenenkommentars ist dem Leser des Stückes (auf der Bühne dürfte die Mehrschichtigkeit einer solchen Anweisung nur sehr schwer einleuchtend darstellbar sein) klar, daß Horváth in der darauffolgenden Szene, in der Oskars kindische Trauer über den Tod seiner Mutter zum Ausdruck gebracht wird, eine Pose entlarvt, nämlich die sentimentale Selbstdarstellung des Trauernden:

RITTMEISTER: Wenn Ihr armes Mutterl selig noch unter uns weilen würde, die hätt eine Freude an ihrem Sohn.
OSKAR *lächelt geschmeichelt*: Es hat halt nicht sollen sein, Herr Rittmeister.
RITTMEISTER: Wir müssen alle mal fort.
OSKAR: Heut vor einem Jahr ist sie fort.
RITTMEISTER: Wer?
OSKAR: Meine Mama, Herr Rittmeister. Nach dem Essen um halb drei – da hatte sie unser Herrgott erlöst.
Stille.
RITTMEISTER: Ist denn das schon ein Jahr her?
Stille.
OSKAR: Entschuldigens mich bitte, Herr Rittmeister, aber ich muß mich jetzt noch in Gala werfen – für die Totenmess.
Ab.
Rittmeister reagiert nicht; ist anderswo.
Stille.
(1,166 f.)

Oskars sentimental-brutales Wesen läßt sich weiter an seinem Verhältnis zu seiner ›Geliebten‹ ablesen; hier tritt es in seiner ganzen Radikalität hervor. Seine Beteuerung gegenüber Marianne, »ein religiöser Mensch« zu sein, der es zudem »ernst nimmt mit den christlichen Grundsätzen« (1,171), wird sich später als ›religious hypocrisy‹[38] erweisen. Dem entspricht nicht nur das hinsichtlich der Marianne geäußerte selbstgefällige »Ich weiß, daß du mich verachtest« (1,172), das allein als Emphase zu verstehen ist, die die vorangegangene sadistische Äußerung unterstreicht; der religiösen Heuchelei entspricht wesentlich auch physische, nur scheinbar gespielte Gewalt. Während der Verlobungsfeier im Wiener Wald demonstriert der Fleischer ausgerechnet an Marianne seine taktischen ›Kunstgriffe‹, die das »Spiel« auf seinen zukünftigen Ernst hin denunzieren:

OSKAR: Meine Damen und Herren, ich werde Ihnen etwas sehr Nützliches demonstrieren, nämlich ich hab mich mit der japanischen Selbstverteidigungsmethode beschäftigt. Mit dem sogenannten Jiu-Jitsu. Und nun passens bitte auf, wie man seinen Gegner spielend kampfunfähig machen kann – *Er stürzt sich plötzlich auf Marianne und demonstriert an ihr seine Griffe.*
MARIANNE *stürzt zu Boden*: Au! Au! Au! – (1,182)

Oskars Handgreiflichkeit, die er selbst als »nur markiert, sonst hätt ich ihr doch das Rückgrat verletzt« (1,182) herunterspielt, weicht mit dem Fortschreiten der Handlung wesentlich diffizileren Formen brutalen Verhaltens, das keine Muskelkraft mehr benötigt. Der Metzger, der anscheinend wegen seiner ›Liebe‹ »immer so große melancholische Augen« hat (1,193), verfällt dabei, nachdem Marianne sich von ihm losgesagt hat, sentimentalem Selbstmitleid:

OSKAR *tritt zu Marianne*: Mariann, ich wünsch dir nie, daß du das durchmachen sollst, was jetzt in mir vorgeht – und ich werde dich auch noch weiter lieben, du entgehst mir nicht – und ich danke dir für alles. *Ab.* (1,191)

Franz Norbert Mennemeier hebt gerade dieses dramaturgische Verfahren hervor, mit dem der Autor im Brutalen das ›Feinsinnige‹ (und umgekehrt) zum Ausdruck bringt, wenn er hinsichtlich der zitierten Szene feststellt:

Humane Rede und Drohrede, zum ›Überbau‹ erstarrte Feinsinnigkeit und schlecht verhohlen Bestialisches mischen sich hier; die Elemente verbinden sich nicht; in den Brüchen steckt die Wirklichkeit; an den Rändern der unverbundenen Teile tritt sie zutage, unreflektiert, im Grunde sprachlos.[39]

Oskars Philistrosität steigert sich, als Marianne von Alfred ein Kind bekommt. Oskar sieht in diesem Moment die Möglichkeit, zu Marianne zurückzukehren, ist allerdings der Meinung, daß das Kind ihrer Beziehung im Wege steht. Indem er sich durchaus unverhüllt den Tod Leopolds herbeiwünscht, wird er zum potentiellen Mörder – freilich auch hier im Gewand eines ›guten Christen‹, dessen Liebe aber vor allem sich selbst gilt:

OSKAR: Hochmut kommt vor dem Fall. – Arme Mariann –
VALERIE: Mir scheint gar, Sie sind imstand und heiraten noch die Mariann, jetzt nachdem sie wieder frei ist –
OSKAR: Wenn sie das Kind nicht hätt –
VALERIE: Wenn mir jemand das angetan hätt –
OSKAR: Ich habe sie noch immer lieb – vielleicht stirbt das Kind –
VALERIE: Herr Oskar!
OSKAR: Wer weiß! Gottes Mühlen mahlen langsam, mahlen aber furchtbar klein. Ich werd an meine Mariann denken – ich nehme jedes Leid auf mich, wen Gott liebt, den prüft er. – Den straft er. Den züchtigt er. Auf glühendem Rost, in kochendem Blei –
VALERIE *schreit ihn an*: Hörens auf, seiens so gut!
Oskar lächelt. (1,214 f.)

Diese Tiraden sentimentalen Selbstgenusses, Zeugnis einer sadomasochistischen Veranlagung, sind Bestandteil der kleinbürgerlichen Mentalität, die sich »in der Zeit der Wirtschaftskrise in schlecht maskierte Unmenschlichkeit verfratzt«.[40] Horváth macht zwar deutlich, daß Valerie von einer derartig pervertierten Religiosität auf- und abgeschreckt wird (»schreit ihn an«), er zeigt aber auch, daß den Metzger die Reaktion der Trafikantin in keiner Weise beeinflussen kann: »Oskar lächelt.« Dessen Unheimlichkeit und latente Bedrohlichkeit stellt der Dichter lapidar in der darauffolgenden Dialogsequenz dar, die Oskars nun neu gewonnene Lust am Sauschlachten[41] dokumentiert. Aus formaler Sicht stützt diese Aussage noch die sich daran anschließende Regieanweisung »Jetzt läuten die Glocken« (1,215), die Herbert Gamper auf doppelte Weise deutet: Es handelt sich um »Hochzeitsglokken« ebenso wie um »Totenglocken«[42]; am Ende des Stückes erweisen sich beide Möglichkeiten gleichermaßen als richtig.

In einem Gespräch zwischen Alfred und Oskar, das in unmittelbarem Zusammenhang mit dem Besprochenen steht, zeigt Horváth ohne Umschweife, daß die hier vorgenommene Analyse des sentimentalen Charakters richtig ist. Oskar betont ohne jede Bemäntelung, daß er Marianne nur Böses wünscht, und das Einverständnis der beiden Männer bekundet die Gleichartigkeit ihrer psychologischen Verfassung:

OSKAR: Und sehens, deshalb war ich Ihnen persönlich eigentlich nie so recht bös – Ihnen hab ich nie etwas Böses gewünscht – während die Mariann – *Er lächelt.* Ja, die hat bitter büßen müssen, das arme Hascherl – für die große Leidenschaft ihres Lebens –
ALFRED: Nein, soviel Leut ins Unglück zu stürzen! Wirklich: wir Männer müßten mehr zusammenhalten.
OSKAR: Wir sind halt zu naiv.
ALFRED: Allerdings. (1,240)

Überflüssig ist infolgedessen der vermeintliche Versöhnungsversuch Valeries am Ende der *Geschichten aus dem Wiener Wald* (1,245 f.). Oskars Beitrag zu dieser Versöhnung ist in erster Linie ein egozentrischer: sentimentales Geschwafel von Liebe und Glück, dem nach wie vor »der kleine Leopold« (1,249) im Wege steht. Der »Schmutz«, von dem Valerie spricht, wird zwar »zusammengeräumt« (1,245), nicht aber weggeschafft. Valeries durchaus gut gemeinte Entschiedenheit (»Jetzt wird versöhnt und basta!« 1,245) stellt der Dichter kritisch schon in der sich daran anschließenden »Stille« in Frage, die hinüberleitet zu Oskars sentenziös-brutaler Selbstbemitleidung:

OSKAR: Mariann. Ich verzeihe dir gern alles, was du mir angetan hast – denn lieben bereitet mehr Glück, als geliebt zu werden. – Wenn du nämlich nur noch einen Funken Gefühl in dir hast, so mußt du es jetzt spüren, daß ich dich trotz allem noch heut an den Altar führen tät, wenn du nämlich noch frei wärst – ich mein jetzt das Kind –
Stille.
MARIANNE: Was denkst du da?
OSKAR *lächelt*: Es tut mir leid.
MARIANNE: Was?
OSKAR: Das Kind –
Stille.
MARIANNE: So laß doch das Kind in Ruh – Was hat dir denn das Kind getan? Schau mich doch nicht so dumm an! (1,245)

Die Kärrnerarbeit leistet indes die Großmutter; sie setzt eines Nachts den Wagen mit dem Baby einem Durchzug aus, so daß es stirbt.

Zeigt Horváth in diesem Stück, wie »[. . .] aus Zuneigung Sentimentalität und aus Abneigung Brutalität«[43] wird, so liegt doch ein Unterschied darin, daß im Gegensatz zu der kitschigen Weltsicht Mariannes, die »sie ausbeutbar und mißbrauchbar macht«, der Kitsch der sie umgebenden Männer »das ist, was sie zu Ausbeutern und Mißbrauchern der Marianne macht.«[44] Diese ›Mischung von Sentimentalität und moralisierender Brutalität trägt schließlich den Sieg‹[45] davon. Mariannes ›Grinsen‹ als Reaktion auf Oskars »Kalendersprüch« (1,246) und Alfreds Nietzsche-Adaption (1,246) sind Ausdruck der Resignation, als der negativen Entsprechung zu Oskars fatalem Glauben an die Zukunft (man vergleiche auch Horváths Differenzierung zwischen »lächeln« und »grinsen« in den szenischen Kommentaren), der in erster Linie ein Glauben an sich selbst ist:

MARIANNE: Ich hab mal Gott gefragt, was er mit mir vorhat. – Er hat es mir aber nicht gesagt, sonst wär ich nämlich nicht mehr da. – Er hat mir überhaupt nichts gesagt. – Er hat mich überraschen wollen. – Pfui!
OSKAR: Marianne! Hadere nie mit Gott!
MARIANNE: Pfui! Pfui! *Sie spuckt aus.*
Stille.
OSKAR: Mariann. Gott weiß, was er tut, glaub mir das.
MARIANNE: Kind! Wo bist du denn jetzt? Wo?
OSKAR: Im Paradies.
MARIANNE: So quäl mich doch nicht –
OSKAR: Ich bin doch kein Sadist! Ich möcht dich doch nur trösten. – Dein Leben liegt doch noch vor dir. Du stehst doch erst am Anfang. – Gott gibt und Gott nimmt.
MARIANNE: Mir hat er nur genommen, nur genommen –
OSKAR: Gott ist die Liebe, Mariann – und wen er liebt, den schlägt er –
MARIANNE: Mich prügelt er wie einen Hund!
OSKAR: Auch das! Wenn es nämlich sein muß.
Nun spielt die Großmutter auf ihrer Zither drinnen im Häuschen die »Geschichten aus dem Wiener Wald« von Johann Strauß.
Mariann. Ich hab dir mal gesagt, daß ich es dir nie wünsch, daß du das durchmachen sollst, was du mir angetan hast – und trotzdem hat dir Gott Menschen gelassen – die dich trotzdem lieben – und jetzt, nachdem sich alles so eingerenkt hat. – Ich hab dir mal gesagt, Mariann, du wirst meiner Liebe nicht entgehn –
MARIANNE: Ich kann nicht mehr. Jetzt kann ich nicht mehr –
OSKAR: Dann komm – *Er stützt sie, gibt ihr einen Kuß auf den Mund und langsam ab mit ihr – und in der Luft ist ein Klingen und Singen, als spielte ein himmlisches Streichorchester die »Geschichten aus dem Wiener Wald« von Johann Strauß.* (1,251)

Eine solche bei Horváth kaum sonst noch anzutreffende Härte in der Darstellung moralischer Verfallsformen[46] findet ihre Entsprechung in der Verharmlosung des Schlimmen durch Valerie, die mit Hilfe eines »schönen Grabstein[s] [. . .] vielleicht ein betendes Englein« (1,250) meint, die Konflikte lösen zu können. »Peinlicher Friedhofskitsch«[47] als Vergegenständlichung mentaler Morbidität erfüllt seine Funktion als »Kitt des Lebens«[48], der auch die für das beschriebene Bewußtsein verantwortlichen Ursachen verklebt.

Auf eben diese Bewußtseinsstrukturen, die Horváth durchweg sichtbar zu machen versucht, verweist im späten Schauspiel *Der jüngste Tag* eine Totenfeier, die »wirklich großartig [war]« (2, 572). Einem Klatschweib, das nach dem Begräbnis davon schwärmt, daß ›sogar Zeitungsleut für die Illustrierte Volksstimme das Grab von allen Windrichtungen abphotographiert haben‹ (2,572), ist dabei genau jenes zuvor analysierte Bewußtsein eigen. Die latente Brutalität verbirgt sich hinter Äußerungen, die eine Katastrophe verdecken, die das Leben vieler Menschen gefordert hat. Interessant ist dieses Textzitat aber noch aus einem anderen Grund. Es bedeutet in gewisser Weise die radikale Beendigung der *Geschichten aus dem Wiener Wald*, ›betrauert‹ hier doch ein Fleischer sentimental den Tod seiner Freundin:

FRAU LEIMGRUBER: Ich bitte darum, wissens, der Vater, der Ärmste, schmerzgebeugt, war sehr gefaßt, aber der Bräutigam, der Ferdinand, also der war ganz zusammengebrochen, ein einziges Trumm von einer Ruine – die Tränen sind ihm so heruntergelaufen, es war zum Herzerbarmen. Jaja, man sollte gar nicht meinen, wieviel zartes Gefühl in so einem rauhen Lackl von Fleischhauer stecken kann und umgekehrt. Ich sag ja: grad in dem wildesten Mann pocht oft nur ein Kinderherz. Armes Annerl! Jetzt bist eingegraben und liegst allein, jetzt deckt dich niemand mehr zu, wenns regnet. Da schauns, das sind ihre Sterbebildchen, zur Erinnerung an den Todestag – da, ich schenk Ihnen eins, ich hab eh eine ganze Mass – *Sie legt eins auf das Pult.* (2,572 f.)

Die Parallele zu den *Geschichten* läßt sich noch weiterziehen. Auch in diesem Stück fungiert gegenständlicher Kitsch als ›versachlichte‹ Form eines sentimentalen Gefühls. War es in den *Geschichten* der »Grabstein«, so sind es hier die Sterbebildchen, deren Text Horváth ganz mit Absicht zitiert, spiegelt er doch exakt das beschriebene Brutalität kaschierende Gefühl:

Halte still, Du Wandersmann
Und sieh Dir meine Wunden an
Die Stunden gehn
Die Wunden stehn
Nimm Dich in acht und hüte Dich
Was ich am jüngsten Tag über Dich
Für ein Urteil sprich – (2,580)

Die Sentimentalität selbst offenbart sich auch im Verhalten des Fleischers Ferdinand, der seinen ›Schmerz‹ mit Hilfe von Schnaps goutiert; Horváth gelingt hier die Darstellung der Sentimentalität als einer egozentrischen Gefühlsaufwendung:

FERDINAND *schluchzt plötzlich rührselig*: Oh mein Annerl, liebes armes Annerl – wo bist du wohl jetzt?
GENDARM: Im Paradies.
FERDINAND: Was hat man davon – *Er holt eine Flasche hervor und säuft.*
WIRT *unterdrückt*: Sauf nicht soviel.
FERDINAND: Ich sauf aber, denn ich hab sie nicht beschützt, meine Herrschaften. – Ach Annerl, Annerl, ich bin ja überhaupt ein schlechter Mensch, ein miserabler Charakter.
WIRT: Ermann dich.
FERDINAND *herrscht den Wirt an*: Ich ermann mich nicht. Du bist ja nur der Vater, aber ich, ich bin der Bräutigam und sie war meine große Liebe, bitt ich mir aus.
Er trinkt wieder. (2,581)

e) Die Sehnsucht nach der ›guten alten Zeit‹

Eine auffällige Rolle spielt die Rückwendung der Horváthschen Menschen in eine (vermeintlich) heile Vergangenheit; vor allem im Zusammenhang mit der Untersuchung der sentimentalen Bewußtseinsverfassung scheint es angebracht, diesem Werkaspekt eine besondere Aufmerksamkeit zu schenken. Ludwig Giesz hat auf die Bedeutung des einstmals Gegenwärtigen hingewiesen und sie als bestimmend für das kitschige Bewußtsein erkannt:

Die Erlebnisaura des Vergangenen kommt dem genüßlichen Stimmungsbedürfnis mehrfach entgegen. [. . .] Die Vergangenheitsaura wird Selbstzweck und als solcher genossen, und zwar mit allen Symptomen der Genüßlichkeit. Ein Zustand stellt sich ein, der uns bereits bei dem merkwürdig getrübten, klebrigen Bewußtsein des Sentimentalen begegnete. Dösendes Brüten, das sich selbst genug ist, kennzeichnet diese seelische Verfassung. Aus dem Strom der Zeitlichkeit mit geringstem Einsatz (nämlich der erinnernden Rückwendung) ausscherend, ergibt sich der Kitschige, einsam abwesend, abgeschieden, der Panoramastimmung des Gewesenen. Überempfindlich gegen Störungen seiner Immanenz (wie Spieler gegen den Spielverderber) ergeht er sich nun in der splendid isolation seiner gewesenen Welt und vergewissert sich ihrer durch künstliche stimmungsstärkende Details, die in ihrer Anhäufung, ihrer symbolischen Unausweichlichkeit wie wachsame Gartenzwerge seinen Erinnerungshain vor Wirklichkeitseinbrüchen, vor allem vor der stimmungsfeindlichen Zeitlichkeit schützen sollen. Die Einheit von Kitschgenuß und Kitschproduktion ist hier besonders evident. Schon die kitschige Stimmung des ›tempi passati‹ ist Kitsch-schöpferisch.[49]

Weiter oben wurde gesagt, daß einige dramatis personae als Typen zu begreifen sind, die sentimentale Bewußtseinsstrukturen verkörpern.[50] Daraus ließ sich der Schluß ziehen, daß ein inadäquates Bewußtsein – und das meint hier ein Bewußtsein, das der Gegenwart des Geschehens nicht gemäß ist – insgesamt auch an dem optischen Erscheinungsbild der Werkfiguren ablesbar ist. Daher ist es nicht ohne Reiz, einen Blick auf die von Horváth inszenierte Mode zu werfen.

Als Typ tritt beispielsweise im frühen Schauspiel *Mord in der Mohrengasse* eine Figur auf, die der Dichter als »Altmodische« bezeichnet; sie ist »gekleidet nach der Mode vor fünfundzwanzig Jahren und dichtverschleiert [...]« (2,319). Markanter aber noch als Hinweis auf ein falsches Bewußtsein ist eine Passage in der *Italienischen Nacht*. Das Motiv der Uniform wird dort von Horváth dramaturgisch funktionalisiert als Signal einer Vergangenheitssehnsucht, deren politischer Stellenwert unmißverständlich zum Ausdruck kommt. Der Dichter zeigt dem aufmerksamen Betrachter, daß »Die Dvorakische« auch als Typ nicht im eigentlichen Sinne in der Gegenwart lebt, sondern bewußtseinsmäßig die Epoche des Imperialismus noch nicht überwunden hat. Die Geschichte der nachfolgenden nationalsozialistischen Expansionspolitik spricht somit für die scharfsinnige Beobachtungsfähigkeit Horváths, dem es 1931 gelungen ist, auf die ideologische Vorprogrammierung dessen hinzuweisen, was als faschistische Lebensraumpolitik später bittere Wirklichkeit geworden ist[51]:

DIE DVORAKISCHE: Fräulein, Sie könnten mir eigentlich einen großen Gefallen tun –

LENI: Gern!

DIE DVORAKISCHE: Ihr Herr Major muß doch ganz pompöse Uniformen haben –

LENI: Ja, das stimmt, weil er früher auch in den Kolonien gewesen ist, die wo uns Deutschen geraubt worden sind.

DIE DVORAKISCHE: Geh, fragens doch mal den Herrn Major, ob er mir nicht so eine alte Uniform verkaufen möcht, es passiert Ihnen nichts. [...]

LENI: Was möchtens denn mit der Uniform anfangen?

DIE DVORAKISCHE *lächelt*: Anschaun.

LENI: Ist das alles?

DIE DVORAKISCHE: Wie mans nimmt –

Stille.

LENI: Nein, das wär mir, glaub ich, unheimlich –

DIE DVORAKISCHE *plötzlich wütend*: Dumme Gans, dumme! Ihr jungen Leut habt halt keine Illusionen mehr! *Rasch ab. Trommelwirbel.*

(1,109 f.)

Walther Huder hat in einem Gespräch mit dem Verfasser die Meinung vertreten, daß der Bezug Horváths auf Phänomene der Mode stets die Funktion zu erfüllen habe, den Epochencharakter als einen dekadenten optisch zu veranschaulichen. Daher habe der Dichter in seinen szenischen Kommentaren nie eine elegante Mode angeordnet, obgleich er die Kleidervorschriften sehr wohl gekannt habe.[52] In diesem Zusammenhang gebrauchte er das Wort vom »sterbenden Kitsch«, und er verwies dabei paradigmatisch auf die Beschreibung des Trikotagenladens in *Glaube Liebe Hoffnung* (1,339), wo zudem der Regieverweis auf das Anatomische Institut das Moment des Morbiden unterstreiche.[53]

Unter diesem Aspekt zeigen auch die dramatis personae, die Trauer mittels eines Trauerflors zu bekunden vorgeben, nichts anderes als das überlebte Sozialverhalten, das in der Gesellschaftsklasse des Adels einst Verbindlichkeit beanspruchen konnte, inzwischen so aber längst nicht mehr existiert. Die Einsicht liegt nahe, daß die Orientierung der kleinbürgerlichen Bevölkerungsmasse (sowohl was das äußere Verhalten als auch das Denken betrifft) an ehemals ›maßstabsetzenden‹ gesellschaftlichen Klassen einen Realitätsverlust mitverursacht. Dieser spiegelt sich recht plastisch unter anderem in den dargelegten Bekleidungsgewohnheiten, die durchaus, da sie auf innere Widersprüche zurückdeuten, als Kitsch zu bezeichnen sind. Horváth stellt dies in einer seiner autobiographischen Skizzen heraus, wenn er von einer

»spanischen Etikette« spricht, die – ironisch-kritisch – nun nur noch als »gemütliche Verkommenheit« (5,10) einigermaßen sinngerecht darstellbar sei; beide Spezifika sollen nach seinen Worten den eigenen Charakter der Donaumonarchie betonen[54] und auf deren grundlegenden Widerspruch, nämlich ihre Unzeitgemäßheit, hinweisen.

Herbert Gamper spricht in seiner Untersuchung des Stückes *Zur schönen Aussicht* daher auch von einer literarischen kakanischen Tradition, der sich Horváths Blick für das anscheinend Oberflächliche nahtlos einfüge, ja deren Gipfel mit Horváth eigentlich erst erreicht sei:

Hofmannsthal, glaube ich, hatte Grillparzer nachgerühmt, daß er ein Meister darin gewesen sei, die Tiefe an der Oberfläche zu verstecken. Diese spezifisch kakanische Tugend ist weit mehr Horváth nachzurühmen.[55]

Im *Figaro*-Stück äußert sich die Titelfigur mit aller nur erdenklichen Härte über die sozialen Veränderungen, die selbst vor der Klasse des Adels nicht haltgemacht haben. Aber immer noch legt Graf Almaviva ein von langer feudalistischen Tradition zeugendes Verhalten an den Tag.

FIGARO: Es ist eine Welt zusammengebrochen, eine alte Welt. Der Graf und die Gräfin, sie leben nicht mehr, sie wissens nur noch nicht. Sie liegen aufgebahrt in den Grand-Hotels und halten die Pompesfunebres für Portiers, die Totengräber für Oberkellner und die Leichenfrau für die Masseuse. Sie wechseln jeden Tag die Wäsche, es bleibt aber immer ein Totenhemd, parfümieren sich, es riecht aber immer nach Blumen, die auf einem Grab verwelken. Es geht in die Grube, Susanne! Willst du mit? Ich nicht. (4,417)

Im Jahre 1932, also zu dem Zeitpunkt, da Horváth seine Volksstücke abfaßt, hebt Ernst Bloch in seinem Aufsatz über die Ungleichzeitigkeit des gesellschaftlichen Bewußtseins hervor, daß im Gegenwärtigen stets Vergangenes »nachspukt«[56], ja, daß sogar das Vergangene aktuell ist und einen eminent politischen Charakter hat, weil es für eine unzeitgemäße Bewußtseinshaltung (Ideologie) einsteht:

Nicht alle sind im selben Jetzt da. Sie sind es nur äußerlich, dadurch, daß sie heute zu sehen sind. Damit aber leben sie noch nicht mit den anderen zugleich.[57]

Die Folgen epochaler Phasenverschiebungen, die aus der Überlagerung von Ideologien der Vergangenheit mit Bewußtseinsstrukturen der Gegenwart resultieren, sind ablesbar am politischen Verhalten breiter Massen in der Weimarer Republik. Die Wahl Hindenburgs, des Verlierers des Ersten Weltkrieges, im Jahre 1925 zum Reichspräsidenten bezeugt eine noch im Imperialismus eines Wilhelm II. wurzelnde Haltung, bestand doch »die große Masse der Wähler Hindenburgs natürlich aus all denen, die schwarzweißrot geblieben waren [. . .].«[58]

Eine stichhaltige Begründung für ein solches Verhalten liefert der Hinweis Ernst Blochs auf die eigenwillige Vergangenheit Deutschlands, die ein spezifisches Bewußtsein konstituiert habe:

Deutschland überhaupt, dem bis 1918 keine bürgerliche Revolution gelungen war, ist zum Unterschied von England, gar Frankreich das klassische Land der Ungleichzeitigkeit, das ist, der unüberwundenen Reste älteren ökonomischen Seins und Bewußtseins.[59]

Horváth verleiht einer solchen Erkenntnis, obwohl sich keine Hinweise auf eine Lektüre Blochs feststellen lassen, vor allem in den *Geschichten aus dem Wiener Wald* Ausdruck; daß die Vergangenheit der ersten österreichischen Republik weitgehend – zumindest was die Aussagen Ernst Blochs betrifft – mit derjenigen der Weimarer identisch ist, zeigt sich sowohl daran, daß Horváth einen ehemaligen Rittmeister der Donaumonarchie zu einer Werkfigur stilisiert, als auch an der Präsenz des Zauberkönigs, des Vertreters eines längst erloschenen Berufszweiges (durch den der Autor darüber hinaus auf eine literarische Tradition anspielt, der er sich selbst kritisch verbunden fühlt).[60]

Es entspricht seiner kritischen Intention, daß er diese unzeitgemäßen Figuren als kitschige auf die Bühne bringt, da sie ein entsprechendes Bewußtsein repräsentieren. Aber nicht allein als ein europäisches Phänomen will Horváth dies begriffen wissen. Indem er einen »Mister«, einen Amerikaner, ins Geschehen einführt, gelingt ihm der Nachweis einer überkontinentalen Kleinbürgerlichkeit breiter Bevölkerungsschichten. Dies ist um so bedeutsamer als Kritik an dem zu seiner Zeit modischen »Amerikanismus«, der als vorherrschendes Lebensgefühl der Nachkriegszeit seinen Stempel aufdrückt. Wohl nicht ohne Grund stellt er den Amerikaner dem Rittmeister als einen Freund zur Seite:

RITTMEISTER: [. . .] – ich sitz dort hinten in der Gesellschaft. Ein Jugendfreund meines in Sibirien vermißten Bruders – ein Amerikaner.
VALERIE: Also ein Mister!
RITTMEISTER: Aber ein geborener Wiener! Zwanzig Jahr war der jetzt drüben in den Staaten, nun ist er zum erstenmal wieder auf unserem Kontinent. Wie wir heut vormittag durch die Hofburg gefahren sind, da sind ihm die Tränen in den Augen gestanden. – Er ist ein Selfmademan. Selbst ist der Mann! (1,220)[61]

In der Heurigenszene der *Geschichten* zeigt Horváth mit aller Stringenz die Ironie in der Apostrophierung des Misters als »Selfmademan«, denn Sentimentalität ist gerade bei ihm ein vorherrschender Charakterzug. Dies um so mehr, als seine eigene Vorstellung von einem brutalen Amerika in nichts seinem geliebten ›Wienerischen Charme‹ nachsteht. Sein miserables Verhalten gegenüber Marianne (1,233 f.) beweist, daß dieser Charme geheuchelt ist. Der Autor versucht so den Beweis zu erbringen, daß das Moment des Gemütlichen ein Relikt ehemaliger sozialer Verhaltensformen ist, die zu Beginn der dreißiger Jahre nicht mehr am Platze und daher dramaturgisch nur noch als Stereotypien darstellbar sind. Sie lösen folglich einen bewußtseinsspezifischen Automatismus aus, der kennzeichnend für das Dramenpersonal ist, weil es auf die Sentimentalität des Amerikaners augenblicklich reagiert. Auch das kitschige Betrauern des Vergangenen kann somit nur als ein Charakterzug gedeutet werden, dessen andere Seite die aktuelle (und akute) Gewalt ist:

RITTMEISTER: Das ist mein lieber Mister aus Amerika!
DER MISTER: Amerika! New York! Chicago und Sing-Sing! – Äußerlich ja, aber da drinnen klopft noch das alte biedere treue goldene Wiener Herz, das ewige Wien – und die Wachau – und die Burgen an der blauen Donau. – *Er summt mit der Musik.* Donau so blau, so blau, so blau – *Alle summen mit und wiegen sich auf den Sitzgelegenheiten.* Meine Herrschaften, es hat sich vieles verändert in der letzten Zeit, Stürme und Windhosen sind über die Erde gebraust, Erdbeben und Tornados, und ich hab ganz von unten anfangen müssen, aber hier bin ich zhaus, hier kenn ich mich aus, hier gefällt es mir, hier möcht ich sterben! Oh du mein lieber altösterreichischer Herrgott aus Mariazell!
Er singt.
Mein Muatterl war a Weanerin,
Drum hab ich Wean so gern.
Sie wars, die mit dem Leben
Mir die Liebe hat gegeben

Zu meinem anzigen goldenen Wean!

ALLES *singt*:

Wien, Wien, nur du allein
Sollst stets die Stadt meiner Träume sein,
Dort, wo ich glücklich und selig bin,
Ist Wien, ist Wien, mein Wien!

MISTER: Wien soll leben! Die Heimat! Und die schönen Wiener Frauen! Und der Heimatgedanke! Und wir Wiener sollen leben – alle, alle!

ALLE: Hoch! Hoch! Hoch!

Allgemeines Saufen. (1,222 f.)

Eindringlicher noch als an dem eben aufgezeigten Beispiel einer Wien-Sehnsucht, die selbstverständlich das Wien meint, das in der Erinnerung des Kleinbürgertums lebt, wird der Drang ›einer verelendeten Mittelschicht, die zurück in den Vorkrieg will, wo es ihr besser ging‹[62], in der Maxim-Szene durchgespielt: Dort kündigt der Conférencier eine »Nummer« als »Himmel der Erinnerung« an (1,225).

Vergleicht man Textvorstufen mit dieser Szene, die in der Endfassung allerdings nur noch mittels des szenischen Kommentars realisiert ist, so läßt sich nachweisen, welch große Bedeutung Horváth dieser Problematik beigemessen haben muß. Denn in den Vorstufen wird der kleinbürgerliche Hang zur Nostalgie wesentlich differenzierter und auch drastischer dargestellt. Zwar stellt sich hier die Frage nach der Kompatibilität dieser Dramaturgie mit der Horváthschen Ästhetik, da der Dichter vor dem Hintergrund der Katastrophe Mariannes recht platt eine Versöhnung in Form einer märchenhaften Verbrämung der Konflikte vorgibt, die sich in der Vergangenheitssehnsucht des Rittmeisters (und der übrigen Figuren) spiegelt; dennoch aber scheint es gerechtfertigt, auch darin einen Hinweis auf das unzeitgemäße kleinbürgerliche Bewußtsein schlechthin zu sehen.

Der dramaturgische Höhepunkt der *Geschichten*, die Katastrophe Mariannes und – so in dieser Vorstufe – der damit einhergehende »Schlaganfall« (7,189) des Zauberkönigs, werden überblendet (»Es wird dunkel; alles verschwindet«, (7,189) von einer zunächst gleichermaßen visionären wie realistischen Szene, die den Rittmeister anfangs allein auf der Bühne zeigt (7,189-191). Dessen Rückwendung aufs Vergangene und seine bewußtseinsmäßige Verhaftung in der heilen Welt der Donaumonarchie zeigt Horváth nicht nur anhand der Phrasen von einer einstmals besseren

Welt; er denkt solche Muster konsequent, das heißt radikal zu Ende. Indem er aus dem dunklen Nichts der Bühne – wie aus der Gedankenwelt des Rittmeisters – dessen ehemaligen Burschen Gorlitzka – der aber bereits am »14. April 1915« gefallen ist – in Erscheinung treten und zwischen den beiden sich einen Dialog entwickeln läßt, der allein die Hymnisierung der Vergangenheit zum Inhalt hat, gestaltet er gezielt symbolisch die Ewiggestrigkeit des Dramenpersonals, denn »in der Erinnerung wird alles schön« (7,191).

Gleichwohl haftet dieser Szene jedoch durchaus die Aura des Märchenhaften an; das wird nicht zuletzt durch ihre Geschlossenheit unterstrichen. Horváth beendet sie aber nur auf eine ähnliche Weise, wie er sie begonnen hat, denn das Geschehen wird endgültig ins Unwirkliche entrückt (»Johann Strauß, Ballett, Walzer, Wachau.« [7,191]). So kann der Rittmeister das Vergangene auf Kosten eines Nichtverstehen-Wollens der »scheußlichen« (7,189) Gegenwart idealisieren.

In einer wahrscheinlich schon früher entstandenen Fassung, die vielleicht wiederum eine Vorstufe zu der vorigen ist, geht der Autor noch einen Schritt weiter; dort springt umgekehrt ins Auge, daß das Märchenhafte auf die bekannte Handlungsebene der *Geschichten* übertragen wird. Dadurch weist er die Aktualität der aufgezeigten Bewußtseinsverfassung nach. Das Nichtwirkliche erscheint im Volksstück als das Normale und hat daher wenig zu tun mit einer ›literarischen Wirklichkeit‹. Die Personen bleiben tatsächlich dem ›Märchenhaften‹, dem Gestern verhaftet:

GORLITZKA: Also dann auf Wiedersehen, Herr Oberleutnant – *Ab. Stille.*

RITTMEISTER: Auf Wiedersehen – Nein. Wir wollen uns jetzt mal erinnern. Wie schön ist doch die Welt, und das Leben – vielmehr: wie schön war es – wir haben den Himmel in uns. So wie wir die Welt sehen, so ist sie. In der Erinnerung wird alles schön. Treten wir ein in den Himmel der Erinnerung –

Johann Strauß, Ballett, Walzer, Wachau.

Schlußtableau: Oskar, Marianne, Mathilde, Alfred, Erich, Zauberkönig, Beichtvater, Havlitschek, Oma, Großmutter, Mutter, Tochter, Erste Tante, Zweite Tante, Verwandte, sogar der Conferencier ist erschienen mit einigen seiner Damen. Der Mister überreicht Marianne einen köstlichen Blumenstrauß. Ende des fünften Bildes.[63]

Wie Horváth seine Volksstücke als Aufklärungsstücke für die

breite Masse verstanden wissen wollte, um so auf falsche Strategien der Wirklichkeitsaneignung in einer schon präfaschistischen Zeit aufmerksam zu machen, deutet Ernst Bloch den erkennbaren Vergangenheitsfatalismus des Kleinbürgertums als politisch folgenreich:

[...] dem verzweifelten Bauern, fallierten Kleinbürger kommt in Deutschland besonders leicht die Natur, erst recht der Spuk der Geschichte; die Wirtschaftskrise, welche den Spuk freisetzt, vollzieht sich in einem Land mit besonders viel vorkapitalistischem Material. Es ist sehr die Frage, ob Deutschland seiner Kraft nach noch ungewordener, gar vulkanischer ist als etwa Frankreich; sicher aber hat es die kapitalistische Ratio nicht entfernt so gleichzeitig durchformt und ausgeglichen. Eben dies relative Chaos nun wälzte dem Nationalsozialismus ›Unzeitgemäßes‹, Ungleichzeitiges auch aus noch ›tieferer‹ Zurückgebliebenheit, nämlich aus der Barbarei zu; und es hätte in Deutschland keines Nietzsche bedurft, um die Antithesen Blut gegen Geist, Wildheit gegen Moral, Rausch gegen Vernunft zu einer Verschwörung gegen die Zivilisation werden zu lassen.[64]

Insofern ist die auf den Zauberkönig gemünzte Bemerkung Valeries, wonach »der echte Bürger vom alten Schlag« ›nämlich ausstirbt‹ (1,227), Ausdruck einer gesamtgesellschaftlichen Verblendung, deren kritische Darstellung Horváth als wesentlich für seine Arbeit erachtete.[65]

1981

Anmerkungen

Bei dem Beitrag von Martin Hell handelt es sich um ein vom Autor gekürztes und für diesen Abdruck bearbeitetes Kapitel seiner Dissertation *Kitsch als Element der Dramaturgie Ödön von Horváths* (Seite 146-181), die 1982 im Verlag Peter Lang, Bern/Frankfurt, erscheint.

1 Max Wieser, *Der sentimentale Mensch. Gesehen aus der Welt holländischer und deutscher Mystiker im 18. Jahrhundert*, Gotha – Stuttgart 1924.
2 Ebd., S. 7; Hervorhebung durch M. Wieser.
3 Ebd., S. 6.

4 Ludwig Giesz, *Phänomenologie des Kitsches. Ein Beitrag zur anthropologischen Ästhetik*, Heidelberg 1960, S. 49.

5 Vgl. auch das Kapitel »Der Vorgang der Selbstbespiegelung«, in: Wolfgang Boelke, *Die entlarvende Sprachkunst Ödön von Horváths. Studien zu seiner dramaturgischen Psychologie*, (Phil.Diss.) Frankfurt 1970, S. 25 ff.

6 *Nachlaß*, lfde Nr 55/56; das letzte Wort des handschriftlichen Textes war nicht zu ermitteln.

[Anmerkung des Herausgebers: Bei der »Prosaskizze« handelt es sich um einen Eintrag in einem der Notizbücher unter der lfd. Nr 56e des Archivs. Die korrekte Transkription des Wortes lautet: »ruiniert«. Weiter folgen noch die Sätze: »Der Eine war ein Industrieller; der andere war ein kleiner Mann, der sich nie was zugetraut hatte.«]

7 Wieser, *Der sentimentale Mensch*, S. 86.

8 Vgl. dazu Giesz, *Phänomenologie des Kitsches*, S. 32 ff.

9 Wieser, *Der sentimentale Mensch*, S. 189.

10 Vgl. Wolf Lepenies, *Melancholie und Gesellschaft*, Frankfurt 1971, S. 97; Zitat: S. 99.

11 Alfred Doppler, *Dramatisches Geschehen als sprachliches Arrangement. Ödön von Horváths »Geschichten aus dem Wiener Wald«*, in: ders., *Wirklichkeit im Spiegel der Sprache. Aufsätze zur Literatur des 20. Jahrhunderts in Österreich*, Wien 1975, S. 150-171; hier: S. 170.

12 Ebd., S. 170.

13 Ebd., S. 170.

14 Vgl. Ilka Büschen, *Sentimentalität. Überlegungen zur Theorie und Untersuchungen an mittelhochdeutschen Epen*, Stuttgart/Berlin/Köln/Mainz 1974, S. 14 f. (Studien zur Poetik und Geschichte der Literatur, Band 387).

15 Gert Ueding, *Glanzvolles Elend. Versuch über Kitsch und Kolportage*, Frankfurt 1973, S. 42.

16 Büschen, *Sentimentalität*, S. 15.

17 Otto F. Best, *Das verbotene Glück. Kitsch und Freiheit in der deutschen Literatur*, München/Zürich 1978, S. 161 ff..

18 Ebd., S. 163.

19 Ebd., S. 163.

20 A. Wierlacher, *Das bürgerliche Drama*, München 1968, S. 162.

21 Giesz, *Phänomenologie des Kitsches*, S. 46.

22 Vgl. Jochen Schulte-Sasse, *Die Kritik an der Trivialliteratur seit der Aufklärung. Studien zur Geschichte des modernen Kitschbegriffs*, München 1971, S. 24 (Bochumer Arbeiten zur Sprach- und Literaturwissenschaft 6).

23 Ebd., S. 23; vgl. dazu insgesamt das Kapitel »Distanzierter und distanzloser Genuß« (S. 22-24), in dem der Autor auf weit verbreitete Kriterien der bürgerlichen Kunst-/Kitsch-Diskussion eingeht.

24 Best, *Das verbotene Glück*, S. 163.
25 Vgl. dazu vor allem die eben genannten Untersuchungen von Best und Schulte-Sasse.
26 Ueding, *Glanzvolles Elend*, S. 41 f.
27 Herbert Gamper, *»... das kostet manchmal den Kopf, manchmal das Leben«*, in: *Ödön von Horváth. Die Unbekannte aus der Seine*, Programmheft Nr. 5 des Theaters am Neumarkt, Zürich 13. April 1973, S. 11 f.
28 Peter Handke, *Persönliches Postscriptum*, in: *Mat.ÖvH*, S. 179-180; hier: S. 180. Es soll an dieser Stelle angemerkt werden, daß auch Franz Xaver Kroetz (*Horváth von heute für heute*, in: *Über Ödön von Horváth*, hg. Dieter Hildebrandt und Traugott Krischke, Frankfurt 1972, S. 91-95) Horváth zuungunsten Brechts fast maßlos favorisiert hat; Kroetz hat aber später, allerdings in einem wenig bekannten Aufsatz, sein Urteil mindestens relativiert: Franz Xaver Kroetz, *Brecht – Kommunist und Schriftsteller*, in: Theater der Zeit Nr. 12, 1976, S. 58-61. Vgl. dazu auch: Jean-Claude François, *Brecht, Horváth et le théâtre populaire*, in: Revue d'Allemagne (et de pays allemande), Band 11, Nr. 1 (Januar-März) 1979, S. 44-61, und ders., *Horváth, Brecht et leur temps. Remarques sur une renaissance fragmentaire*, in: Travail théâtral 23, 1976, S. 43-58.
29 Lepenies, *Melancholie und Gesellschaft*, S. 96 ff.
30 Ebd., S. 99.
31 Ebd., S. 98.
32 Vgl. dazu auch die Interpretation von Herbert Gamper: *»Sinds nicht tierisch?«*, in: *Horváth: Geschichten aus dem Wiener Wald*. Programmbuch Nr. 7, hg. Württembergisches Staatstheater Stuttgart, Stuttgart 1975, S. 63-67.
33 Wesentlich deutlicher noch ist dies in einer Vorstufe formuliert; vgl. 7,245 f.
34 Zitiert nach der faksimilierten Wiedergabe in: *Ödön von Horváth. Leben und Werk in Dokumenten und Bildern*, hg. Traugott Krischke und Hans F. Prokop, Frankfurt 1972, S. 94.
35 Hier beziehe ich mich auf frühere Ausführungen in meiner Dissertation.
36 Franz Werfel, *Nachwort*, in: *Mat.ÖvH*, S. 132-135; hier: S. 134.
37 Vgl. Herbert Gamper, *Die Zeichen des Todes und des Lebens. Zu bisher kaum beachteten Konstruktionselementen in Horváths vier »Fräuleinstücken«*, in: Theater heute 3, 1974, S. 1-6.
38 Charles Genno, *»Kitsch« Elements in Horváths »Geschichten aus dem Wiener Wald«*, in: German Quarterly 45, Heft 2, S. 311-323; hier: S. 319.
39 Franz Norbert Mennemeier, *Bürgerlicher Realismus am Vorabend der Nazi-Herrschaft*, in: ders., *Modernes deutsches Drama. Kritiken und*

Charakteristiken, Band 1: 1910-1933, Band 2: 1933 bis zur Gegenwart, München 1975; hier: Band 2, S. 12-41; Zitat: S. 31.

40 Doppler, *Dramatisches Geschehen*, S. 152.

41 Vgl. die Untersuchungen Gampers hierzu.

42 Gamper, *Die Zeichen des Todes und des Lebens*, S. 3.

43 Hellmuth Karasek, *Donauwellen im Aquarium. Hans Hollmann stellt Horváths Stücke aus*, in: Theater heute, 12. Jg., Nr. 2, 1971, S. 37 f.; hier: S. 38.

44 Ebd., S. 38.

45 Wilhelm Emrich, *Die Dummheit oder das Gefühl der Unendlichkeit*, in: *Mat.ÖvH*, S. 139-147; hier: S. 145.

46 Karl Pawek, *Christlicher Kitsch*, in: Gillo Dorfles, *Der Kitsch*, Tübingen 1969, S. 143-150; hier: S. 148 f.

47 Horst Jarka, *Ödön von Horváth und das Kitschige*, in: Zeitschrift für deutsche Philologie 91, 1972, S. 558-585; hier: S. 574.

48 Vgl. Giesz, *Phänomenologie des Kitsches*, S. 46 und 47.

49 Ebd., S. 56 f.

50 Vgl. in dieser Arbeit S. 91-96.

51 Vgl. im Gegensatz dazu die kritisch-ironische Distanzierung des Autors von Uniformen, die sich aus der Überlieferung Géza von Cziffras herauslesen läßt: Géza von Cziffra, *Immer waren es die Frauen. Eine intime Zeitgeschichte*, München 1976; abgedruckt in Traugott Krischke, *Ödön von Horváth. Kind seiner Zeit*, München 1980, S. 89.

52 Es sei an die Herkunft des Dichters erinnert – er entstammte dem ungarischen Kleinadel; vgl. außerdem: Ulrich Becher, *Stammgast im Liliputanercafé*, und ders., *– und Kanton Schwyz*, in: *Mat.ÖvH*, S. 88-93, bes. S. 88, und S. 111-113. Auch: Hans Geiringer, *Von anderswo bis Budapest*, in: *Mat.ÖvH*, S. 107-109. Zudem sei auf die erhaltenen Fotos der Familie Horváth verwiesen, die sich in den Biografie-Bänden befinden.

53 So Walther Huder im Verlauf seines Gespräches mit mir am 21. März 1979 während meines Besuches im Horváth-Archiv bei der Akademie der Künste in Berlin/W.

54 Vgl. auch die Funktion des Schminkens in den *Geschichten* (Valerie) und beispielsweise in *Figaro* (7,332), wo es heißt: »FIGARO: [...] Ich konstatier es aber [...] immer vor dem Spiegel und dennoch verschlampt im Betrieb, eitel, gefallsüchtig, wehleidig, äußerlich –.«
Wegweisend sind in dieser Hinsicht die Untersuchungen Herbert Gampers zu den *Geschichten aus dem Wiener Wald* (Anm. 32) und *Zur schönen Aussicht* (Anm. 55) in den entsprechenden Programmbüchern.

55 Herbert Gamper, *»Ich bin nämlich eigentlich ganz anders, aber ich komme nur so selten dazu«*, in: *Horváth. Zur schönen Aussicht*, Pro-

grammbuch Nr. 22, hrg. Württembergische Staatstheater Stuttgart, Stuttgart 1976, S. 7-75; hier: S. 26.

56 Vgl. Siegfried Kracauer, *Unter Nachbarn*, in: ders., *Die Angestellten. Aus dem neuesten Deutschland*, Frankfurt 1971, S. 81-90; hier: S. 82.

57 Ernst Bloch, *Ungleichzeitigkeit und Pflicht zu ihrer Dialektik (Mai 1932)*, in: ders., *Erbschaft dieser Zeit*, Erweiterte Ausgabe, Frankfurt 1962 (Gesamtausgabe Bd. 4), S. 104-126; hier: S. 104.

58 Vgl. dazu den symptomatischen Titel: Karl Buchheim, *Die Weimarer Republik. Das Deutsche Reich ohne Kaiser*, München ^{3}1970. Zitat ebd., S. 107. Buchheim greift auch die geschichtswissenschaftliche These vom »Ersatzkaiser« auf; vgl. dazu das Vorwort, S. 5: »Die Weimarer Republik bedeutet geschichtlich den Versuch, das von Bismarck gegründete Reich über den Zusammenbruch des Kaisertums der Hohenzollern hinweg zu retten. Im Anfang, unter der Kanzlerschaft des Prinzen Max von Baden, hoffte man auch die monarchische Staatsform erhalten zu können.«

59 Bloch, *Ungleichzeitigkeit*, S. 113 f.

60 Zur Bedeutung der Figur des Zauberkönigs und ihrer literarischen Vorbilder vgl.: Peter Stenberg, *The last of the magicians . . . Horváth's Zauberkönig and his ancestors*, in: German life and letters 28, 1975, S. 395-405; bes. S. 399.

61 Vgl. auch 7,178.

62 Bloch, *Ungleichzeitigkeit*, S. 108.

63 Vgl. auch Ödön von Horváth, *Geschichten aus dem Wiener Wald*, hg. Traugott Krischke, Frankfurt 1977 (Erweiterte Neuausgabe), S. 324. Schon in den frühesten Textstufen notiert Horváth das Thema »Im Himmel der Erinnerung« als eigenständigen Komplex; vgl. dazu: *Nachlaß*, lfde Nrn 37b und 37k.

64 Bloch, *Ungleichzeitigkeit*, S. 114 f.; Sperrung durch E. Bloch.

65 Horváth betont im Vorwort zu seinem ersten Roman, daß es ihm um den »Spießer der Zukunft« geht; vgl. 5,147.

Winfried Nolting

Drama des Tonfalls
Individualität und Totalität Horváthscher Sprachdarstellung in den »Geschichten aus dem Wiener Wald«

Rezeption und Interpretation

Die Horváth-Forschung ist so weit gediehen, daß nun Ernst gemacht werden kann mit einer Wissenschaft, die Literatur interpretiert und nicht nur rezipiert oder gar nur Rezensionen rezipiert.

Kommen bei letzterer Beschäftigung, manchmal zu Doktorierungszwecken ausgeübt, meistens Listen zustande, die weniger die Köpfe bewegen als vielmehr den Abstand zweier Buchdeckel voneinander vergrößern, so kann die folgende Interpretation doch zwei Vergünstigungen daraus gewinnen. Die Rezeptionsgeschichte Horváths zu schreiben, war an der Tagesordnung vor dem Hintergrund einer flugs »Renaissance« getauften späten Aufmerksamkeit diesem Dichter gegenüber, die nicht wie's Wunder ad oculos geriet, sondern für die ganz bestimmte Personen namhaft gemacht werden können. Seitdem – im letzten Jahrzehnt – war, obwohl das Interesse an Brecht weiterhin abnahm, in der Germanistik von der »Renaissance« weniger zu spüren, als daß davon geredet wurde. Bis auf etwa drei bis vier Bücher, die in der Mitte des Jahrzehnts entstanden und interpretative Annäherungen boten, kommt den Arbeiten über Horváth weiterhin eine Anonymität zu, die derjenigen des Autors nicht ganz unähnlich ist. Es handelt sich bis auf einige zumeist in der Form dieser Arbeit publizierte Aufsätze um Hausarbeiten, Staatsarbeiten, Seminararbeiten.[1]

Die Zeit der dreißiger Jahre bietet vielfältige Vergleichsmöglichkeiten, und sie bietet sich selbst als zu erkennende in den *Geschichten* an. Letzteres unter Vernachlässigung des ersteren anzudeuten[2], sei das Ziel der folgenden Untersuchung. Dabei soll nicht die historische Zeit, das einmal Vergangene, sondern die andauernde, also die geschichtliche Zeit zur Sprache kommen. Der Interpret verfährt – allen Unkenrufen vorzubeugen – immanent und kann sich doch nie im Werk allein aufhalten. Im Benjaminschen Sinne[3] müßte etwas von unserem angeblich »kommunikationsintensiven Zeitalter«[4] in der Interpretation der zurückliegenden dramatischen Darstellung erscheinen: das wäre der geschichtliche Prozeß.

Das Stück, dem dieser Band gewidmet ist, gilt als das profilierteste, welches Horváth geschrieben hat.[5] Es stellt als das komprimierteste Werk sofort vor eine Reihe von Erkenntnisproblemen: Fragen nach der Gattung (Volksstück, Komödie im engeren, Satire im weiteren Sinne)[6]; evaluative Schwierigkeiten (Kitsch, Schmarrn, Melodram – eben ›Volksstück‹ oder ›beißende Satire‹ oder unglücklicherweise beides); Fragen nach der poetischen Verfahrensweise (z. B. dem Zitatcharakter der Literatur, besonders deutlich an der von Horváth zitierten *Musik*)[7]; die Fragen nach der Vermittlung von Stil, Dramaturgie und Intention, nach dem Realismus dieser Darstellung nicht nur in der Sprache, sondern von Sprache als konkretem, historischem Sprechen, das so allgemein und anonym wirkt.

All diese Fragen und Probleme wurden von der schnellen Rezeption falsch beantwortet und gelöst. Es ergab sich eine Rezeptionsgeschichte der Gräßlichkeiten, Lächerlichkeiten und des bloßen Lobs, meistens aber einer »Zwar, aber«-Haltung.[8] Am satirischen Stil, der satirischen Struktur und Intention schieden sich die Geister, oft innerhalb eines Kopfes. Worin liegt die Einheit des Werks als Drama? Der Titel *Geschichten*, wie alles in einem literarisch zu bestimmenden Sinne in diesem Drama selbst Zitat, scheint eher auf eine montierte Mannigfaltigkeit hinzuweisen.[9]

Thesen

Die Ausfälle in den Rezeptionen, die zum Ausfall von Interpretation führten, sind bestimmte Reaktionen auf einen Tonfall in seiner Pluralität – auf den Tonfall, den Horváth zum Drama gemacht hat, einen einheitlichen und doch immer anders auftrumpfenden Tonfall in der Figurenrede.

Unter dieser leitenden Idee der Interpretation versuche ich, meine These von der Totalität des gesprochenen Jargons im folgenden zu verdeutlichen. Bietet sie einerseits die Möglichkeit, das

Einheitliche an Horváths Dramatik zu erkennen, so ist andererseits die dialektische Voraussetzung einzuholen, indem zunächst die Individualität der Dramen besprochen wird, hier der *Geschichten*, sodann die Individualitäten der Figuren, Situationen und Sprechakte. Wenn auch ›Jargon‹ vorerst als Bezeichnung für das Gesamtsystem eines Textes aus vielen Sprechakten dienen kann, so ist dieses Ergebnis dann doch zu überprüfen unter Beachtung partieller Erscheinungen wie Dialekt, Phrase, Bildungsjargon, Momente scheinbar echten Ausdrucks etc.

Das Leiden der Figuren ist eines an der Mundart. Es ist aus dem gleichen Stoff wie ihre Freuden.

Die Mundart manifestiert sich in diesem Drama erstaunlich selten als Dialekt. In einem naturalistischen Sinne kann davon nicht die Rede sein. Die Mundart, von der ich sprechen möchte, realisiert sich als Tonfall. Er macht die Welt der Figuren aus, die schon nicht mehr zur Katastrophe fähig ist, sondern nur noch zur Misere. Der Tonfall ist das ›Schicksal‹ dieser Figuren; es liegt in der Luft wie das »Klingen und Singen« der Musik, der Tonfall selbst ist die Luft, die die Figuren atmen. Schwere und Leichtigkeit, miteinander zu leben, sind gleichermaßen Kennzeichen dieser ›aus der Luft gegriffenen‹ Welt.[10] Doch ist, nachdem die Welt zur Fiktion[11] wurde, die im Tonfall sich selbst repräsentiert, diese Luft die Realität. Die Welt war nicht immer schon ein Walzer, vielmehr ist dies ihr historischer, bereits im Titel zitierter Zustand. Er bezeichnet ein bestimmtes, doch allen gemeinsames Sprechen; denn Musik ist zwar ein von Empfindung geleitetes Sprechen, aber allen verfügbar und für alle unentrinnbar. Horváths Figuren bestehen aus nichts als ihrem Sprechen. Und die Dramaturgie ihrer Welt – am leichtesten an den Szenenanmerkungen abzulesen – besteht aus eben demselben Stoff. Diesem Sprechen stehen uneingeschränkt alle semantischen und ›mundartlichen‹ Ressourcen zur Verfügung. Aber auch in der individuellen Realisation der Sprechakte gestaltet sich immer nur ein erschlagender Tonfall.

Ein Sprechen, das als Medium nur noch sich selbst vermittelt, kann nicht mehr inszeniert, etwa von einem personalen Willen gelenkt, es kann nur noch dargestellt werden. Horváth *zitiert* in einer Weise wie etwa Karl Kraus, dessen Satz »Mir fällt zu Hitler nichts ein«[12] vor diesem Hintergrund eine Erkenntnis freiläßt, die wir heute trotz aller Faschismus-Theorien noch nicht haben.

Phänomen und Bedeutung, Wesen und Erscheinung, Anonymität und Individualität, Allgemeines und Besonderes, Medium und Substanz, Form und Inhalt, Formalität und Ideologie, ›langue‹ und ›parole‹ sind zu einer undialektischen Einheit geworden. Wir fügen die Behauptung hinzu, daß sich dieser Prozeß in den dreißiger Jahren eminent beschleunigte. Unter dieser Voraussetzung kann der einzelne, sofern er etwas werden will in der großen Geschichte oder in kleinen Geschichten, im günstigsten Falle zum »Sprachrohr«[13] werden.

Um die Ausbreitung dieses allgemeinen Zustands aufzudecken, zeigt Horváth in einer historisch markanten Situation, daß aus Sprachrohren schon geschossen wird, wenn man aufs Bleigießen noch verzichtet. Aus ähnlichem Material, ein wenig härter als Blei, besteht aber schon die wesentliche Mimesis der Menschen als Soldaten. Und der Papa nennt sich Zauberkönig. Trotzdem muß auch er auf Zulieferung warten (1,168).

Der rote Faden

Nach dem Opa wird das uneheliche Kind benannt: »Nennt ihre Schand nach mir! Das auch noch! Schluß jetzt!« (1,231) Leopold heißt ›natürlich‹ der »kleine Leopold« (1,231 und andernorts). Diese feststehenden Adjektiv-Substantiv-Verbindungen gehören wie etwa die »schöne Aussicht« zu den Mitteln des Jargons. Eine solche keineswegs völlig unhistorische Determination der Assoziationen wird, wie ständig bei Horváth, gestört.

Vor seiner Geburt ist Leopold schon auf eine Weise vorhanden, die ihm eine problematische Existenz als Produkt des Jargons verheißt, ohne daß ihm schon jemand bewußt nach dem Leben trachtete. Seine dramatische Geburt findet am Ende des ersten Teils statt.

ALFRED: [. . .] Ich bin deiner Liebe nicht wert, ich kann dir keine Existenz bieten, ich bin überhaupt kein Mensch –

MARIANNE: Mich kann nichts erschüttern. Laß mich aus dir einen Menschen machen – du machst mich so groß und weit –

ALFRED: Und du erhöhst mich. Ich werd ganz klein vor dir in seelischer Hinsicht.

MARIANNE: Und ich geh direkt aus mir heraus und schau mir nach – jetzt, siehst du, jetzt bin ich schon ganz weit fort von mir – ganz dort hinten, ich kann mich kaum mehr sehen. – Von dir möcht ich ein Kind haben – (1,191 f.)

Auf diese Weise bekommen sie es, ob sie dann wollten oder nicht. Als Kontrast ist bereits die zweite Szene des nächsten Teils zu lesen: »Möbliertes Zimmer im achtzehnten Bezirk«:

MARIANNE *gurgelt*: Du hast mal gesagt, ich sei ein Engel. [...] (1,195)

Etwaige Verbindlichkeiten aus der Geschichte gemeinsamen Lebens werden hinuntergespült und »Engel« in einem Tonfall ausgesprochen, daß man ans Ersticken denken muß.

»Engel« war auch das letzte Wort der vorhergehenden Szene, die zwischen der ›Geburt aus Jargon‹ und den nun sichtbaren Folgen (»In der Ecke ein alter Kinderwagen«, ebd.) plaziert ist. »Engel« ist dort eine der Kennzeichnungen, die *man* unter anderem für Marianne gefunden hatte, referiert von Oskar – dem einzig für Marianne in Frage kommenden Bräutigam. Dieser und sein kollegialer Fleischhauer Havlitschek wußten vordem in derselben Szene von Marianne und, wie das beim Reden so passiert, vom »Weib« im allgemeinen auch anderes zu berichten: »Sphinx«, »Rätsel«, »Vampir«, »Kameradin«, »keine Seele, das ist nur äußerliches Fleisch«; »gibts wie Mist«, »Sau«, »Luder«, »läufige Bestie«, »nichtsnutziges Frauenzimmer«. Das alles auf zweieinhalb Seiten. Allein wegen dieser Konstellation der Figuren und der brutalen Gemeinplätze hätte eine mögliche Betroffenheit Oskars über seine, wie es ebenfalls heißen muß, geplatzte Verlobung keine Chance, einen eigenen Ausdruck zu finden.

Aber warum muß Leopold sterben? Muß er sterben? Sein Tod ist gerade an der Stelle, wo alle sich versöhnen wollen/sollen, nämlich am Schluß, Hinweis darauf, daß es aus diesem Tonfall kein Entrinnen gibt. Der Tonfall fordert letztlich – und »letztlich« ist immer schon bald, am besten sofort – auch Tote. Doch ist Leopold ebensowenig wie sein gleichnamiger Großvater ein Opfer. Da alle sich immer auch ein wenig uneinig sind, mußte es nicht dazu kommen, auch wenn es den meisten ganz gut auskommt. So gezielt handelt niemand für sein eigenes ›Glück‹. Leopold wird abgeschoben, aufs Land, wo eben nicht ›die natürlichen Menschen‹ auf ihn warten, sondern zum Beispiel eine mörderische Urgroßmutter. Während die Großmutter für das Kind sorgt, bringt die Urgroßmutter (Tonfall: »Bääāh!«, 1,161 u. 235) es unter die Erde. Man könnte meinen, Leopold gerate in eine Nebenhandlung, aber das stimmt ebensowenig wie das Gegenteil. Die präzise dramatische Schrift plaziert den Ort (»Wachau«) an Anfang und Ende; nicht als ein Abseits, sondern als Rahmen, in dem der Tod Leopolds die Ausweglosigkeit dieses Lebens keineswegs als tragische annonciert. Es kommt so, wie man denkt und spricht, ohne daß jemand etwas Bestimmtes gewollt hat. Explizite, dann unrevidierbare Taten sind Sache der Urgroßmütter, um die sich angeblich keiner mehr kümmert (vgl. 1,161 u. 250). Was Leopold umbringt, ist aber eigentlich die Luft.

Was hier als Zugluft in Erscheinung tritt, die ihm die Urgroßmutter verschafft, weil er noch nicht recht ins System paßt, ist gleichbedeutend mit jener Luft des Klingens und Singens am Ende des ersten Teils (also vor seiner Geburt), deren physischer Ausdruck er werden sollte. Als solcher mußte er für eine Weile ins System des Redens passen, später in das der unüberbietbaren Brutalität, anfangs in das des hemmungslosen Wohlmeinens.

Das »Klingen und Singen« (z. B. 1,159 u. 251) überdauert.[14] Die Anonymität der Handlungs- und Meinungsbegründung läßt den Figuren keine Verantwortlichkeit für ihr Tun oder Meinen: »Ich kann mich kaum mehr sehen.« Nicht weniger jargonhaft (aber unterschiedlich im Tonfall) sagt der Zauberkönig einmal: »Kultur oder Nichtkultur – Krieg ist ein Naturgesetz!« (1,241) Der Jargon bietet ein Wissen, das es gestattet, den Dingen ihren Lauf zu lassen.

Wenn das Einheitsprinzip des Jargons einige Erklärungskompetenz für sich beanspruchen kann, dann wäre die Individualität der Figuren Horváths gemäß der Manifestation dieses Prinzips in verschiedenen Tonfällen und gemäß eines jeweils bestimmten sets von Redensarten zu beschreiben. Auch könnte Individualität als Graduation interpretiert werden im Mechanismus der Anonymisierung der Subjekte und einer spezifischen Subjektivierung des Anonymen.[15]

Was ist zu erzählen, was ist Handlung im Stück?[16] Marianne kommt ins Kittchen. Die Sensation des Stücks ist ihr Auftritt als nackte Badenixe, eine Allegorie des Glücks in einem Varieté. Das ist keine Sensation, wie zur Zeit schon Alfred Kerr anmerkte.[17] Er bezog sich auf die Ausgekochtheit des Berliner Großstadtpublikums, hatte aber dennoch recht, denn die Szene ist weder plot noch climax, sondern ein folgender Teil in der Reihe der Erniedrigungen. »*Ihr* sollt mich nicht mehr schlagen!« (1,234, Hervorh. vom Verf.)[18]

»Nackete Weiber, sehr richtig!« (1,228) war zuvor des Zauberkönigs anonyme Stimme im dunklen Raum laut geworden. Sensation ist es nicht, fast nackt zu sein – wie in der Badeszene an der »Donau« (1,183-187) zu studieren. Die Sensation findet im Empörungsprogramm des Jargons statt. Das heißt ja nicht, daß der Rittmeister, der die betrunkene Gesellschaft ins »Maxim« führt, nicht bösartig handelt, Valerie nicht Mitleid empfindet, der Zauberkönig nicht die Welt nicht mehr versteht. Aber die Anwendung solcher psychologischer Kategorien ergibt keinen Aufschluß über das literarische Verfahren. Bei solcher Betrachtungsweise blieben literarische Prämissen der Darstellung unberücksichtigt oder würden hinterdrein beziehungsweise additiv besprochen, als käme zu einem quasi lebensweltlich zu begreifenden Sachverhalt noch etwas hinzu, eben das Literarische.

Die ›Sensation‹ der »hochkünstlerischen lebendigen Aktplastiken« (1,227) wird vom Conférencier schon angekündigt, als suche er einen Namen für die jargonhafte Vermittlung von Anonymität und Individualität, von Fiktion und Realität, von Stereotypie und Spontaneität. Sie findet weitgehend in Szenenanmerkungen statt – und ist natürlich keine Sensation, sondern eine all-tägliche »Nummer« (ebd.). Aber für die Verwandten und Bekannten ist es *das* Ereignis, die Steigerung des »Heurigen« (1,218-225). – Ins Gefängnis gebracht wird Marianne vom Mister aus Amerika. Die Darstellung bleibt so dezent, daß man wiederum von der Tatsache nichts Genaues weiß: ob Marianne ihm Geld gestohlen hat oder stehlen wollte. Das Sprechen läßt sich ›im Endeffekt‹ nicht auf ›Tatsachen‹ zurückführen, sondern das Sprechen selbst schafft und ist die Tatsache.

Weder Nacktheit noch Prostitution noch Diebstahl sind entscheidende Momente im Handlungsverlauf. Sie ergeben nur wieder Sprechmöglichkeiten. Das Reagieren der Figuren in ihrem ständigen Gegen-, Neben- und Miteinander ist dargestellt. Eine Reaktion stellt sich zum Beispiel folgendermaßen dar:

RITTMEISTER: Ich wußte es, daß das Fräulein Mariann hier auftritt – ich war nämlich schon öfters da – erst gestern wieder – und ich kann es halt nicht mehr länger mitansehen! Ihr steinernes Herz –

ZAUBERKÖNIG: Mischen Sie sich nicht in wildfremde Familienangelegenheiten, Sie Soldat!!

RITTMEISTER: Meine menschliche Pflicht –
ZAUBERKÖNIG *unterbricht ihn*: Was ist das?
RITTMEISTER: Sie sind kein Mensch!
ZAUBERKÖNIG: Also das hör ich gern! Schon sehr gern! Was soll ich denn schon sein, wenn ich kein Mensch bin, Sie?! Vielleicht ein Vieh?! Das tät Ihnen so passen! Aber ich bin kein Vieh und hab auch keine Tochter, bitt ich mir aus!!
RITTMEISTER: Jetzt hab ich hier nichts mehr verloren. *Er verbeugt sich steif und ab.*
ZAUBERKÖNIG: Und ich werd mir vielleicht noch was holen? Schuft! Ich bin in einer Untergangsstimmung, Herr Mister! Jetzt möcht ich Ansichtskarten schreiben, damit die Leut vor Neid zerplatzen, wenn sie durch mich selbst erfahren, wie gut daß es mir geht!
DER MISTER: Ansichtskarten! Glänzende Idee! Das ist eine Idee! Ansichtskarten, Ansichtskarten! (1,230 f.)

Ein möglicherweise auf die Situation bezogenes individuelles Gespräch wird durch generelle Sätze und rhetorische Fragen (»Was ist das?«) erstickt. Daraus ›entsteht‹ (»Vieh« – »Untergangsstimmung« – »Ansichtskarten«) wieder Situation und Handlung, die einem dann vom anderen wieder abgenommen werden (Rittmeister – Zauberkönig – Mister). Für den einzelnen bleibt nur das Stadium einiger ›verrückter Assoziationen‹.

Es schließt sich ein Dialog zwischen Marianne und ihrem Vater an. Marianne kann jetzt ebensowenig ein Gespräch erzwingen wie mit den »drei Briefen«, die sie ihm geschrieben hatte (1,231).

Ein letztes Mal versucht Marianne mit jemandem zu sprechen. Sie droht mit ihrem Selbstmord, sprachliches Petrefakt des Jargons: mit Selbstmord pflegt man zu drohen, und zwar üblicherweise dann, wenn man mit jemandem sprechen möchte. Nicht die mögliche Tat des Selbstmords ist Handlungsperspektive, sondern der Tonfall ist bereits die Handlung. Eben darauf reagiert auch der Zauberkönig in einem ebenso geläufigen, aber nun restlos zur Kenntlichkeit gesteigerten Tonfall.

MARIANNE: Hör mal, Papa –
ZAUBERKÖNIG *unterbricht sie*: Ich bin kein Papa!
MARIANNE *schlägt mit der Faust auf den Tisch*: Halts Maul! Du bist doch mein Papa, wer denn sonst!? Und hör jetzt mal – wenn das so weitergeht, ich kann nichts verdienen – und auf den Strich gehen kann ich nicht, ich kann das nicht, ich habs ja schon versucht, aber ich kann mich nur einem Manne geben, den ich aus ganzer Seele mag – ich hab ja als

ungelernte Frau sonst nichts zu geben – dann bleibt mir nur der Zug.

ZAUBERKÖNIG: Was für ein Zug?

MARIANNE: Der Zug. Mit dem man wegfahren kann. Ich wirf mich noch vor den Zug –

ZAUBERKÖNIG: So! Das auch noch. Das willst du mir also auch noch antun – *Er weint plötzlich.* (1,232)

Der Zauberkönig behauptete, kein »Vieh« zu sein. Horváth kontrastiert durchgängig Äußerungen mit zuvor gemachten, weniger um die Inkonsistenz einer Figur zu entlarven, als vielmehr um die Unmöglichkeit von Charakter, Wille, Handlung, Konflikten und Krisen im herkömmlichen dramatischen Sinne aufzuweisen. Sein Drama entsteht aus der Schwierigkeit, noch ein Drama zu schreiben.

»Difficile est, satiram non scribere« (1,169); das weiß nach einigen hundert Jahren bereits der Zauberkönig – in einer Zeit, in der es schwierig ist, eine Satire zu schreiben, weil sie ständig von der Realität des Sprechens, dem schon Gewohnten, überboten wird. Kein Standpunkt außerhalb dessen, was der Dichter nur noch zitieren kann. Und darüber hinaus zitieren bereits die Figuren. Der Zauberkönig berief zuvor die Darwinsche Lehre mit der Geste des Bescheidwissens (»Also das steht doch schon felsenfest, daß wir Menschen mit der Tierwelt verwandt sind!«, 1,225), verwahrt sich jetzt aber dagegen, was seine Person betrifft, und nennt gleichzeitig Marianne ein »Schwein«.

Daraus also besteht die Handlung und aus den scheinbaren Zufällen, die in diesem System den Platz von Notwendigkeiten eingenommen haben. Nach der Szene im »Maxim« ist wieder eine kurze »Draußen in der Wachau« angeordnet mit der Andeutung von Urgroßmutters Vorhaben hinsichtlich des kleinen Leopold. »Und abermals in der stillen Straße im achten Bezirk«, nun zum letzten Mal: »Jetzt wird versöhnt und basta!« (Valerie, 1,245). Danach mit »Kinderspielzeug in der Hand, an dem Glöckchen befestigt sind« (1,249) in die Wachau: »Der Opapa ist da.« (ebd.) Es gelingt Marianne nicht, die anstelle des Leopold mit dem Kinderspielzeug läutende Urgroßmutter zu erschlagen. Der Zauberkönig bemerkt, daß er den »zweiten Schlaganfall« (1,250) überlebt. Oskar hat recht, das heißt, auch er darf wiederholen, was er schon einmal gesagt hat: »Ich hab dir mal gesagt, Mariann, du wirst meiner Liebe nicht entgehn –« (1,251).

Szenenanmerkungen

Es mag deutlich geworden sein, daß die dramatische Handlung, die so gern paraphrasiert wird, bei Horváth nur als Moment eines Realismus zu betrachten ist, der sich in der spezifischen Sprachdarstellung konstituiert. Dieser unterliegen auch Struktur und Dramaturgie des Dramas; untersuchen wir das an dem signifikanten Beispiel einer Szenenanmerkung:

Draußen in der Wachau
Vor einem Häuschen am Fuße einer Burgruine. Alfred sitzt im Freien und verzehrt mit gesegnetem Appetit Brot, Butter und sauere Milch – seine Mutter bringt ihm gerade ein schärferes Messer.
In der Luft ist ein Klingen und Singen – als verklänge irgendwo immer wieder der Walzer »Geschichten aus dem Wiener Wald« von Johann Strauß.
Und in der Nähe fließt die schöne blaue Donau.
Die Mutter sieht Alfred zu – plötzlich ergreift sie seine Hand, in der er das Messer hält, und schaut ihm tief in die Augen.
Alfred stockt und starrt sie mit vollem Munde mißtrauisch an.
Stille. (1,159)

Hier spricht der Autor. Aber wer ist das – und wie sollen solche Anmerkungen in Handlung und Geschehen umgesetzt werden? Eine »Stille« ist zu spielen, bevor jemand spricht und nachdem niemand gesprochen hat. Wie stellt man ein »schärferes Messer« dar, wie das Gesegnete eines Appetits? (Es sei denn, man akzeptiert gerade selbst den Verschliff durch Jargon und läßt die Figur mehr schlingen als essen. Das nun aber wäre gesegnet?) Wie stellt man »in der Nähe« einen Fluß dar. Mag das noch angehen, wird es nimmer von sich aus »*die* schöne blaue Donau« sein können. In diesem Sinne ist das Drama primär ein Lesedrama. Die Inszenierung ist eine Weise der Interpretation. – Am schwierigsten ist wohl der metaphorische Gedanke darzustellen: »In der Luft ist ein Klingen und Singen – als verklänge . . .«

Vom Autor ist ebenfalls zu wenig gesagt, wenn man damit Horváth als empirische Person meint. (Die Recherchen, ob Horváth nicht anders sprechen konnte als seine Figuren, überlassen wir anderen.)[19] Wenn wir »Horváth« lesen, meinen wir damit den Autor als eine sich im und als Text realisierende Subjektivität und Individualität. Die steht, das ist das Charakteristische an Horváth und seinen Dramen, in keinem deutlichen Gegensatz zu dem, was und wie gesprochen wird. Horváth arbeitet in den sozusagen epischen Passagen[20] nicht minder dramatisch, das heißt er gewinnt seine Dramaturgie aus dem Gegenstand. Andererseits weisen die Figurenreden epische Momente auf. Hier sind weniger die an Brecht erinnernden Unterbrechungen gemeint als vielmehr die semantischen Verknüpfungen zwischen ›Autortext‹ und ›Figurentext‹. Eklatantestes Beispiel ist die »Realschülerin«. Erst, was die Figuren wissen, weiß auch ›die Darstellung‹.

Horváth macht mit der Standpunktlosigkeit moderner Satire Ernst. Er schreibt eine totale Satire.[21] Kerr bemängelte bereits, daß er den Ironiker nicht wenigstens am Schluß ein bißchen hervorschauen lasse.[22]

Horváth erzählt auch in den Anmerkungen Geschichten. Alfred »erhebt sich, *da* er *nun* satt ist« (1,161; Hervorh. vom Verf.). »Die Großmutter tritt mit *ihrer* Schale *sauerer* Milch aus dem Häuschen« und fragt: »Wer hat mir denn da was von meiner saueren Milch gestohlen?« (ebd.; Hervorh. vom Verf.) Die Anmerkungen sind weder naturalistisch noch von jener klassischen Kargheit, die sich darauf verlassen konnte, daß der Tonfall sich aus der Art der Sätze ergebe. Letzteres ist hier zwar auch der Fall, aber die Anmerkungen fügen ein episches Moment hinzu, verschwistern sich sozusagen mit dem Gesprochenen.[23]

Die deiktische Aufgabe des Kommentars, dessen hervorragendstes Mittel die »Stille« ist[24], wird nicht mittels einer anderen, instrumentellen Sprache erledigt. Es wird nicht die Greifbarkeit des Gegenstands suggeriert. Nicht nur der erzählerische Ton, auch die Semantik des Kommentars ist Teil der anonymen Dramaturgie, die aus dem dargestellten Sprechen gewonnen wird. Indiz dafür sind gerade die großen Schwierigkeiten, die dem Schauspieler bereitet werden. Wie soll er die häufigen Anführungszeichen oder Ausrufzeichen, die nicht immer seine Intonation meinen können, sprechen? Jargon zeigt sich als die gleiche Bedingung von Realität und Kunst. Die Unterschiede liegen im Abstand der Erkenntnis. Darin erscheint das Prinzip eines nichtaffirmativen Realismus. Das mimetische Prinzip verlangt zum Schein die Selbstaufgabe des Autors. In dieser Selbstreflexion der Darstellung ist die Darstellbarkeit der Welt problematisiert. – Das trug Horváth den Vorwurf ein, »keine szenische Vorstellung«[25] zu haben. Doch kann die Szene kein Gehäuse sein für eine Rede, die in ihm zu Hause wäre.

Wird »Stille« mit einem Adjektiv zusammen gefordert, dann tendiert dieses Stilmittel weniger dazu, bloß künstlerische deiktische Unterbrechung zu sein. »Peinliche Stille« (1,162) etwa akzentuiert auch semantisch den Bereich des Dargestellten. »Totenstille« (beim Heurigen, im Maxim: 1,218-229) ist selbst ein Jargonwort, dessen Intonation die semantische Unschärfe überspielt: eine Anmerkung, bei der jeder meint zu wissen, was gemeint sei, und keiner es sagen kann. Sie steht im stärksten Kontrast zum musikalischen Gemeinschaftslärm, zum *»lauten Fühlen«*.[26]

Horváth kennt keine Toleranz für das Mitplätschern, auch wo es unerkannt und affirmativ als Hintergrund fungieren könnte wie die Barmusik. »Stille« kann zum Beispiel während der Tanzmusik sein, die *nach* der Stille aussetzt (vgl. 1,233).

Der Hierlinger Ferdinand »stockt, da er merkt, daß er sich *irgendwie* verplappert hat« (1,162; Hervorh. vom Verf.). Totale Mimesis. Die Großmutter »horcht, hört aber nichts« (1,163). Durch solche für Dramen außergewöhnliche mimetische Ansprüche ›kompensiert‹ Horváth den Montagecharakter der *Geschichten*. Auch in nonverbalen Passagen spielen die Figuren ein Sprechen oder ein Bewußtsein.

In der zweiten Szene wird eine »stille Straße im achten Bezirk« vorgestellt: »Oskars gediegene Fleischhauerei« (1,165). Ein Balkon gehört »zur Privatwohnung des Zauberkönigs« (ebd.); »im zweiten Stock spielt jemand auf einem ausgeleierten Klavier die ›Geschichten aus dem Wiener Wald‹ von Johann Strauß« (ebd.), die doch ohnehin ständig so in der Luft sein sollten, als verklängen sie.

Der »jemand im zweiten Stock« (ebd., vgl. 1,167) wird so lange spielen, bis der Zauberkönig aufklärt, daß es sich um eine »Realschülerin« (1,170-173) handelt. Wir erfahren damit nicht wesentlich mehr, erkennen aber den Jargonmechanismus, das Anonyme als Bestimmtes auftreten zu lassen und so anstelle eines Wissens das Gefühl zu verschaffen, man wüßte etwas. Bis dahin spielt die Musik wie ein anonymes Schicksal. Danach ist es bestimmt – und nicht weniger anonym. Es bleibt der Dramaturgie überlassen, das Klavierspiel ein- und aussetzen zu lassen, je wie es das dargestellte Sprechen erfordert. Doch zugleich wird das bestimmende Wissen dieser ›Dramaturgie‹ in die Mächtigkeit des Sprechens (der Figuren selbst) verlegt.

Ein »ausgeleiertes Klavier« (1,165) übernimmt die Funktion des Bühnenorchesters (zu Anfang des zweiten Teils: »noch immer«, 1,193). Aus dem Dargestellten, das als Zitat von Realität ausgewiesen wird, gewinnt Horváth seine Darstellungsmittel. Nirgends scheint mir *diese* Intention auf Totalität der Vermittlung spezifischer zu sein als bei Horváth. Wie durchs »Ausgeleierte«, so wird die »Analogie der Stimmung«[27] auch durch das ständige Unterbrechen des Ziehrerschen Walzers »Über den Wellen« gestört, ebenfalls von »jemandem« und dann von der »Realschülerin« gespielt (vgl. 1,167, 170, 212, 240). Der Walzer »bricht ab«, »mitten im Takt« (1,167, 212), und wird an späterer Stelle »wieder weitergespielt« (1,170, 214). Horváth ordnet »einen Walzer von Johann Strauß« an; dieser setzt in kurzen Abständen aus und ein (1,238-243).[28] Er wird von der imaginären Realschülerin, einer Fiktion innerhalb der Fiktion des Dramas, gespielt.

Die »Geschichten aus dem Wiener Wald« werden am Schluß auch auf der Zither gespielt (1,251), die von Marianne als Mordinstrument ins Auge gefaßt wurde (1,249). Aber jemand wußte Rat: »Oskar drückt ihr die Kehle zu.« (1,250)

Man meint zu leben, solange es klingt. »Frühlingsstimmen-Walzer«: Der Rittmeister »vertieft sich in die Ziehungsliste und nun ist der Walzer aus« (1,209). Er setzt auch aus, nachdem Alfred und Marianne sich stumm, gleichsam als Parodie von Adam und Eva, erkannt haben (1,187).

Durch die Störung des melodiös Eingängigen, des Mitsummens, erhält die gewohnte Realität Signalwert. Verwiesen wird sowohl auf die Realität (des Tonfalls) wie auf den Tonfall (der Realität), auf die sublime Verschwisterung von Sprache im weiten Sinne und gesellschaftlicher Realität im engeren.

Ein weiterer Trick, auf die Fiktivität der Realität zu verweisen und dabei völlig realistisch ohne bühneneigene Fiktionsmittel zu verfahren, besteht darin, ein »Reisegrammophon« (1,177, 180, 187) singen zu lassen.

In dieser dritten (und vierten) Szene hat der Regisseur darzustellen: »Am nächsten Sonntag im Wiener Wald« und »Auf einer Lichtung am Ufer der schönen blauen Donau« (1,174). Verlobungsfeier: »Jetzt bilden sie *gerade* eine *malerische* Gruppe« (1,175; Hervorh. vom Verf.). Im Badekostüm verabschiedet sich der Zauberkönig von Valerie: »Also auf Wiedersehen in unserer schönen blauen Donau! *Jetzt spielt das Reisegrammophon den*

Walzer ›An der schönen blauen Donau [. . .]« (1,182)

Suggeriert wird die *in seiner Bedeutung* mögliche Individualität eines Flusses in einer bestimmten Situation. In einem Zuge damit erscheint – wie es auch ein Schema des Klischees ist – das Individuelle durch Überdetermination unmittelbar als Allgemeines. Die Badenden verlieren sich im bedeutenden Wasser, das in der Szenenanmerkung identisch wird mit der allenthalben vom Klingen erfüllten Luft. Die Bedeutung (z. B. der »malerischen Gruppe«) wird nicht individuell hergestellt; es gibt sie immer schon vorab. Die Bedeutung oder das Gefühl solcher Bedeutung bedeutet den Figuren sehr viel, aber sie besteht einzig aus der Form von ›nichts und alles‹, in die man schlüpfen kann. Diese Struktur bestimmt Freud und Leid gleichermaßen.

Einerseits ist die Grenze der Individualität stets schon überschritten, weil individuelle Handlungen nur dieses Allgemeine reproduzieren. Andererseits gelingt das nie gänzlich ohne schmerzhafte Verluste. Der Riesengewinn an Bedeutung, nicht nur zu baden, sondern in der schönen blauen Donau schwimmen zu können, hat zum Preis, immer nur ein Jemand in der schönen blauen Donau zu sein, also eigentlich ein Niemand.

Horváth zeigt an individuellen Beispielen, daß das Allgemeine in der Luft liegt und stets bedeutungsschwanger klingt, unabhängig davon, was die Figuren oder die Dramaturgie selbst sagen. Ja, dieses abstrakte Allgemeine wird als das Individuelle eingeführt: die Schauplätze, die Walzer, die Figuren als Typen gehören schon zur Substanz einer anonymen Dramaturgie, welche das *Leben* schreibt. Die Figuren versuchen nun gerade in ihren Individuationsbestrebungen sich auf jeweils Typisches zu berufen, also sich ständig über Abstraktion auf ihre urtümliche Individualität und private Geschichte zu beziehen. Daraus entstehen die dramatischen Konflikte und Krisen. Daß sie entstehen und in ihnen weder einseitig die Einzelwesen noch das System entlarvt werden, ist nun doch wieder die dramatische *Kunst*.

Der Jargon und die figuralen Abstände dazu machen das Drama aus. Der Abstand ist aber jeweils wieder im Jargon formuliert. Dennoch wären aus den Abständen innerhalb des Einen zu ihm die Individualitätsmomente innerhalb des totalen Individuums, das der Text ist, auszuarbeiten. Es handelt sich, grob gesprochen, um zwei Texte: den gesprochenen und den sprechenden. Sie sind bis in die Regiebemerkungen hinein kongruent. Und doch ist es zitiertes und satirisches Sprechen zugleich. Die jeweils zu gewinnenden, behaupteten oder sich manifestierenden Abstände zum totalen Jargon dokumentieren sich im Tonfall, der zwischen Enthusiasmus und Müdigkeit, Brutalität und Maliziösität, Handlungswillen und Resignation schwankt. Dazwischen können Welten liegen, die allerdings selten einen Atemzug überdauern. Dazwischen liegt die nicht mehr beredte Stille. Sie weist auf die Identität zwischen Unbewußtem und noch Bewußtem.[29]

Figuren

Der Titel *Geschichten* verspricht Mannigfaltiges. Um so notwendiger, trotz dieser fast epischen Charakterisierung möglicher Erwartungen das Einheitsprinzip des Dramas zu suchen. Das für ein Drama notwendige Verhalten der Figuren zueinander wird substituiert durch die zwanghaften Beziehungen der Individuen zum Jargon als dem Feld ihrer Bedeutungen. Auf diesem Feld versuchen alle ihre Rolle zu spielen.

Defizitär gegenüber dem literarischen Sprechen ist das Sprechen des Rezipienten, welches sich wohl nur in den seltensten Fällen ganz, gar als nichtig, darstellen kann. In spezifisch alltagsprachlichen Reduktionsformen pflegen Weltbestimmungen und Ichkonstitutionen zumeist in Kurzschlüssen zwischen Allgemeinem und Individuellem, Konkretheit und Abstraktheit stattzufinden. Demgegenüber hat der Rezipient im Drama das Bild reflektierten Sprechens, das sich seiner selbst bewußt wird. Der Rezipient muß sich also dem Gegenstand des Dramas angenähert wissen, um die literarische Erkenntnis überhaupt spüren zu können. Tendenziell müßte er andererseits satirisch werden, ohne die Utopie einer besseren Sprache oder Welt zu haben.

Diese Utopie kann nicht jenseits des Jargons liegen. Es nutzt ja auch nichts, von Wien nach München umzusiedeln. Der satirisch zu entwickelnde Abstand ist schon der mögliche Rest an Utopie.

Wo der Jargon sich realisiert, gibt es ihn in unterscheidbaren Tonfällen; aus denen entstehen die Mutter, Großmutter, Kind . . . Oskar, Marianne. Um die Nuance eines Tonfalls unterscheidet sich Oskar von Havlitschek, selbst dort, wo die beiden sich unterhalten mit einem fast identischen Vokabular.

HAVLITSCHEK: [. . .] Und man soll so ein Weib auch nicht schonend behandeln, das ist ein Versäumnis, sondern man soll ihr nur gleich das Maul zerreißen oder so! *Pause.*

OSKAR: Das Weib ist ein Rätsel, Havlitschek. Eine Sphinx. (1,195)

Obgleich also die Bestimmung einzelner Tonfälle möglich ist, sind diese doch nicht auf jeweils eine Figur festzulegen. Eine Figur repräsentiert nicht im charaktereologischen Sinne einen Typ. Am ehesten gilt das Gegenteil noch für weniger häufig auftretende Figuren wie Havlitschek. Dessen schiere Brutalität ist aber sofort kenntlich als eine gelernte Art zu reden, die ihm zu genügen scheint wie er ihr, weil nicht er es ist, der spricht, sondern »man«. Deshalb ist Havlitschek reduzierter an den Jargon gebunden. Er hat mit der Redensart aus – gesprochen: »oder so!« Dieser Appendix verhindert die eindeutige Identifikation, obwohl das »oder so« während einer Verlegenheit um Worte noch grausamer ist als die Redensart, da es nach anschaulicher Realität sucht und reziprok die Metapher (»das Maul zerreißen«) schon wörtlich nimmt. Demgegenüber ist Oskar geradezu distinguiert. Er hält sich *noch* im Bereich des Möglichen, des Beispielfalls, des Allgemeinen, des Gleichnisses auf. Aber Marianne wird seine Sprüche, obwohl er an einer Stelle auch einmal abwehren kann (»Das sind doch nur Kalendersprüch!«, 1,246), erfüllen müssen. Darin ist er mit Havlitschek vergleichbar. Er ist am Ende grausamer, weil er konsequent wartet auf die Erfüllung des Jargons: »Der Mann ist ja nur der scheinbar aktive Teil und das Weib nur der scheinbar passive – wenn man da näher hineinleuchtet –« (1,240). Oskar versteht sich hier mit Alfred (»Abgründe tun sich auf«, ebd.). Er kennt viele Sprüche, und es kommt so, wie es sich hat denken lassen.

Ebensolche Unterscheidungen und Zuordnungen bieten sich an für die Freunde Ferdinand und Alfred, Rittmeister und Mister, Mutter und Großmutter, für die Frauen Marianne und Valerie. Die exzeptionell eingeführte Figur Erich müßte gerade auf ihre hemmungslose Integrierbarkeit untersucht werden. Sie repräsentiert ein Auftreten zwischen den Niveaus von Oskar und Alfred. Über Valerie sagt Erich: »Ich hatte erst unlängst das Vergnügen. Wir hatten uns über das Burgtheater unterhalten und über den vermeintlichen Siegeszug des Tonfilms.« (1,176) Alfred will davon jetzt nichts hören und sagt »Interessant!« (ebd.) Er wird also nicht allzeit vom »Bildungsjargon« (8,662 f.) zu Assoziationen gezwungen. Die Figur ist variabler auch als der Hierlinger Ferdinand, der nur elegant und/oder brutal spricht. Während ihres ›Schicksalgesprächs‹ im »kleinen Café im zweiten Bezirk«:

DER HIERLINGER FERDINAND: Servus Alfred! Na das ist aber hübsch, daß ich dich wieder mal seh – was machst denn für ein fades Gesicht?
ALFRED: Ich bin halt sehr nervös.
DER HIERLINGER FERDINAND: Nervosität ist nie gut. Komm sei so gut und spiel mit mir, damit du auf andere Gedanken kommst – [. . .] Cherchez la femme! Wenn die Lieb erwacht, sitzt der Verstand im Hintern! (1,198 f.)

Alfred versucht mittels einiger Fremdwörter mitzuhalten, aber es gelingt nicht. Er kann die moderate Sprechweise nicht einhalten. Seine Egozentrik ist hilfloser als die unterkühlte Ferdinands. Der läßt ihn die Rechnung bezahlen und verspricht zu helfen.

Karikaturistischer ist der Rittmeister gezeichnet, aber abgestuft. Im zweiten Teil gibt er diese Rolle an den Mister ab. Ebenso wie die relativ scharf kritisierte Großmutter hat er einmal eine wichtige Handlungsfunktion, die aber diesen beiden Figuren übertragen wird, während die anderen schon zu ahnen scheinen, was dann aufgedeckt wird. Dieses gelähmte Dasein, das Unnütze des Aufbegehrens, Entdeckens und Handelns wird dadurch gerade herausgestellt. Valerie verkörpert sozusagen den aktiven Teil der allgemeinen Lähmung: hysterisch oder resignierend, buchhälterisch und freizügig, intrigant und versöhnlich.

Der unbestreitbar ausgewogenste und eben dramatisch unauffälligste Eindruck geht von der Mutter aus, während der »Papa«, wie der Zauberkönig in einer Vorstufe des Textes noch geheißen hatte, ständig Zinnober produziert.

Man könnte das Drama auch um diese entlarvte Vaterfigur zentrieren: es als ein Stück von den Leiden eines Zauberkönigs lesen.

»Wo stecken denn meine Sockenhalter?« (1,169)

»Ich glaub gar, daß du sie mir verwöhnst – also nur das nicht, lieber Oskar! Das rächt sich bitter! Was glaubst du, was ich auszustehen gehabt hab in meiner Ehe? Und warum? Nicht weil meine gnädige Frau Gemahlin ein bissiges Mistvieh war, sondern weil ich zu vornehm war, Gott hab sie selig! Nur niemals die Autorität verlieren! Abstand wahren! Patriarchat, kein Matriarchat! Kopf hoch! Daumen runter! Ave Cäsar, morituri te salutant!« (1,172 f.)

»Ich bin doch nicht pervers. Zieh dich nur ruhig weiter aus.« (1,183)

»Brüll nicht! Bist daneben? Zieh dich an, aber marsch-marsch! Badhur!« (1,190)

»Das einzige Kind! Das werd ich mir merken!« (1,191)

»Also auf ins Maxim!« (1,224)

»A du Schweinderl, du herziges! –« (1,226)

»Mischen Sie sich nicht in wildfremde Familienangelegenheiten, Sie Soldat!!« (1,230)

»Was?! Leopold?! Der Leopold, das bin doch ich!« (1,231)

»Oh du miserables Geschöpf! Jetzt bin ich noch schuld!« (1,232)

»Oh du gemeines Schwein, was machst du denn mit mir auf meine alten Tag?« (ebd.)

»Ich für meine Person bin ja konkurrenzlos, weil ich ein Spezialgeschäft bin. Trotzdem geh ich zugrund.« (1,241)

»Na, wo ist er denn, der kleine Leopold? [. . .] Der Opapa ist da. Der Opapa!« (1,249)

Von Egozentrik und Selbstmitleid zeugen fast alle diese Textpassagen. Unter dem Zauber des witzigen, ironischen, gebildeten, überredenden Sprechens des Vaters ist aber besonders leicht die Brutalität herauszuschälen, die nicht gelangweilt wie bei Havlitschek, mechanisch wie bei Oskar, raffiniert wie bei Ferdinand und Alfred, maliziös wie beim Rittmeister auftritt, sondern emphatisch. Die Figur verkörpert in ihrem Gemisch aus rhetorischem Talent, das natürlich sofort satirisch zu Fall gebracht wird, und der unmittelbaren Selbstbezüglichkeit die Abwesenheit dessen, worauf es sich beruft, besonders deutlich. Das heißt, dieses Ich beruft sich unirritierter als die anderen auf seine integre Personalität und Autorität. Im Derben wie im Weinerlichen, im Koketten wie im Obszönen besetzt die Berufung selbst gerade die Leerstelle (»O«), auf die alles sich beziehen können lassen muß. Es handelt sich wirklich nurmehr um einen Tonfall.

Ganz grob skizzierend, könnten folgende Sprechweisen voneinander abgehoben werden, je nach Maßgabe der Irritabilität.

– Das erfolggewohnte, stets hilfreich-brutale Sprechen Ferdinands, der Baronin, einiger Randfiguren, eventuell des Misters, der aus Gründen der Melancholie unter Beibehaltung derselben Geschäftsmann wurde.

– Larmoyantes Sprechen zeigt sich phasenweise und unterschiedlich bei Alfred, auch bei Marianne, beim Zauberkönig, auch bei Valerie und Oskar.

– In aggressive und brutale Expressionen verfallen besonders häufig Valerie, Oskar (und Havlitschek), Zauberkönig.

– Mit der Nichtbeachtung ihrer Person kokettieren neben allen anderen fast ausschließlich die Großmutter und die Mutter.

– Das reminiszente Sprechen konstituiert besonders den Rittmeister und den Zauberkönig (aber nur um eine Nuance feiner, das heißt ironisierter[30], als Oskar und Marianne, Alfred und Valerie, von denen man am Ende sagen kann, daß sie wirklich in dieser Konstellation am besten zueinander ›passen‹).

(– Dialektales Sprechen ist keine eigens auszugrenzende Weise des Tonfalls.)

In einer strukturalistischen Analyse könnten die Schnittmengen aus Reminiszenz, Aggression, Larmoyanz und Eleganz gebildet werden. Dabei ergäben sich Individualitätsperspektiven für die Orte, aber besonders natürlich für die Figuren des Dramas – je nach deren Teilhabe am allgemeinen Tonfall. Demnach wären die mit dem qualitativ höheren Mischungsverhältnis ausgestatteten Figuren die ›bedeutenderen‹ Akteure des Dramas. Der Zauberkönig geriete in den Mittelpunkt. Aber die Figuren sind zunächst einmal nur die Orte der Individualität und Totalität, an denen und unter deren Namen die dramatische Auseinandersetzung stattfindet. Auf strukturalistischem Wege könnte man diese Orte allenfalls als die Bereiche minderer oder größerer Potentialität beschreiben, nicht aber die Intensität der Auseinandersetzung qualifizieren. »In jeder Dialogszene wandelt sich eine Person. Bitte nachlesen!« (8,660) Diese Auseinandersetzung nannte Horváth mit den terminologischen Möglichkeiten, die ihm zur Verfügung standen: den »Kampf zwischen Bewußtsein und Unterbewußtsein« (8,659).

Aber da das ebenso wie die Bestialität ein »Formproblem« (1,328) ist und bleibt, ist die Intensität auch nicht nach sozial- oder individualpsychologischen Modellen zu erfassen. Die Intensität, die ja an der Oberfläche durchaus die auf Figuren bezogene Zu- oder Abneigung des Rezipienten provozieren kann, muß interpretiert werden – und zwar sprachkritisch in dem Sinne, daß nicht neben, hinter oder sonstwo anstelle der Sätze ein Mensch erscheint mit all dem Ungesprochenen, eigentlich Gemeinten und der Ausstattung des üblichen persönlichen Apparats aus Körper, Seele und Geist. Solche Menschen gibt es ohnehin in der Literatur nicht, wenn sie uns auch einigemale veranlaßt haben mag, uns solche vorzustellen. *Auf deutliche Weise* sind sie nicht-existent bei Horváth. Sprachkritisch interpretieren heißt, die Sätze selbst auf ihre Intention und Realisation befragen, sie also nicht als Zeichen für etwas von ihnen kategorial Verschiedenes nehmen. Literatur zeigt uns, daß wir mit solcher (im engeren: linguistischen) Auffassung nicht nur sie, sondern das menschliche Sprechen überhaupt verfehlen. Vielmehr sind die Sätze und die zu ihrem Ablauf dazugehörigen Unterbrechungen zu untersuchen auf ihre Meinung und Bedeutung hin, auf ihre Aspekte des Ausdrucks, der Mitteilung, Benennung und Bestimmung, auf Individuationsangebote und Allgemeinheitsversprechen, Kuriosität und Gemeinplätzigkeit, auf die Identität *und* Differenz von Explikation und Aussparung, Unterdrückung etc., auf Isolation und Kommunikation schließlich.

Nur insofern hier gesprochen wird – deshalb aber unbedingt, können wir uns auch Menschen (dargestellte Personen) für Momente, eben die des Sprechens, vorstellen.[31]

Doch die *Bedingungen* unserer Vorstellungen und Neigungen, unserer Empfindungen und selbsttätigen Stereotypien sind Gegenstand der Literaturwissenschaft. Sie liegen im Text und können nur in einzelnen Interpretationsanläufen zur Entdeckung bereitgestellt werden.

1982

Anmerkungen

Originalbeitrag

1 Vgl. die bibliographischen Arbeiten von Traugott Krischke. Vgl. auch Horst Jarkas Besprechung: *Ödön von Horváth im Suhrkamp Verlag. Werkausgabe, Materialien, Sekundärliteratur*, in: The German Quarterly 49 (1976), S. 330-340. Mit der Forschungsliteratur bis 1972, aber auch mit der zeitgenössischen Rezeption und späteren Tageskritiken setzt sich meine 1974 fertiggestellte Dissertation auseinander: Winfried Nolting, *Der totale Jargon. Die dramatischen Beispiele Ödön von Horváths*, München 1976.

2 Vgl. zu Wedekind, Sternheim, Kraus, Brecht und zur Sprachgeschichte, Literaturgeschichte, Zeitungsgeschichte vor und zur Zeit Horváths Nolting, S. 51-101, 105 f.

3 Walter Benjamin, *Literaturgeschichte und Literaturwissenschaft*, in:

Ders., *Angelus Novus.* Ausgewählte Schriften 2, Frankfurt 1966, S. 450-456.

4 Ein besonders bei Linguisten und Publizisten beliebter Terminus. Vgl. dazu Winfried Nolting, *Literatur oder Kommunikation. Anstelle fremder Wissenschaftsofferten. Orientierungen eines positionslosen Denkens*, Münster 1982.

5 Seit der Verleihung des Kleistpreises an Horváth durch Carl Zuckmayer 1931 bildete sich diese einhellige Meinung. Spätere Renaissance-Wogen ließen zumindest den kleinen Kanon *Italienische Nacht, Geschichten aus dem Wiener Wald, Kasimir und Karoline*, eventuell noch *Glaube Liebe Hoffnung* unangetastet, wenn auch die einen mehr für den ›sozialkritischen‹, die anderen für den ›metaphysischen‹ Horváth votierten.

6 Vgl. aus der Sekundärliteratur nach 1972 Hajo Kurzenberger, *Horváths Volksstücke. Beschreibung eines poetischen Verfahrens*, München 1974, S. 110-114. Winfried Nolting, *Der totale Jargon*, besonders S. 102-170 (»Die totale Satire«). Hellmuth Himmel, *Ödön von Horváth und die Volksstücktradition*, in: Traugott Krischke (Hg.), *Ödön von Horváth*, Frankfurt 1981, S. 46-56.

7 Vgl. Helmut Arntzen, *Horváth. Geschichten aus dem Wiener Wald*, in: Walter Hinck (Hg.), *Die deutsche Komödie. Vom Mittelalter bis zur Gegenwart*, Düsseldorf 1977, S. 246-268.

8 Beginnend mit Zuckmayer. Vgl. die Bände *Mat.GWW, Mat.KK.* Zuckmayers Äußerungen u. a. bei Traugott Krischke, *Ödön von Horváth. Kind seiner Zeit*, München 1980, S. 106.

9 Zum Montage-Charakter: Kurzenberger, S. 58 f., Krischke, S. 102-105.

10 So der Titel einer erst kürzlich uraufgeführten Komödie von Hermann Broch aus dem Jahre 1931: *Aus der Luft gegriffen oder die Geschäfte des Baron Laborde*, in: Ders., *Dramen*, hg. P. M. Lützeler, Kommentierte Werkausgabe Bd. 7, S. 235-309.

11 Erstaunlicherweise ist das in dieser Zeit auch schon das Thema eines großen Essays von Carl Einstein, *Die Fabrikation der Fiktionen*, Gesammelte Werke (in Einzelausgaben), hg. S. Penkert, Reinbek 1973.

12 Vgl. zu diesem Einleitungssatz der »Dritten Walpurgisnacht« und zur leichtfertigen Rezeption dieses Satzes: Helmut Arntzen, *Karl Kraus und die Presse*, München 1975, S. 71. Vgl. zu Horváth ders., *Horváth*, S. 267.

13 F. Rossi-Landi, *Sprache als Arbeit und als Markt*, München 1972, S. 205.

14 Siehe Nolting, *Jargon*, S. 232 f.; Arntzen, S. 250 f.

15 So lautete mein Vorschlag in *Jargon*, S. 32; vgl. dazu auch die Rezension Horst Jarkas in: Monathefte 72 (1980), S. 201-203.

16 »Ich kann meine Stücke nicht erzählen, es ist immer die kürzeste

Form, wie ich es ausdrücken kann.« (8,732) Das hindert uns nicht, auf die Episierung der Anmerkungen hinzuweisen (s. u.).

17 Er meinte im Berliner Tageblatt vom 3. 11. 1931: »es erschreckt uns nicht; was ist schon ein Nacktkult [. . .] für Berlin«. In: *Mat. GWW*, S. 114-119, 116.

18 Vgl. Himmel, S. 50.

19 Siehe dazu die Dokumente bei Krischke, S. 112-128, besonders S. 110. Vgl. Horváths Äußerung 8,660.

20 Vgl. Kurzenberger, S. 91 ff., und die Äußerungen im *Cronauer-Interview* 1,12.

21 Vgl. einschränkend dazu Kurzenbergers Kapitel, S. 110-115.

22 Ebd., S. 117.

23 In diesem Sinne verstehe ich Horváths Äußerung: »Der Schriftsteller ist kein Individualist.« (8,670)

24 Vgl. Nolting, *Jargon* (Register), und Horváths Äußerung 8, 664.

25 Nach dem Krieg übernahm die erste Dissertation über Horváth diesen allgemeinen Konsens: Gabriele Reuther, *Ödön von Horváth. Gestalt, Werk und Verwirklichung auf der Bühne*, Diss. (Masch.) Wien 1962, S. 18.

26 Bert Brecht, *Schriften zur Literatur und Kunst 1*, in: *Gesammelte Werke* (Werkausgabe) Bd. 18, Frankfurt 1967, S. 87 (»Aus der Musiklehre«, S. 87-89).

27 Volker Klotz, *Geschlossene und offene Form im Drama*, München ^{4}1969, S. 198.

28 Zur organisierenden Funktion der Musik s. Arntzen, *Horváth*, S. 250-252 u. S. 266.

29 Dazu, ohne diese Nuancierung, im Horváthschen Sinne: Martin Walder, *Die Uneigentlichkeit des Bewußtseins. Zur Dramaturgie Ödön von Horváths*, Bonn 1974, S. 57-86; Krischke, S. 122 f. – In bezug auf dieses »Formproblem« s. Horváths Werk- und Rezeptionseinschätzung 1,327 f. *[Randbemerkung zu »Glaube Liebe Hoffnung«]*; 1,14 f. *(Cronauer-Interview)*; 8,659-665 *(Gebrauchsanweisung)*.

30 Vgl. zur »Synthese von/aus Ernst und Ironie« 1,12 u. 8,663.

31 Der montierende Produzent stellte sich seine Erfindungen angeblich auch recht lebhaft vor, bösartig nämlich. Vgl. Krischke, S. 162.

Ingrid Haag

Zeigen und Verbergen
Zu Horváths dramaturgischem Verfahren

In den *Geschichten aus dem Wiener Wald* hören wir den Fleischermeister Oskar formulieren: »Das sind doch nur Kalendersprüch!« (1,246); direkt gemeint ist der Goethespruch, mit dem er die zurückgekehrte Verlobte empfängt[1], es trifft aber ebenso jene »frommen« Sprüche, mit denen er ihr nach dem Tod des Kindes Trost spendet.[2] Diese Äußerung führt irre – auch die Horváth-Interpreten –, nimmt man sie nämlich als (unfreiwilligen) Selbstkommentar, als Hinweis auf »entfremdetes« (?) Sprechen, eine Sprache aus leeren Formeln und Floskeln, die ein guter Teil der Forschung nur allzu schnell als »Bildungsjargon« auf den Begriff gebracht hat. Sie *soll* irreführen, ist als Verstellungsmanöver zu interpretieren, darauf angelegt, den latenten Inhalt der Sprüche zu verschleiern. Was hier im (beileibe nicht leeren) Bibel- und Goethespruch seine (offiziell autorisierte) Maske findet, ist Oskars Sadismus, jene »unsagbare« Verbindung von Liebes- und Zerstörungstrieb; in einer abermaligen Verneinung findet diese ihre zusätzliche Bestätigung: »Ich bin doch kein Sadist!« (1,251) setzt Oskar seinen grausamen Bildern göttlicher Liebe und Gerechtigkeit hinzu.

Das im Text Vorgezeigte (Ausgesprochene) ist nicht als bare Münze zu nehmen, sondern als Maske dessen, was nicht gezeigt (gesagt) werden darf. Hierin ist der Grundmechanismus des Freudschen Traummodells zu erkennen: Die Bilder des Traums zeigen, indem sie verstellen. Sie gehorchen damit einer Tendenz, die wir aus dem sozialen Leben als Mechanismus der Zensur kennen; die »unsagbaren« Traumgedanken befinden sich in ähnlicher Lage wie der politische Schriftsteller in seiner Kritik gegenüber dem Machthaber:

> Der Schriftsteller hat die Zensur zu fürchten, er ermäßigt und entstellt darum den Ausdruck seiner Meinung. Je nach der Stärke und Empfindlichkeit dieser Zensur sieht er sich genötigt, entweder bloß gewisse Formen des Angriffs einzuhalten oder in Anspielungen anstatt in direkten Bezeichnungen zu reden, oder er muß seine anstößige Mitteilung hinter einer harmlos erscheinenden Verkleidung verbergen [. . .].[3]

Das Verstellte selbst tritt nie ohne Maske in Erscheinung, sondern gibt sich ausschließlich in den Formen *seiner Verstellung* zu erkennen – sie sind Gegenstand der Interpretation.

In dieser Perspektive ist Horváths vielstrapazierter Begriff der »Demaskierung des Bewußtseins« nicht in erster Linie als Demaskierung (falscher) Bewußtseinsinhalte zu verstehen; demaskiert werden soll die prätendierte Autonomie des Bewußten, dessen Anmaßung, alleiniger »Herr im Hause« zu sein. So geht es eigentlich nicht darum, Masken abzureißen, eine Wahrheit hinter der Maske zu entdecken (etwa das »wahre« [?] Gesicht eines Oskar). In einem der späten Stücke findet sich die Szenenanweisung:

K. R. Thago nimmt langsam die Maske ab; er hat überhaupt kein Gesicht.[4]

Deuten heißt hier vor allem, hinter der glatten Fassade von »Wahrheiten« die permanente Entstellungsdynamik, also die Unmöglichkeit *einer* Wahrheit, zu erkennen (und anzuerkennen). Oskar ist weder mit dem liebenden Bräutigam in makelloser Aufmachung noch mit seinem »alter ego«, dem Gehilfen Havlitschek mit blutiger Schürze, zu identifizieren. Er ist beides, seine »Wahrheit« ist als das Spiel der Verstellungsmechanismen zu beschreiben, mit deren Hilfe Brutalität und Mord als Akt der Liebe erscheinen können (und umgekehrt).

Dieses Spiel der Verstellungen präsentiert sich nun bei Horváth als Bühnenspiel. Der psychoanalytische Interpretationsansatz hat (wie jeder andere) nicht nur der literarischen, sondern auch der *theatralischen* Eigenart des Textes Rechnung zu tragen. In diesem Sinn soll unsere Demonstration in erster Linie im Bereich der spezifisch szenischen Kategorien der dramatischen Sprache geführt werden: der Raumstrukturen und des Dekors, der Gestik und der Proxemie.

André Green[5] hat es in seiner Arbeit über den Ödipuskomplex unternommen, die Dynamik des Unbewußten auf den Raum der Bühne (genauer des Theaters) zu übertragen. Erste Voraussetzung ist, das Theater als »clôture de la représentation« zu betrachten.[6] Sie ist ebenso unabdingbar wie die Traumbarriere für die Entfaltung des Traums. Diese »clôture« gründet auf dem Spiel von Anschauen und Angeschautwerden, dessen Grundmechanismus in einer zweifachen Umkehrung begriffen wird: Die erste vollzieht sich an der (unsichtbaren) Barriere der Rampe, die den Blick –

angezogen vom theatralischen Gegenstand – an seine Quelle zurückschickt.[7] Es ist vor allem die zweite Operation des Greenschen Paradigmas, die uns hier interessiert: Eine weitere – zwar sichtbare, aber für den Blick undurchdringliche – Barriere tritt »ins Spiel«, die der Kulissen. Sie teilt die Bühne ein in einen sichtbaren Raum, Raum der Repräsentation, und einen unsichtbaren; genauer, das heißt in Übertragung auf unser Problem, in den Raum des Repräsentierbaren (Zeigbaren) und den verborgenen Ort seiner heimlichen Machination, eigentlicher Ort der Handlung, wo – analog der »Szene« des Unbewußten – unsichtbar alle Fäden gezogen werden:

»Ce dernier espace suscite l'exploration, car il n'est pas seulement l'espace par lequel se traduit l'expression de l'illusion, mais celui de la fabrication du faux. L'espace de la scène est l'espace de l'intrigue, de l'énigme, du secret, mais l'espace des coulisses est celui de la manigance, de la suspicion, du complot.«[8]

In Anlehnung an das Traummodell ließe sich die theatralische Repräsentation folgendermaßen definieren: Die Vorstellung auf der Bühne erscheint eben als das Vor-Gestellte, ist durch und durch als Täuschungsdispositiv angelegt, als Maskerade des in die Kulisse verschobenen Nicht-Sagbaren, Nicht-Zeigbaren. Der »Text« des Bühnengeschehens ist somit vergleichbar dem des Traumberichts, Produkt der sekundären Bearbeitung der Traumgedanken.

Wir gehen hier nicht auf die Problematik ein, die Greens Konstruktion in bezug auf ihre generelle Bedeutung zu stellen scheint[9]; was uns interessiert, ist ihre Anwendung auf die Analyse der Horváthschen Dramaturgie.

Fassadenarchitektur

In der räumlichen Struktur des Volksstücks zeichnet sich eine erstaunliche Konstante ab: der Schauplatz der Straße – Bühne auf der Bühne, auf der sich unter dem normativen Blick der Öffentlichkeit eine soziale Gruppe in permanenter Selbstdarstellung produziert (und reproduziert).[10] Die »Bühne« der Straße läßt sich in ihrer Grundtopologie analog der Schaukastenbühne des Greenschen Modells beschreiben. Die Dramaturgie der Straßenszene bezieht ihre (natürlich versteckte) Dynamik aus jener rigorosen Zweiteilung in den sichtbaren und unsichtbaren Raum und deren Wechselspiel. Auf dem Schauplatz der gesellschaftlichen Repräsentation, auf der Straße vor der Fassade der Geschäfte, des Leichenschauhauses oder des Wohlfahrtsamts, wird dem Blick dargeboten, was gezeigt werden darf und soll; jeglicher Blick hinter die Fassade (ins Innere der Häuser) ist verwehrt – oder beinahe.[11]

Es geht aber keinesfalls um eine bloße Abgrenzung von Zonen (das Sichtbare/das Unsichtbare, das Bewußte/das Unbewußte); aufzudecken ist, auf welchen Umwegen und in welcher Verkleidung das in die Kulisse Verschobene die Zensur umgeht, sich Zugang (und Zulassung) verschafft auf die »Bühne« des Repräsentierbaren.

Das szenische Dispositiv der »Stillen Straße« im achten Bezirk Wiens stellt in seiner scheinbar alltäglichen Banalität und Harmlosigkeit ein Musterbeispiel für das versteckte Spiel der Fassade dar:

Von links nach rechts: Oskars gediegene Fleischhauerei mit halben Rindern und Kälbern, Würsten, Schinken und Schweinsköpfen in der Auslage. Daneben eine Puppenklinik mit Firmenschild ›Zum Zauberkönig‹ – mit Scherzartikeln, Totenköpfen, Puppen, Spielwaren, Raketen, Zinnsoldaten und einem Skelett im Fenster. Endlich eine kleine Tabak-Trafik mit Zeitungen, Zeitschriften und Ansichtspostkarten vor der Tür. Über der Puppenklinik befindet sich ein Balkon mit Blumen, der zur Privatwohnung des Zauberkönigs gehört. (1,165)

Der Schauplatz präsentiert sich hier ein für allemal als gleichbleibender Rahmen des Bühnengeschehens, seine statische Unverändertheit soll Unveränderbarkeit der Verhältnisse vortäuschen. Die Fassade der Geschäfte fällt zusammen mit den Grenzen des Sichtbaren, sie begrenzt das Schauspiel des Alltagsrituals der familiären, nachbarlichen und geschäftlichen Beziehungen, symbolischer Hinweis darauf, daß mit Geschäft eigentlich alles zu tun hat: Freundschaft sowohl wie Liebe und Heirat.

Die besondere Form der Fassade – banal, weil »natürlich« erscheinend, nämlich als Auslage – enthüllt ihre dramaturgische Bedeutung: Sie unterhält das Spiel von Schauen und Angeschautwerden. Als Ort einer Schaustellung zieht sie den Blick an, einen Anblick, mehr noch, einen Durchblick versprechend, der aber schließlich an einer undurchdringlichen Wand scheitert. Auch die zur Schau gestellten Gegenstände lösen ihr Versprechen nicht ein. Provozierend wirkt die Anhäufung der Zeichen des Todes (in Verbindung mit denen der Brutalität und Grausamkeit), aus der gesellschaftlichen Repräsentation verbannte Phänomene. Der Provokation aber ist die Spitze abgebrochen: Der Tod zeigt sich in angepaßter Verkleidung, als Ware nämlich, kulinarisches Konsumprodukt in der Auslage der Fleischerei; doppelt maskiert als Ware und Spielzeug (genauer: Scherzartikel) in der Puppenklinik. Wo das Spiel mit dem Tod nicht sichtbar ausgestellt ist, wird es hörbar: Das Kind (infans) spielt mit Bleisoldaten (am liebsten mit »Schwerverwundeten und Fallenden« natürlich) und sicher nicht nur, um Sanitäter zu spielen, wie es die Mutter mit verdächtigem Nachdruck behauptet[12]; der Erwachsene – über das Kriegsspiel mit Bleisoldaten hinausgewachsen – spielt andere Spiele und *spricht* vom Krieg als von einem Spiel: In der Auslage des dritten Geschäfts der »Stillen Straße« vertieft sich der Rittmeister in die Ziehungsliste der Lotterie und stellt fest, daß er kein Glück habe, weder in der Lotterie noch im Krieg.[13]

Gesprochen wird auch von den dem Blick verborgenen, hinter die Fassade verlegten Aktivitäten. So kommt auf der Schwelle der Fleischerei regelmäßig das Sauabstechen »zur Sprache«, vom Blumenbalkon der Puppenklinik hören wir, daß Marianne die Schmutzwäsche durchwühlen muß, um des Vaters Sockenhalter zu suchen. So erreichen diese Aktivitäten das Ohr des Publikums (im Saal wie auf der »Stillen Straße«) in gefilterter, rationalisierter Form: als Berufsgeste oder Erfüllung der Tochterpflicht. Nichts kann unverdächtiger sein:

MARIANNE: Arbeit schändet nicht, Herr Rittmeister.
RITTMEISTER: Im Gegenteil [. . .] (I,169)

Alles gibt sich eindeutig und klar; das Schauspiel der Straße bietet sich – gemäß den Szenenanweisungen – in permanenter Beleuchtung des Sonnenlichts, vortäuschend, dieses »bringe alles an den Tag«. Was im Dunkel dennoch vor sich geht, wird die Analyse der Personen weiter enthüllen.

Das Dekor der »Stillen Straße« veranschaulicht den Grundmechanismus der Horváthschen Fassadendramaturgie: Die Funktion der Fassade (hier Fassade der Auslage) erschöpft sich nicht darin, zu verbergen, vielmehr ist ihre Dynamik – analog der Traumfassade – darauf angelegt, auszustellen, um zu verbergen. Man könnte diesen Prozeß mit dem Begriff der *Banalisierung* fassen. Banalisierung im Sinne der Strategen, wie ihn Elisabeth Roudinesco formuliert:

Exilé en terre de Suède, Brecht remarque le 12 juin 1940 que le camouflage des tanks vient indirectement de Picasso. Le peintre se demandait comment rendre »visible« ce qui reste caché au regard et les stratèges cherchent à rendre invisible ce qui se voit à l'oeil nu. Pour eux la réponse est simple, il faut, ce visible, pour l'occulter, le faire *voyant.*[14]

Der Gegenstand, an dem sich die Banalisierungs- und Entstellungsmechanismen exemplarisch erproben (und zu erproben haben), ist – in Horváths Schauspiel, wie überhaupt in jeder Kulturarbeit – der Tod.[15]

In diesem Sinn gibt sich die Fassadenarchitektur der »Stillen Straße« als Dekor eines »Kleinen Totentanzes« zu erkennen. Das Stück mit besagtem Untertitel führt es dann auch modellhaft vor.

Vor dem »Anatomischen Institut«, wie man es offiziell zu nennen pflegt, »dort, wo man halt die Leichen zersägt« (1,331), füttert der Präparator die Tauben, plaudert vom Tod (dem seines geliebten Hundes); Sprache und Gestik des Schauspiels draußen sollen ablenken von dem, was drinnen geschieht, hinter den Milchglasfenstern nämlich, die – wie die Geschäftsauslage der »Stillen Straße« – den Blick in dasselbe Spiel von Anziehen und Abstoßen verwickeln. Auch hier wird das Drinnen hörbar, in angemessener sprachlicher Zubereitung: Mit Hilfe der Metaphern aus dem Militär- und Verwaltungsbereich arbeitet die Sprache am Sozialisierungsprozeß des Todes.[16] Über die Banalisierung hinaus formuliert sie dessen Eingliederung in die soziale Ordnung, seine Beherrschung also; besser gesagt, gaukelt sie vor: Selbst der oberste Experte (der Oberpräparator) hat den Tod nicht in der Hand, er stirbt – infiziert an einer Leiche.

Maskenspiel

Das doppelte Dispositiv der Straßenszene erweist sich als geeigneter Rahmen für die Strategie der Personen.

Auf der Schwelle seines Geschäfts – gleichsam zusammen mit seiner Ware – stellt sich der Fleischermeister Oskar aus:

Oskar mit weißer Schürze; er steht in der Türe seiner Fleischhauerei und manikürt sich mit einem Taschenmesser; ab und zu lauscht er, denn im zweiten Stock spielt jemand auf einem ausgeleierten Klavier die ›Geschichten aus dem Wiener Wald‹ von Johann Strauß. (1,165)

Seine Pose ist darauf angelegt, die (privilegierte) gesellschaftliche Position zu signalisieren, Gestik und Kostüm sind auf die soziale Rolle eingestellt. Das weiße Kostüm wird wenig später durch das total entgegengesetzte ausgetauscht, den Galaanzug – schwarz »bis zu den Fingerspitzen«:

Oskar kommt aus seiner Fleischhauerei, in Schwarz und mit Zylinder; er zieht sich soeben schwarze Glacéhandschuhe an. (1,170)

Selbst diese Aufmachung stört keineswegs den Anschein makelloser Unschuld und Harmlosigkeit. Mit dem Tod habe sie nur insofern zu tun – das will uns das gesellschaftliche Schauspiel glauben machen –, als es darum gehe, das Zeremoniell eines Gedenktages (des Todestages der Mutter), eine gesellschaftliche Forderung also, zu erfüllen.

Aber kehren wir zurück zu der Pose des Fleischermeisters auf der Schwelle seines Geschäfts. Oskar steht mit dem Rücken zum Innenraum; das heißt aber keineswegs, daß er damit einem Nichts den Rücken kehrt, sondern jener »anderen« Szene, derjenigen der uneingestandenen Impulse seines Handelns: Die Grenzen des Schaukastens bedeuten nicht die Grenzen der Welt. In diesem Sinn läßt sich Oskars Pose als Mechanismus der Verneinung (in Freudscher Bedeutung) interpretieren, das heißt, als Bestätigung der in die Kulisse verschobenen Tendenzen.[17]

Um nun diese Impulse in Szene zu setzen, verwendet Horváth einen bestimmten Kunstgriff, den Einsatz der Doppelgängerfigur (Havlitschek), die sich in systematischer Verkehrung der an Oskar geknüpften Zeichen konstituiert:

HAVLITSCHEK, *der Gehilfe Oskars, ein Riese mit blutigen Händen und ebensolcher Schürze, erscheint in der Tür der Fleischhauerei; er frißt eine kleine Wurst* [...] (1,166)

Wie im Traum zur Entlastung einer Figur bestimmte unzulässige Affekte an eine andere delegiert werden[18], so vertritt der Metzgergehilfe – ersatzweise – die durch die gesellschaftliche Zensur verdrängten Aspekte seines Herrn; daß jene mit Tod und Töten zu tun haben, vermag kaum zu erstaunen.

Mit einer banal scheinenden Begebenheit gibt Horváth eine erste Demonstration der Doppelfigur und ihres Substitutionsmechanismus:

HAVLITSCHEK: ... Dummes Luder, dummes –
OSKAR: Wer?
HAVLITSCHEK *deutet mit einem langen Messer auf Ida:* Das dort! Sagt das dumme Luder nicht, daß meine Blutwurst nachgelassen hat – meiner Seel, am liebsten tät ich sowas abstechen, und wenn es dann auch mit dem Messer in der Gurgel herumrennen müßt, wie die gestrige Sau, dann tät mich das nur freuen!
OSKAR *lächelt:* Wirklich?
Ida fühlt Oskars Blick, es wird ihr unheimlich; plötzlich rennt sie nach rechts ab. (I,166)

Ida flieht nicht vor der manifesten Brutalität Havlitscheks, sondern vor dem Blick des (lächelnden) Oskar. Es ist, als substituiere sich der Blick dem drohenden Messer (»sie *fühlt* Oskars Blick«), diese Konstellation ist es, die es ihr *unheimlich* werden läßt.

Gerade das Unheimliche – und zwar als Freudsches Konzept[19] – hat ausdrücklich zu tun mit dem Spiel von Zeigen und Verbergen. Seine erste List besteht darin, an vertraute (heimliche) Dinge und Personen anzuknüpfen: also an den vertrauenerweckenden Fleischermeister und nicht an den blutrünstigen Havlitschek. Weiterhin definiert es Freud als etwas, das versteckt bleiben müßte, sich aber plötzlich zeigt, womit der Mechanismus der Verdrängung und der Rückkehr des Verdrängten beschrieben ist. Darüber hinaus wird dem Blick eine besondere Rolle in der Hervorbringung des Unheimlichen zugeschrieben (im Volksmund lebendig als Aberglaube des »bösen Blicks«). Die Substitution Messer/Blick in unserer Textstelle suggeriert eine weitere von Freud in diesem Zusammenhang hervorgehobene Bedeutung: Traum und Fantasmen ebenso wie der mythische oder literarische Text bezeugen ein Substitutionsverhältnis von Blick (Augen) und männlichem Geschlechtsorgan.[20] Das, wovor Ida flieht, ist als *sexuelle* Bedrohung zu deuten, an ihr befriedigt sich Oskars Sadismus »stellvertretend«, bis er des eigentlichen Objekts (Marianne) habhaft werden kann.

Marianne versucht, vor Oskar zu fliehen – in die Arme Alfreds; daß sie da kein anderes Schicksal erwartet, ihre Flucht also in Wirklichkeit »Wiederkehr« bedeutet (noch bevor sie in die »Stille

Straße« zurückkehrt), deutet Horváth gleich eingangs an, und zwar mit Hilfe derselben Symbolkonstellation von Messer und Blick: In der Wachau stellt sich Alfred zum erstenmal vor – beim Essen; die Mutter bringt ihm gerade ein schärferes Messer:

Die Mutter sieht Alfred zu – plötzlich ergreift sie seine Hand, in der er das Messer hält und schaut ihm tief in die Augen. (1,159)

Die Szene mit Ida verankert also ihre (latente) Bedeutung in einem dichten Symbolgeflecht, durch das sich das Verhältnis Oskar/Marianne darstellt (und gleichzeitig maskiert). Beim nächsten Auftritt der Doppelfigur auf der »Bühne« der »Stillen Straße« verbindet sich die Geste des Sauabstechens erneut mit der Bedrohung der Frau. Havlitschek hat gerade ein Rendezvous mit Emma ausgemacht; sie glaubt, von ihm das Versprechen zu haben, nicht »schlimm« zu werden; nichts – es sei denn ihr Wunschdenken – berechtigt sie zu einer solchen Annahme:

HAVLITSCHEK *sieht ihr nach und spuckt die Wursthaut aus:* Dummes Luder, dummes – (1,194)

Emma – »ein Mädchen für alles«[21] – gibt sich als weitere Deckfigur Mariannes zu erkennen.

Ausdrücklich delegiert Oskar das Sauabstechen hier an den Gehilfen, seine Sprache läßt aufhorchen:

Stichs du, ich hab heut keinen Spaß daran. (1,194)

Unmerklich beinahe – vom Doppelsinn der Sprache getarnt[22] – wird die Geste mit dem Prinzip der Lustbefriedigung in Verbindung gebracht. Die »professionelle« Maske lüftet sich, läßt die latente Bedeutung durchscheinen. Im folgenden Wortwechsel zwischen Oskar und Havlitschek häufen sich die Anspielungen dieser Art, fast kommt es zur Nennung des (wahren) Opfers; das »offene Wörtl« ist selbstverständlich Havlitscheks Sache:

Es dreht sich schon um eine Sau, aber nicht um dieselbe Sau. – Herr Oskar, bittschön, nehmens Ihnen das nicht so zu Herzen, das mit Ihrer gewesenen Fräulein Braut [. . .]. (1,195)

Auch im folgenden Gespräch, das sich um die Frau dreht, funktioniert die Rollenverteilung perfekt. Die Erniedrigung der Frau zum Tier (wie sie Havlitschek betreibt) und ihre »Erhöhung« zum Engel (in Oskars Mund) sind die beiden sich ergänzenden Pole des sadistischen Diskurses – der dominierende Diskurs übrigens der Horváthschen Männer in bezug auf die Frau.[23]

Als ob es noch dieser Koinzidenz bedürfe: Im Moment, da sich die Rückkehr Mariannes in die »Stille Straße« (und unausweichlich in die Arme des ehemaligen Bräutigams) ankündigt, hören wir Oskar – wie eh und je auf der Schwelle seiner Fleischerei – sagen (und es dreht sich wieder um eine Sau):

[...] ich werd sie *jetzt* schon selber abstechen, die Sau – (1,125; Hervorh. vom Verf.)

Gesellschaftsspiele

Bedient sich die oben vorgestellte Symbolik der stellvertretenden Tötung des aus der Traumarbeit bekannten Verfahrens der Figurenverdoppelung (oder Aufspaltung), an das sich das Spiel der Substitutionen knüpft, läßt sich in Oskars gestischer Sprache noch eine weitere aus der Psychopathologie des Alltagslebens bekannte Erscheinung aufdecken.

Die Geste des Kusses, der sich als Biß enthüllt, die des Jiu-Jitsu-Griffes, der Marianne vor Schmerz aufschreien läßt – und dies ausgerechnet auf der Verlobungsfeier – sind als Fehlleistungen interpretierbar. Fehlleistungen im strengen Sinn, das heißt nicht Manifestationen eines bloßen Mißlingens der Bewußtseinskontrolle (wie es der Name suggeriert und die verbreitete Auffassung es will); Freud definiert diesen Akt ausdrücklich als *Kompromiß*-Bildung, ihm eignet die (doppelte) Struktur des Fassadenmechanismus.[24] So findet die sadistische Geste tatsächlich Zulassung auf die Bühne der Repräsentation, kann sich dort zeigen: als »Vormittagsbussi« eingegliedert in das Alltagsritual, oder im Rahmen der Festsituation getarnt hinter der Fassade des Spiels (eines *Gesellschafts*spiels). Das, woran sich Oskar ver-greift, ist natürlich Marianne. Wieder geht es um dieselbe Sache, die Zerstörung der Frau unter dem Deckmantel der Liebe. Bleiben wir bei letzterem Beispiel, um die Konstruktion der Fassade genauer zu beobachten.[25]

Bevor Oskar an der Reihe ist, sind schon Pfänder eingelöst worden; die Tante Henriette sollte dreimal »Muh«, der Zauberkönig dreimal »Mäh« schreien. Anzumerken ist hier, daß Horváth den Bereich des Trieblebens mit dem Begriff der »Bestialität« bezeichnet.[26] Unheimliche Bestialität aber ist nicht dort zu suchen, wo sie laut herausgeschrien wird, sondern dort, wo sie sich verkleidet: in Oskars Demonstration. Als Auftakt ein Spiel mit der Sprache:

VALERIE: Oskar! Hast du gehört, Oskar? Du sollst uns etwas demonstrieren!
ERICH: Was du willst!
ZAUBERKÖNIG: Was du kannst!
Stille. (1,182)

Es simuliert die völlige Zweckfreiheit des Gesellschaftsspiels. Oskar selbst sichert sich ab, indem er auf das Nützlichkeitsprinzip verweist:

OSKAR: Meine Damen und Herrn, ich werde Ihnen etwas sehr Nützliches demonstrieren, nämlich ich hab mich mit der japanischen Selbstverteidigungsmethode beschäftigt. Mit dem sogenannten Jiu-Jitsu. Und nun passens bitte auf, wie man seinen Gegner spielend kampfunfähig machen kann – *Er stürzt sich plötzlich auf Marianne und demonstriert an ihr seine Griffe.* (1,182)

»Spielend«, sagt Oskar; das heißt »als Spiel« aber auch »ohne Schwierigkeit« – der Doppelsinn der Sprache leistet dem Versteckspiel erneut Hilfestellung. Das Wort »plötzlich« fungiert wieder als Signalwort, zeigt an, wo das Spiel »umkippt«.[27]

An der Artikulationsstelle setzt Horváth eines seiner wichtigsten szenischen Zeichen: die Stille. Sie signalisiert dem Zuschauer den Einbruch des »Anderen«, des Unheimlichen, das versteckt bleiben müßte und sich plötzlich zeigt. Definiert Horváth doch selber dieses Zeichen im Zusammenhang mit jenem »Kampf des sozialen Bewußtseins gegen das asoziale Triebleben und umgekehrt«[28]:

Bitte achten Sie genau auf die Pausen im Dialog, die ich mit ›Stille‹ bezeichne – hier kämpft das Bewußtsein oder Unterbewußtsein miteinander, und das muß *sichtbar* werden (8,664 – Hervorheb. vom Verf.)

Gelungen ist diese Demonstration (wie alle anderen) insofern, als sie die gesellschaftliche Ordnung nicht stört: Das Fest geht weiter, der Skandal (der *wahre* Skandal) bleibt aus. Die Hoffnung bleibt allerdings, daß der Zuschauer/Leser ihn entdeckt, die Fassade durchschaut, das Unheimliche auch hinter jenem Finale aufspürt, wo Oskar das – diesmal mit einem Würgegriff – zur Strecke gebrachte Opfer unter anheimelnden Walzerklängen in seine Arme nimmt, um es endgültig »heimzuführen«, gemäß der Prophezeiung, in deren sprachlicher Formulierung sich jene Verbindung von Eros und Thanatos (wieder fast unmerklich) widerspiegelt:

– und ich werde dich auch noch weiterlieben, du entgehst mir nicht – (1,191)

Diese Verbindung, die in der besonderen Erscheinungsform des Sadismus – mit der Frau als von jeher erklärtem Opfer – die Struktur der Horváthschen Männer prägt, findet in dem Fleischermeister Oskar seine vollendete Gestaltung. Alle an diese Figur geknüpften Zeichen (der verbalen wie der gestischen Sprache) konvergieren in der sadistischen Struktur wie in einem Knotenpunkt. In diesem Bildkomplex geht es eigentlich wieder um das Grundsätzliche: die Maskierung des Todes – Thanatos in der Maske von Eros.

In dem letzten von Horváth in Szene gesetzten Schauspiel der Straße, jenem vor der Fassade des (Mord)-Hauses »Nummer neun« der *Unbekannten aus der Seine,* wird der Prozeß der Banalisierung des Todes noch einmal exemplarisch vorgeführt: an dem Gegenstand einer Totenmaske. Damit die Oberflächenharmonie der sozialen Ordnung durch die Entdeckung eines Mordes nicht gestört werde, treibt man die einzige Augenzeugin – das etwas seltsame Mädchen mit dem »seltenen« Namen – in den Tod. Man begnügt sich aber nicht mit der bloßen Eliminierung des »Anderen«, des Unbekannten; der von ihr gewählte Freitod soll ihr nicht gelassen werden, man versucht, ihres Todes habhaft zu werden, bannt ihr mysteriöses Lächeln in die Form der Maske. Diese ist dann allerdings manipulierbar, läßt sich serienweise reproduzieren, als Ware ausstellen, zum Kitschgegenstand umfunktionieren. – In der Totenmaske der Unbekannten – ausgestellt in der Geschäftsauslage neben Kochbüchern und Zeitungen, dann Dekorationsstück über dem spießbürgerlichen Ehebett – verdichtet sich noch einmal der Grundmechanismus von Zeigen und Verbergen (des Todes).

*

Die dramatische Schreibweise, die im Spiel von Zeigen und Verbergen die Dynamik des Nicht-Sichtbaren (Unbewußten) in Szene setzt, weist auf ein bestimmtes Modell der Erkenntnis unserer Realität.

Am Beispiel der Straßenszene demonstriert der (fast zeitgenössische) Bertolt Brecht die Grundzüge des epischen Theaters.[29] Das szenische Dispositiv dieser Straßenszene liest sich wie eine Umkehrung der Horváthschen Dramaturgie. Ist beiden das Ziel gemeinsam, hinter der banalen glatten Oberfläche des Alltäglichen die Komplexität der Wirklichkeit aufzudecken, unterscheiden sie sich dann allerdings in der Auffassung von der Natur dieser Komplexität.

So geht es Brecht – wie er es am Beispiel der Straßenszene auseinandersetzt – um die angemessene Darstellung der *gesellschaftlichen* Vorgänge, die immer komplizierter, undurchdringlicher werden.[30] Die epischen Techniken zielen darauf, diese durchschaubar zu machen, und sie gelten als durchschaubar (und damit kontrollierbar). So macht sich der epische »Bühnenbauer« daran, die Barriere der Kulissen niederzureißen, den gesamten Bühnenraum dem Blick zugänglich zu machen. Der Ort der verborgenen mysteriösen Machination wird ersetzt durch die sichtbar ausgestellte Maschinerie:

> Der Parabelerzähler tut gut, alles, was er für seine Parabel braucht, jene Elemente, mit denen er den gesetzmäßigen Verlauf seines Vorgangs zeigen will, offen den Zuschauern vorzuweisen. Der Bühnenbauer der Parabel zeigt also offen die Lampen, Musikinstrumente, Masken, Wände und Türen, Treppen, Stühle und Tische, mit deren Hilfe die Parabel gebaut werden soll.[31]

Und speziell über die Abbildung einer Straße präzisiert Brecht:

> Man könnte annehmen, daß manches von diesem Komplex sichtbar, manches aber unsichtbar sei. Jedoch ist im Grunde alles sichtbar.[32]

Die Komplexität der Horváthschen Wirklichkeit – jenes permanente Maskenspiel, in das die sozialen Forderungen und die asozialen Impulse verwickelt sind – ist weder ganz durchschaubar noch ganz kontrollierbar: mit der Dramaturgie der Fassade, die gerade das Nicht-Sichtbare »ins Spiel« bringt, wird die Beherrschbarkeit der Realität als Illusion entlarvt, die Protagonisten, die der »anderen Szene« den Rücken kehren und sich als Herren der Situation aufspielen, der (Selbst)täuschung überführt.

Diese Demaskierung nun muß jenseits der Rampe auffallen – auch der Horváthsche Zuschauer soll sehend werden angesichts der Blindheit der ins Bühnenspiel verwickelten Figuren, soll zur richtigen Anschauung seiner selbst kommen. Was ihm abverlangt wird, ist anspruchsvoll. Er hat es zu leisten als isolierter Betrachter eines Schauspiels von absolut geschlossener theatralischer Fiktion (und ohne die der epischen Demonstration bereitstehenden Fingerzeige); zum anderen gilt es, das anzuschauen, was sich zwanghaft dem Blick entzieht: das eigene »mehr oder minder bewußte, höchst private Triebleben«[33].

OSKAR: ... – wenn man da näher hineinleuchtet –
ALFRED: Abgründe tun sich auf. (1,240)

Natürlich nicht bei einem selbst, sondern bei dem anderen – dem »Weib« – Engel oder Tier.

1982

Anmerkungen

Originalbeitrag

1 »Denn so lang du dies nicht hast,
Dieses ›Stirb und Werde!‹
Bist du noch ein trüber Gast
Auf der dunklen Erde!« (1,246)

2 »Gott gibt und Gott nimmt.«
»Gott ist die Liebe, Marianne – und wen er liebt, den schlägt er –« (1,251)

3 Sigmund Freud, *Die Traumdeutung*, Studienausgabe Bd. II, S. 159.

4 *Ein Sklavenball* (4, 547).

5 André Green, *Un œil en trop. Le complexe d'Oedipe dans la tragédie*, Paris (Les Editions de Minuit) 1969.

6 Vgl. Green, S. 13.

7 »Celle-ci, la rampe, est la limite invisible où le regard du spectateur bute comme sur une barrière qui l'arrête et le renvoie – premier retournement – au destinataire du spectacle, c'est-à-dire lui-même en tant que source du regard.« (Green, ebd.)

8 Green, S. 14.

9 Es stellt sich tatsächlich die Frage, ob Greens Konstruktion auf alle Formen der theatralischen Repräsentation anwendbar ist, zum Beispiel auf solche, die bewußt auf die Zerstörung der Topologie der Schaukastenbühne aus sind (wie etwa Brechts episches Modell).

10 Für diesen Aspekt der Theatralisierung des Alltagslebens verweisen wir auf die soziologischen Analysen von: Erving Goffmann, *La mise*

en scène de la vie quotidienne, Paris (Les Editions de Minuit) 1973. Deutsche Ausgabe: Ders., *Wir alle spielen Theater. Die Selbstdarstellung im Alltag*, München 1976.

11 Die Texte, auf die wir uns beziehen, sind:
Geschichten aus dem Wiener Wald, Glaube Liebe Hoffnung, Die Unbekannte aus der Seine. In der Analyse der Raumstruktur dieser Stücke erscheint die absolute Hegemonie des Schauplatzes der Straße; auch dort, wo – wie zum Beispiel mit der Wachau in den *Geschichten aus dem Wiener Wald* – so etwas wie eine Alternative geboten scheint. Bei näherem Hinsehen nämlich erweist sich die Wachau als »Verlängerung der ›Stillen Straße‹«. – In allen drei Stücken findet sich ein privater Innenraum: das möblierte Zimmer. Als Ort der »Intimität« ist er aufgebaut, um alsbald zerstört zu werden; so dient auch er zur Demonstration der Allmacht der Öffentlichkeit, vor der er keinen Schutz zu bieten vermag. – Der öffentliche Schauplatz in *Kasimir und Karoline* besitzt als Schauplatz des Festes einen besonderen Status; der Alltagsraum der Straße ist unabdingbarer Hintergrund, vor dem sich die Festsituation abgrenzt (oder nicht abzugrenzen vermag).

12 Vgl. 1,168.

13 RITTMEISTER: . . . Ich hab überhaupt noch nie was gewonnen, liebe Frau Valerie.
[. . .]
[. . .] Wenn der Krieg nur vierzehn Tage länger gedauert hätt, dann hätt ich heut meine Majorspension. (1,167 u. 168).

14 Elizabeth Roudinesco, *Brecht avec Freud*, in: L'Herne, *Bertolt Brecht*, 1979, S. 79.

15 Auf die Bedeutung der Bilder des Todes hat vor allem auch Herbert Gamper hingewiesen: *Die Zeichen des Lebens und des Todes. Zu bisher kaum beachteten Konstruktionselementen in Horváths vier Fräuleinstücken*, in: Theater heute, 1974, H. 3, S. 1-6.

16 SCHUPO *lächelt:* Gebens nur acht, Fräulein – da drinnen stehen die Köpf in Reih und Glied. (1,331)
OBERPRÄPARATOR: [. . .] Statt die Tumors endlich zu katalogisieren, treiben Sie sich da mit dem schönen Geschlecht herum! (1,337)

17 »Etwas im Urteil verneinen, heißt im Grunde: ›Das ist etwas, was ich am liebsten verdrängen möchte.‹ Die Verurteilung ist der intellektuelle Ersatz der Verdrängung, ihr ›Nein‹ ein Merkzeichen derselben [. . .]«. (Freud, *Die Verneinung*, Studienausgabe Bd. III, S. 374)

18 Freud beschreibt diesen Mechanismus der Traumentstellung auch unter dem Begriff der Identifizierung. Vgl. *Die Traumdeutung*, S. 164 ff.

19 Vgl. *Das Unheimliche*, Studienausgabe Bd. IV, 241-274.

20 Freud zeigt es vor allem in seiner Analyse des »Sandmanns« von E. T. A. Hoffmann (in dem oben genannten Text *Das Unheimliche*).

21 So von Horváth bezeichnet in der Szenenanmerkung 1,193.
22 »Keinen Spaß haben«: keine Lust haben, oder: keinen Spaß dabei empfinden.
23 In welchem Maße die erotische Vorstellung der Frau selbst von der phallokratischen Struktur geprägt ist, verrät Mariannes Sprache, die Worte zum Beispiel – kitschig, aber bedeutungsvoll – in die sie ihr Liebeserlebnis kleidet: »Du – wie der Blitz hast du in mich eingeschlagen und hast mich gespalten – . . .« (1,189)
24 Dazu ist vor allem auf den Text zu verweisen: *Zur Psychopathologie des Alltagslebens* (Fischer Taschenbuch: Buch des Wissens 6079).
25 Es handelt sich um die dritte Szene im ersten Teil: »Am nächsten Sonntag im Wiener Wald«.
26 Vgl. *Randbemerkung zu »Glaube Liebe Hoffnung«*, 1,328.
27 Vgl. Szene mit Ida, ebenso die oben zitierte Konfrontation Alfred/Mutter.
28 Fassung B der *Gebrauchsanweisung*, in: *Mat. KK*, S. 111.
29 In dem Text *Die Straßenszene* (Bert Brecht, *Gesammelte Werke*, werkausgabe edition suhrkamp Bd. 16, S. 546-558).
30 »Die Verfechter dieses epischen Theaters führten ins Feld, daß die neuen Stoffe, die sehr komplizierten Vorgänge der Klassenkämpfe im Augenblick ihrer entsetzlichsten Zuspitzung, auf solche Art leichter zu bewältigen seien, weil die gesellschaftlichen Prozesse in ihren kausalen Zusammenhängen damit dargestellt werden könnten.« (*Die Straßenszene*, ebd., S. 546)
31 *Über Bühnenbau und Musik des epischen Theaters*, in: Brecht, *Gesammelte Werke* Bd. 15, S. 554.
32 Ebd., S. 456.
33 Vgl. *Interview mit Cronauer*, 1,13.

Jürgen Wertheimer

Horváth lesen lernen: »Geschichten aus dem Wiener Wald« im Unterricht

Die vielgebrauchte *Gebrauchsanweisung* von 1932 sagt bissig und klar, daß es möglich sein muß, die dramatische Produktion Horváths auch ohne zusätzliche Denkhilfen des Autors (und wohl auch ohne die Bemühungen der sekundären Autoren) zu verstehen. Am besten durch eigenes Denken. Auf der Grundlage eigener Lektüre.

Horváths Hoffnung sollte als Herausforderung und als Warnung begriffen werden: als Herausforderung zu akribischer Genauigkeit im Umgang mit dem Text und als Warnung vor feuilletonistischem oder formalistischem oder ideologisierendem Mißbrauch.

Im Unterricht – ungeachtet, ob in Schulklassen oder in Seminaren – muß diesem Grundsatz verstärkt Rechnung getragen werden, allein aus der Einsicht heraus, daß sowohl das historische als auch das literaturgeschichtliche Vorwissen naturgemäß eher begrenzt ist. Vorliegende Kursmodelle – im Falle unseres Stücks ist vor allem an dasjenige von Günther Erken zu denken[1] – suchen diesem Mangel durch die verstärkte Einbeziehung von »Materialien« zu begegnen: Zeithintergründe werden punktuell ausgeleuchtet, dokumentiert, diskutiert, bevor der Text dazu in Bezug gesetzt wird:

> Gibt es eine Analogie zwischen Horváths Hoffnungslosigkeit in der Darstellung der Figuren und ihrer gesellschaftlichen Determination und Schrempfs Ideologie?[2]

fragt Erken etwa im Anschluß an die Wiedergabe eines Abschnitts aus Claus Schrempfs *Diktatur der Tatsachen* den mit diesen Materialien Arbeitenden.

Im Vorliegenden soll versucht werden, den umgekehrten Weg zu gehen, d. h. den Leser zunächst dazu zu ermutigen, aus der eigenständigen Textlektüre zur Bestimmung textspezifischer Muster zu gelangen. Erst wenn der Mechanismus des Aufbaus erarbeitet und begriffen ist, lassen sich die Fragen nach dem historischen, sozialgeschichtlichen, literarischen Hintergrund gezielt, also in der vom Autor intendierten Weise, stellen und beantworten.

Die Arbeit einer kleinen Gruppe von Studenten der Germanistik[3] – allesamt keine »Horváth-Spezialisten« – führte zu den hier summarisch zusammengefaßten Resultaten und Aspekten. Der Verfasser beschränkte sich auf die Rolle eines Moderators und Protokollanten.

Bruch-Stücke und Lügengeschichten

Unaufrichtigkeit, Lügen, Lügenreflexe sind für das Stück von Beginn an kennzeichnend. Bereits die erste Äußerung Alfreds, der den Vorhaltungen seiner Mutter auszuweichen versucht, ist beispielhaft hierfür:

DIE MUTTER *streicht ihm langsam über das Haar:* Das ist schön von dir, mein lieber Alfred – daß du nämlich deine liebe Mutter nicht total
A vergessen hast, lieber Alfred –
A' ALFRED Aber wieso denn total vergessen? Ich wär ja schon längst immer wieder herausgekommen, wenn ich nur dazu gekommen wär – aber heutzutag kommt doch schon keiner mehr dazu, vor lauter
B Krise und Wirbel! . . . (I 1-159)[4]

Ohne mehr von den Figuren zu wissen, und auch ohne das Instrumentarium einer »Linguistik der Lüge«[5], entsteht im Rezipienten der Eindruck, hier werde »unaufrichtig« gesprochen. Er leitet diese Interpretation aus einer Reihe kleiner syntaktischer und semantischer Eigenarten ab:

Hinweis auf den Wunsch nach Zeitgewinn und Verzögerung seitens des Antwortenden ist die wiederholende Übernahme des vorangegangenen Frageteils (A/A'); Verlegenheit und Unsicherheit des sich Rechtfertigenden verrät die abnorm hohe Dichte von Modal- und Temporalpartikeln (»ja schon längst immer wieder«); Unstimmigkeit signalisiert die pseudologische Argumentationsstruktur insgesamt (»Ich wär [. . .] gekommen, wenn ich [. . .] gekommen wär«).

Alfreds Stocken und sein Versuch, die von ihm gegebene Begründung zu stützen, zeigen, daß sie ihn selbst nicht zu überzeugen vermag. Doch auch das nachgeschobene Argument (B) verheddert sich im Schematismus sinnleerer Verbwiederholung (Unterstreichung) und schlagworthafter Unverbindlichkeit (»lauter Krise und Wirbel«). Die Einbettung dieses Redebeitrags bestätigt den Eindruck der inneren Unglaubwürdigkeit und überträgt ihn auf die Figur der Gesprächspartnerin: Als wenig überzeugend wird ihre Art des Auftretens und der Kundgabe vor allem wegen der stereotypen Wortwiederholungen empfunden (Unterstreichung): hier wird – verbal und gestisch – ein emotionaler Bezug vorgegeben, der jeder Grundlage entbehrt.

Horváth arbeitet, dies scheint sich nach der Untersuchung weniger Zeilen anzudeuten, mit klar erkennbaren Signalen, mit Signalen, die die Wirklichkeit des alltäglichen Verhaltens zugleich nachzeichnen und überzeichnen, so daß im Sinne von Ulrich Gaiers Satiretheorie[6] von Verzerrungssignalen, die auf eine vom Autor »gemeinte«, satirisch destruierte Wirklichkeit hinweisen, gesprochen werden könnte.

Deutlich und eindeutig werden Lügen gekennzeichnet. Etwa wenn sich Alfred unmittelbar darauf, von der Mutter nach seiner derzeitigen Tätigkeit ausgeforscht und, wie zu erwarten, ins Unverbindliche ausweichend, »verschluckt [...] und [stark] hustet« bis an die »Grenze des Erstickens« (I 1-160).

Als ein anderer, weniger expliziter, aber nicht minder deutlicher Lügenindikator werden auch jene Momente plötzlichen Verstummens verstanden, die Horváth (nicht weniger als sechsmal allein im Verlauf des ersten kurzen Gesprächs) durch die Regieanweisung *»Stille«* kennzeichnet. So, als die Rede auf Frau Valerie kommt:

DIE MUTTER: Was ist das für eine Dame?
ALFRED: Eine ältere Dame.
Stille.
DIE MUTTER: Wie alt?
ALFRED: So mittel.
DIE MUTTER: Hat sie Geld?
ALFRED: Ich hab nichts mit ihr zu tun.
Stille. (I 1-161)[7]

Wie man im vorliegenden Fall erkennt, bedingen die entstehenden Pausen nicht notwendigerweise ein Abbrechen des Dialogs; auch haben sie keinen Wechsel des Themas zur Folge. Im Gegenteil:

mit erstaunlicher Insistenz überwindet die Fragende die Blockaden und führt das Gespräch auf genau den Aspekt, der sie offenbar von Anfang an interessierte. Im Wechselspiel von Verstummen und Neuansatz erkennt der Leser, daß zwischen den Figuren weit mehr vorgeht, als er bisher glaubte, daß er gleichsam nur über Bruchstücke, Bewußtseinsfragmente verfügt.

Alfreds Antwort auf die Frage nach der finanziellen Situation Valeries geht nicht – wie es zunächst scheinen mag – an der Sache vorbei, sondern nimmt bereits Stellung zu Implikaturen, die im nächsten Redebeitrag der Mutter erst manifest werden. Die Figuren belügen einander auf der Grundlage des Wissens, das sie voneinander haben; sie enthüllen ihr Bewußtsein nicht voreinander, sondern sind bemüht, es zu verdecken. Die oft nachgeplauderte Formel von der »Demaskierung des Bewußtseins«[3] darf nicht unreflektiert verwendet werden: Demaskiert wird lediglich, dies will Horváths Diktum sagen, der Reflex – die Strategie? –, das Bewußtsein (auch das eigene vor sich selbst) zu maskieren: die Maske wird vor dem Zuschauer nicht abgerissen, sondern ihm lediglich als solche kenntlich gemacht.

Im weiteren Ablauf der ersten Szene wird erkennbar, daß dieses Prinzip des Mit-verstelltem-Bewußtsein-voreinander-Agierens bis in die Sprach- und Anredeformen hinein bestimmend ist: kennzeichnend hierfür sind zunächst Anredeformen von evident inadäquatem Charakter: Wenn die Mutter den Schieber Ferdinand anbiedernd als »Herrn von Hierlinger« apostrophiert, wenn dieser – im Ausgleich – von der »charmant[en] gnädige[n] Frau« spricht, sind dies deutliche Signale, ebenso Wendungen wie: »wollen die Herrschaften« (I 1-162) oder »Die Dame kommen doch« (ebd.). Phasenweise können ganze Redeteile auf semantischer wie syntaktischer Ebene von solchem Bemühen um Exklusivität im Dienste der sozialen Täuschung getragen sein. So, wenn die Mutter sich im Jargon touristischer Geschäftsmäßigkeit präsentiert:

DER HIERLINGER FERDINAND: Ich bitte, gehört denn da diese hochromantische Ruine den Herrschaften?

DIE MUTTER: Nein, die gehört dem Staat. [...] Wenn die Herrschaften wollen, führ ich die Herrschaften hinauf – nämlich dem Besteiger bietet sich droben eine prächtige Fernsicht und eine instruktive Rundsicht. (I 1-162)

Neben den ›herrschaftlichen‹ Anredeformen fallen im vorliegenden Beispiel insbesondere die in der Art von Zitaten reproduzierten Adjektivklischees auf.

Das Prinzip des Agierens mit uneigentlichen Sprechperspektiven verselbständigt sich so weit, daß selbst einander vertraut erscheinende Einzelfiguren, wie Alfred und Valerie, sich ihrer bedienen, und zwar dann, wenn es ihnen um den geschäftlichen Aspekt ihrer Beziehung zu tun ist: »Dürft ich mal den Herrn um eine kleine Information bitten« (I 1-162), so eröffnet Valerie das Gespräch mit Alfred, während dieser wenig später, die finanziellen Machenschaften der Trafikantin ironisierend, repliziert:

Was mach ich denn aus deinem Ruhegehalt, Frau Kanzleiobersekretärswitwe? (I 1-164)

Entsprechend einem Ausspruch Alfreds, wonach eine »rein menschliche Beziehung« erst dann echt werde, »wenn man was voneinander hat« (I 1-163), wird offenbar, daß man es hier mit einem Verständigungssystem zu tun hat, bei dem letztlich immer vom Geld und vom Gewinn die Rede ist – auch und gerade dann, wenn anscheinend Privates den Gegenstand der Rede zu bilden scheint. Es ist dies permanente Lavieren auf zwei Denk- und Ausdrucksebenen, was zu jenen »uneigentlichen«, den Rezipienten befremdenden, unaufrichtig und unvollständig wirkenden Dialogen führt, die in der einleitenden Szene beobachtet wurden.

Dieser Zusammenhang bestätigt sich – kontrastiv – im Vergleich mit den Gesprächen mit der Großmutter. Als monströs und monsterartig gezeichnete Gegenfigur zu ihrer sich kultiviert gebenden Umwelt sieht sie allein sich vom Zwang zur konventionellen Verstellung frei. Diesem Ausnahmestatus entsprechend zeigt sie ihre Raffgier und Bösartigkeit direkt, was zur Folge hat, daß es in ihrem Umfeld zumeist zu unverstellter Verständigung und Attacke kommt. Eine Art urtümlicher Elementarsprache – zwischen Senilität und Infantilität – tritt an die Stelle zivilisatorischer Äußerungsform:

ALFRED: Bäääh! *Er streckt ihr die Zunge heraus.*
Stille.
DIE GROSSMUTTER: Bäääh! *Sie streckt ihm die Zunge heraus.* (I 1-161)

Relikt einer längst vergessenen und verlorengegangenen Direktheit, die wegen ihrer Unerwartetheit sich dem Gedächtnis des

Rezipienten einprägt und im weiteren Stückverlauf das Erkennen einer übergeordneten Rahmenstruktur ermöglicht.

Ortsstrukturen – Spielstrukturen

Figuren und Figurenkonstellationen verbinden sich im vorliegenden Text mit bestimmten Spielorten; es entsteht die Vorstellung zweier in sich mehr oder weniger geschlossener »Welten«: der Idylle »Draußen in der Wachau« auf der einen Seite, dem Szenarium der »Stillen Straße im achten Bezirk« auf der anderen. Figural verdichtet wird die erste dieser Welten in der Figur der Großmutter, die zweite in der des Zauberkönigs.

Als erster systematisierender Analyseschritt wird von den Studenten vorgeschlagen, die Verteilung dieser Spielorte im Stückverlauf zu bestimmen.

In einem zweiten Schritt soll untersucht werden, ob der semiotische Umriß der genannten Spielebenen konstant bleibt oder ob er variabel gehandhabt wird. In diesem letzteren Fall wäre es darum zu tun, die Richtung etwaiger Verschiebungen und Veränderungen genauer zu bestimmen.

a) »Draußen in der Wachau«

Die Figur der Großmutter verbindet und beherrscht sämtliche vier Szenen, die dort, auf dem Land, im touristischen Einzugsgebiet der Großstadt, spielen[9]:

I 1 – II 5 – III 2 – III 4

Ihre körperliche und geistige Präsenz steigert sich dabei von Auftritt zu Auftritt. In I 1 noch weitgehend außerhalb der Handlung stehend, kommt es bereits in II 5 zu markanten Eingriffen ins Handlungsgeschehen. Die Intensivierung ist gekoppelt mit einem bereits vertrauten Kampfritual, wobei die »alte Hex« (207) – so nennt Alfred sie[10] – den Enkel (er läßt sich von ihr als »dummer Bub« verniedlichen) kneift und schlägt, bis er »tatsächlich« etwas spürt. Die gesteigerte körperliche Auseinandersetzung leitet eine Verdichtung der argumentatorischen ein: die leitmotivisch nachzuweisende finanzielle Abhängigkeit Alfreds ausnutzend, versucht sie nunmehr, erpresserischen Druck auszuüben; entsprechend der zwischen beiden üblichen Art wird der Menschenhandel dabei ohne Umschreibung beim Namen genannt:

DIE GROSSMUTTER: [. . .] Du, Alfred. Wenn du dich jetzt von deinem Marianderl trennst, dann tät ich dir was leihen.
Stille.
ALFRED: Wieso?
DIE GROSSMUTTER: Hast mich denn nicht verstanden?
Stille.
ALFRED: Wieviel? (II 5-208)

Die Abhängigkeit des labilen Enkels wird dabei durch dessen nominelle wie auch funktionale Verkleinerung und Eingrenzung betont: »Warum?« – »Wieso?« – »Wieviel?« – [. . .] »Wohin?« – auf diese Minimalfragen verkürzt, stilisiert sich Alfred zum unmündigen »Bub«, um so die Verantwortung für den Verrat an seiner Frau wie den Tod seines Kindes erst gar nicht als moralisches Problem erkennen zu müssen.

Nachdem aus der perfiden Planung bereits teilweise bittere Wirklichkeit geworden ist (Marianne sitzt in Untersuchungshaft), treffen Großmutter und »Enkelkind« am gleichen Ort und nach entsprechendem Grundmuster erneut aufeinander. Wieder sitzt man »vor dem Häuschen in der Abendsonne« (234), wieder beschimpft man sich, wieder zeigt man einander die Zunge (235). Vor dem Hintergrund dieses eingefahrenen Systems wird aus dem (ohnehin sehr eingeschränkten) Teilschuldbekenntnis Alfreds ein allenfalls provokativer Schlenker:

Küß die Hand, Großmama! (235)

setzt er hinzu und lüftet elegant den Strohhut . . .

Man erkennt nun etwas klarer den Mechanismus von Horváths satirischem Verfahren: Eine seiner Strategien besteht offenbar darin, die Widerstandsfähigkeit der sozial eingebetteten Mechanismen des Bösen, des Asozialen zu zeigen: nicht um eine Darstellung des verbrecherisch Bösen ist es zu tun, sondern um die Darstellung der Möglichkeit, selbst das Verbrechen als das eigentliche Soziale, ja im weiteren das Gottgewollte, zu tarnen: vor allem auch vor dem eigenen Bewußtsein.[11] Horváth versucht dies zu vermitteln, indem er im gleichen Maße wie die menschliche Katastrophe eskaliert, die Konstanz, die »Konsolidierungsfähigkeit« des Systems betont – allenfalls einzelne Anzeichen verweisen auf den Abgrund:

Draußen in der Wachau. Alfred sitzt mit seiner Großmutter vor dem Häuschen in der Abendsonne – und unweit steht der Kinderwagen. (III 2-234)

Draußen in der Wachau. Die Großmutter sitzt in der Sonne [...] Und der Kinderwagen ist nirgends zu sehen. (III 4-247)

An dieser Stelle erfolgt der Hinweis auf Alfreds Antwort auf Valeries Frage nach dem Befinden der »armen Mariann« in II 6:

ALFRED: Ich werd sie wohl aus den Augen verlieren – (213)

In beiden Fällen werde, so die Argumentation, durch die Formulierung ein kausaler Zusammenhang von Ursache und Wirkung verwischt: weder expliziert noch negiert, sondern, und dies sei das Kennzeichnende für die Mechanismen des Stücks, »weggelassen«, ausgespart.[12]

b) »Stille Straße im achten Bezirk«

Was die zweite der erwähnten Spielebenen anbelangt, so fällt zunächst auf, daß sie mit der ersten systematisch gekoppelt ist: und zwar dergestalt, daß jeweils eine Szene, die in der Stadt spielt, an eine Szene, die die Wachau zum Schauplatz hat, anschließt:

I 1	I 2	———	II 5	II 6	———	III 2	III 3	III 4
W	S		W	S		W	S	W

Auch im Fall dieser Szenen werden Spielort und Spielgeschehen nach Kategorien der Sukzession aufgerastert: konstante Elemente schaffen ein einheitliches Bezugsfeld.

Zu diesen Konstanten sind Personal und Örtlichkeiten zu rechnen: »Oskars gediegene Fleischhauerei«, die Puppenklinik mit dem Firmenschild »Zum Zauberkönig«, schließlich Frau Valeries kleine Tabak-Trafik.

Zu der einheitlichen Topographie des Ortes tritt als verbindende Ebene ein begrenztes Inventar von Fixpunkten, die durch das Medium der Musik und eine Anzahl von Figuren und Handlungskonstellationen markiert werden: zu diesen gehört das die Handlung (unfreiwillig) kommentierende Klavierspiel der Realschülerin ebenso wie die stereotyp anmutenden Auftritte des Herrn pensionierten Rittmeisters (man denke vor allem an die wörtlichen Übereinstimmungen des Gesprächs über die Blutwurst in I 2 und II 6).

Auch bestimmende Grundsituationen wie das Verkaufsgespräch dienen dazu, ein festes Vorstellungsgerüst im Rezipienten herzustellen, so daß dieser Abweichungen (auf der Basis des Vergleichs des Ähnlichen, Parallelen) registrieren und deuten kann. Beispiele hierfür sind die beiden Gespräche mit der »gnädigen Frau« in der Puppenklinik. Bei gleicher Kundin und gleichem Kaufwunsch ist der unterschiedliche Verlauf besonders deutlich zu bemerken:

So werden in I 2 die Automatismen kultivierten Gewerbefleißes noch ungebrochen reproduziert, wenn Marianne ausführt:

> Wir haben doch hier das erste und älteste Spezialgeschäft im ganzen Bezirk – gnädige Frau bekommen die gewünschten Zinnsoldaten garantiert und pünktlich. (168)

Nach ihrem Weggang, ein Jahr später, ist von der ehemaligen Geschäftskultur nur mehr wenig zu spüren. Der Zauberkönig fährt die Kundin an:

> Ich hab das Ihnen doch schon drinnen gesagt, daß mir diese Nachbestellerei viel zu viel Schreiberei macht [. . .] Kaufens dem herzigen Bams was ähnliches! (210)

Verschiebungen dieser Art verweisen auf allgemeine Veränderungen im Verhalten des Figurenarsenals der Stillen Straße. Im gleichen Zusammenhang kommt es zu Auseinandersetzungen zwischen Erich und Valerie (»Bestie«, 211), Erich und dem Rittmeister (»Fesch, aber feig!«, ebd.), schließlich sogar zwischen dem sonst so galanten Rittmeister und der Trafikantin.

Kennzeichnend für die satirisch beleuchtende Dramaturgie Horváths, der durch den Akt des Verdeckens enthüllt, ist die Tatsache, daß bereits in der folgenden Parallelszene – es handelt sich um Auftritt III 3 –, die eben beobachteten Dissonanzen und Brüche wieder geglättet erscheinen – im Notfall gewalttätig.[13] Wiederum, wie in der nachfolgenden Wachau-Szene, deuten nur kleine Zeichen die zerstörerischen Veränderungen, die Risse hinter der brüchig gewordenen Biedermannslarve an: wenn das Licht kommt, scheint das Wachsfigurenkabinett unverändert zu stehen – *nahezu* unverändert:

Und abermals in der sillen Straße im achten Bezirk. Der Rittmeister liest noch immer die Ziehungsliste [. . .] – Es scheint überhaupt alles beim alten geblieben zu sein, nur auf der Puppenklinikauslage klebt ein Zettel: »Ausverkauf«. (237)

Es sind die hervorgehobenen Elemente, die das geschlossen erscheinende Bild stören und zerstören. Mittels ihrer soll das intendierte Verständnis der nachfolgenden Versöhnungsszenen vorbereitet, soll angedeutet werden, daß dieser Versöhnungsreigen eher einen Amoklauf der Unehrlichkeit als wirkliche Befriedung bedeutet. Eine Vorsichtsmaßnahme des Autors, die nahezu überflüssig erscheint: Der halbherzige Schematismus, mit dem – innerhalb weniger Minuten – Alfred und Oskar, Erich und Valerie, Valerie und Alfred, schließlich Marianne und der Zauberkönig in einer Art Kettenreaktion einander vergeben, läßt keinen Zweifel an der satirischen Bedeutung des Vorgangs aufkommen. Dennoch betont Horváth am Ende der Szene, als Marianne sich wieder der Puppenklinik zuwendet, expressis verbis die Unwahrheit des Vorgangs: »Sie öffnet die Tür und das Glockenspiel erklingt, *als wäre nichts geschehen.*« (247; Hervorh. v. Verf.)

c) *Zwischen der Stillen Straße und der Wachau*

»So als wäre nichts geschehen« gibt man sich in der Folgeszene auch »Draußen in der Wachau«. Am Beispiel der Aufeinanderfolge dieser beiden Szenen wird erkennbar, daß Horváth bemüht ist, die Spielorte »Wachau« und »Stille Straße« nicht nur parallel zueinander verlaufen zu lassen, sondern sie aneinander zu spiegeln, direkt aufeinander Bezug nehmen zu lassen.

Dieser Bezug entsteht immer dann am eindringlichsten, wenn Einzelfiguren – grenzüberschreitend – das angestammte Terrain verlassen und in das jeweils andere eindringen. Genau dies geschieht, wenn nun das Personal der Stillen Straße das Haus in der Wachau aufsucht, um dort auf Gedeih und Verderb Versöhnung zu feiern – weiterzufeiern. Bis zu diesem Zeitpunkt hatte man nur Alfred (als latent grenzüberschreitender Figur) und ein einziges Mal Valerie in der Idylle auftreten sehen – nun kommt es zum direkten Aufeinandertreffen der beiden Gruppen, die sich auf Anhieb überraschend gut ergänzen: Zauberkönig und Hexengroßmutter vergnügen sich mit dem überflüssig gewordenen Kinderspielzeug, Oskar rettet die Großmutter vor dem Angriff Mariannes und vertritt im übrigen dieselbe rigide Dogmatik eines Katholizismus in seiner sadistischen Variante wie Valerie in seiner sentimentalen.

Andere Makrozeichen, wie das faktische (»Die Großmutter beginnt auf ihrer Zither die ›Geschichten aus dem Wiener Wald‹ von Johann Strauß zu spielen«) bzw. fiktive (». . . als spielte ein himmlisches Streichorchester die ›Geschichten aus dem Wiener Wald‹ von Johann Strauß«) Zitieren programmatisch signifikanter Musiktitel, bestätigen die ideologische Einheit des topographisch Verschiedenartigen: Stadt und Land sind innerhalb dieses mittelständisch geschichteten Sozialfeldes nicht länger als Gegensatz zu verstehen. Unabhängig von ihrem jeweiligen Wohnort, unabhängig auch von ihrem jeweiligen Metier verstehen sich beide Gruppen als Repräsentanten eines selbständigen, arrivierten, konsolidierten Bürgertums, ohne zu erkennen oder erkennen zu wollen, daß sie letztlich nur mehr als Beweis für den bereits vollzogenen Untergang eben dieser Spezies zu betrachten sind: korrumpiert durch nichts anderes als ein zum Reflex gewordenes Gewinnstreben, durch ein Schachern mit der Arbeit anderer, oder – einfacher, brutaler – mit andern Menschen.

Für einen Moment scheint der Schluß nahezuliegen, die wirkliche Polarität des vorliegenden Textes sei folglich zwischen der Gruppe dieses »Mittelstandes« auf der einen und den Emanzipationsbestrebungen der Hauptfiguren auf der anderen Seite zu suchen, eine These, die im weiteren der Überprüfung und Nuancierung bedurfte:

Verharren vs. Verändern: Figuren im Spannungsfeld

Der Merkmalsgegensatz des Verharrens bzw. des Veränderns bot sich spontan als erste Orientierungshilfe an. Auf den ersten Blick scheint sich das Schema zu bestätigen: Großmutter, Zauberkönig, Oskar, der Rittmeister, Frau Valerie, sie alle beharren auf den Normen und Einstellungen, die sich als patriarchalisch-hieratisch orientiert ausweisen; sie sehen sich in ein festes System eingebunden, glauben von sich selbst, ungebrochen in diesem Rahmen zu stehen.

Umgekehrt beschreibt die Gegenseite sich durch einen Raster von Merkmalen, der den genannten in fast allen Belangen oppositionell ist und von dem Wunsch nach einer Überwindung der vorgegebenen Kategorien getragen scheint.

Freilich zeigt sich bei genauerer Betrachtung, daß die Abgrenzung in dieser Form nicht für beide Repräsentanten gleichermaßen zutrifft.

Wie ein einfaches Sammeln und Auflisten der programmatischen Aussagen Alfreds veranschaulicht, bewegt dieser sich bewußtseinsmäßig im Grenzbereich zwischen beiden Wert- und Weltmodellen. Anscheinend ausgewiesen als Vertreter eines betont pragmatischen und materialistischen Lebensstils, offenbart er massive Einbrüche und überraschende Widersprüche, wo immer Einblick in seine »innere« Sicht der Dinge möglich ist: von »Naturgesetzen« und »Schicksal« (177 f., 235), von »moralischem Recht« (189), vom Glauben an »ein höheres Wesen« (203) ist in bekennendem Ton mehrfach die Rede.

Als schicksalsbestimmt will Alfred immer dann erscheinen, wenn es gilt, sich aus der Pflicht oder der Verantwortung (wiederum: auch sich selbst gegenüber) zu stehlen – was nicht überraschen kann, wenn man die bigotten Verhaltensmuster der »gottesfürchtigen« Wachauer Familie kennt, der er entstammt. Kennzeichnend für sein Lavieren zwischen den Polen patriarchalischer und pragmatischer Denkungsart ist unter anderem Alfreds Stellung zum Problem der Familiengründung:

> ALFRED: Manchmal möcht ich ja schon so Kinder um mich herum haben, aber dann denk ich mir immer wieder: nein, es soll halt nicht sein. – (161)

Bereits diese erste Aussage enthält eine Reihe generalisierbarer Merkmale, die allesamt dazu angetan sind, die Position in der Schwebe zu halten: wieder ist eine dichte Folge von unbestimmten Pronomina der Zeit sowie von Modalpartikeln (——) zu beobachten (vgl. S. 155), darüber hinaus eine Reihe von rhetorischen Elementen, die auf der Basis des Sprechens einer gleichsam übergeordnet gezeichneten Instanz Objektivität und Ordnung (– – –) suggerieren, wo letztlich nur die eigene Labilität und Entschlußlosigkeit zur Verantwortung zu ziehen wäre.

Wie wenig Alfred um einen festen Standpunkt bemüht ist, d. h., wie sehr er dazu neigt, aus der jeweiligen Situation (und nur jeweils für diese) zu sprechen, zeigt sich, wenn er später seinem – ungebrochen und eindeutig der »pragmatischen« Seite zuzurechnenden – Vertrauten Hierlinger bekennt:

Gott ist mein Zeuge, daß ich nie ein Kind hab haben wollen. (199)

In der Schlußszene wendet sich das Blatt neuerdings und Alfred – erschüttert vom (vermutlich auch »schicksalshaften«) Tod seines Kindes – klagt seiner alten und neuen Freundin Valerie sein Leid:

Ich bin sehr traurig. Wirklich. Ich hab jetzt grad so gedacht – so ohne Kinder hört man eigentlich auf. Man setzt sich nicht fort und stirbt aus. Schad! (250 f.)

Auch in diesem Fall signalisieren formale Indikatoren wie die mehrfache Verwendung des indefiniten Demonstrativpronomens (____) und die vage, unpersönliche Sprechperspektive (_ _ _ _), wie rasch Alfred bereit ist, halbgeglaubte Worte und Bewußtseinsschablonen zu akzeptieren und kritiklos zu verwenden, wenn es ihm damit gelingt, Konflikte zu vermeiden. Eine Tendenz, die sich im Verlauf des Stückes eher steigert als abbaut.[14]

Ganz im Gegensatz hierzu ist Mariannes Verhalten gekennzeichnet durch die Suche nach Eindeutigkeit. Aus dem Stückverlauf ist eine Art bewußtseinerweiternder Gegenbewegung zum geistigen Entwicklungsstillstand ihres Partners abzulesen. Diese Entwicklung läßt sich sowohl quantitativ wie auch qualitativ nachweisen.

Was die Quantität der Äußerungen beider Figuren betrifft, so ergibt sich eine umgekehrt proportionale Verteilung[15]:

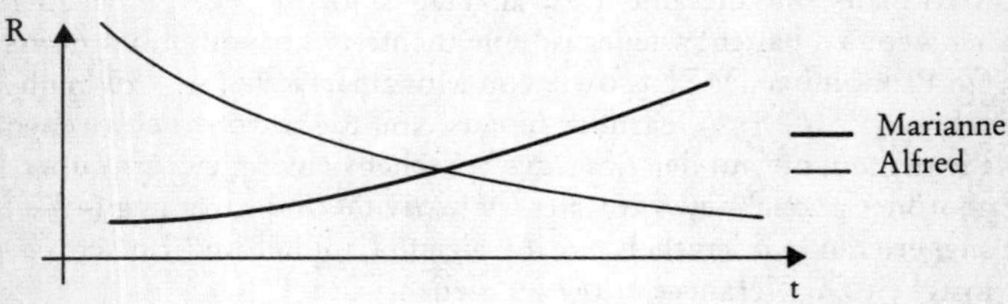

Was die Qualität der Aussagen Mariannes zu wichtigen Fragen ihres Denkens und Handelns anbelangt, läßt sich eine beträchtliche Tendenz zur Konkretisierung feststellen. Ausgehend von einem nebulösen Gottesbegriff zu Beginn findet Marianne graduell zu einer präziseren Haltung, die Widerspruch, Eigenverantwortlichkeit und den Willen zu Selbstbestimmung beinhaltet. Autoritärer Druck wird durch Widerstand und die Berufung auf das eigene Urteil beantwortet. Marianne »unterbricht« den Beichtvater und weist dessen Ansinnen, Empfängnis und Geburt ihres Kindes zu bereuen, zurück:

Nein, das tu ich nicht. [. . .] – Nein, ich bin sogar glücklich, daß ich es hab, sehr glücklich – (216)

Aus dem Reflektieren über einen Gott wird im weiteren – auch dies ein Schritt zur Konkretisierung – das fordernde Gespräch mit ihm. An die Stelle der Selbstrelativierung (Alfreds »daß ich ein schlechter Mensch bin das weiß ich, weil ich zu guter Letzt ein schwacher Mensch bin« [244] wäre in ihrem Munde undenkbar) tritt das Bekenntnis zur eigenen moralischen Identität:

Wenn es einen lieben Gott gibt – was hast du mit mir vor, lieber Gott? – Lieber Gott [. . .] ich bin kein schlechter Mensch – hörst du mich? (217)

In dieselbe Richtung geht Mariannes Angriff gegen die Anforderungen und Zurechtweisungen ihrer Umwelt. Die Vorwürfe des Vaters weist sie hart zurück, und sie entsentimentalisiert schonungslos die verlogenen Versöhnungsrituale der väterlichen Umgebung.

MARIANNE: Ich möcht jetzt nur noch was sagen. Es ist mir nämlich zu guter Letzt scheißwurscht – und das, was ich da tu, tu ich nur wegen dem kleinen Leopold . . . (247)

Letztlich kommt es nur ein einziges Mal, während der entscheidenden Begegnung bei der Verlobungsfeier, zu einer existentiell tieferen Bindung zwischen den beiden Protagonisten. An dieser einen Stelle, am Ende des ersten Teils, haben, wenn man will, beide eine identische Bewußtseinsebene erreicht, was sprachgestisch (und nicht ohne Ironisierung durch den Autor) verdeutlicht wird. Die echoartigen Wortverklammerungen evozieren den Eindruck eines Duetts der »hohen Minne«, lassen an mißverstandenen oder verkommenen Wagner denken. Horváth läßt keinen Zweifel daran, daß er dem Verbalgestus der absoluten Liebe mißtraut – wenige Verse später wird Alfred sein Bekenntnis explizit widerrufen:

Das hab ich nie gesagt. Das kann ich gar nicht gesagt haben. (191)

Ein Verhaltensschema, das dem aufmerksamen Leser bereits vertraut ist.

Es zeigt sich, daß es den Teilnehmern – nahezu ohne jedes zusätzliche Hilfsmittel – gelang, wesentliche Strukturen des Stücks korrekt zu erfassen: die von Erken beobachtete »Kreislauf-Dramaturgie«[16] wurde dabei ebenso klar erkannt, wie eine Reihe der von ihm und anderen festgestellten »Demaskierungstechniken«[17] Horváths. Auch hinsichtlich der Figuren und Figurenkonstellationen kam man ohne weiteres zu Aussagen, die sich denen der Forschung zumindest kritisch gegenüberstellen lassen – erst jetzt, *nachdem* ein eigenständiges Bild entwickelt war, schien es sinnvoll, der Frage nach der vom Autor »gemeinten« (d. h. der historischen) Welt auf der Basis zusätzlich eingebrachter Materialien nachzugehen:

Text und Kontext: »die gemeinte Wirklichkeit«

Mit diesem Schritt verbunden waren Überlegungen, die ganz allgemein das Verhältnis zwischen »Literatur und Wirklichkeit« zum Gegenstand hatten. Die Gruppe, sensibel geworden für literarische Formensprache, protestierte gegen eine ihr verdächtig glatt und steril erscheinende Differenzierung und Separierung, wie sie bereits durch das bloße Nebeneinander von Text, Interpretation und Material gegeben scheint. Sie postuliert:

- Text *ist* Kontext: das literarische (oder allgemeiner: ästhetische) Produkt ist nicht Abbild, sondern artikulierter Bestandteil der historischen Wirklichkeit.
  Es erscheint unlogisch und illegitim, den literarischen Text am Raster anderer Texte und Textsorten zu messen, zu bestimmen, ja auch, ihn damit in Verbindung zu bringen. Denn:
- Unterschiedliche Vertextung → Unterschiedliche »Wirklichkeit«: d. h. unterschiedliches Interesse, unterschiedliche Perspektive, unterschiedlicher Ausdruck.
  Nicht Thema oder Problemfeld (z. B.: die Schichtung des Mittelstandes in den dreißiger Jahren) sind entscheidend für die Referenz zwischen zwei Texten und für die Möglichkeit, einen Bezug zwischen ihnen herzustellen, sondern allein die Optik

unter der Wirklichkeit verarbeitet und zugleich geschaffen, aufgegriffen und zugleich ausgedrückt wird. Deshalb gelte:

– Textstruktur ≙ Sozialstruktur: der literarische Text *ist* Material und Dokument. Er *liefert* die sozialgeschichtlichen »Daten« und »Denkmodelle«.

Weder Textimmanenz noch bloßer Formalismus kann Konsequenz sein. Über die Ausdrucksform des Wortes wird vielmehr Einblick in die »innere Wirklichkeit« der Geschichte (der vergangenen und der gegenwärtigen), in die »black box« der Köpfe (der eigenen Köpfe) gegeben. Die ästhetische Struktur des literarischen Textes als Bewußtseinsfokus, als sozialgeschichtliche Realität.

Von diesen Prämissen ausgehend, wird der informative Wert der von Erken gebotenen Materialien keineswegs geleugnet. In Frage gestellt wird jedoch das Prinzip solcher Kommentierung von außen her, abgelehnt wird schließlich die Forderung, nach Bezugspunkten zwischen dem Stück und seinen Materialien zu suchen. Statt dessen wird der Versuch unternommen, nach derartigen Bezugspunkten innerhalb des Spektrums anderer, vergleichbarer literarischer bzw. künstlerischer Produkte der Zeit der dreißiger Jahre zu suchen.

Bei der Suche nach derartigen Paradigmen werden die im Kursmodell genannten Vergleichstexte als Einstiegshilfe dankbar angenommen. Kritik wird allerdings an dem, auch dabei zu beobachtenden, Prinzip geäußert, den Vergleich primär an thematisch »vorgefertigten« Kategorien zu orientieren, wie: *Die Mittelschichten in der Weimarer Republik, Kleinbürgertum und Familie, Mittelstand und Faschismus.*[18]

Um einem möglichen Mißverständnis vorzubeugen: Nicht um eine Entpolitisierung der Interpretation war es den Studenten der Gruppe zu tun; nicht um »Verinnerlichung«. Ganz im Gegenteil: der Wunsch nach einer Konkretisierung, einer exakteren Bestimmung der Bedürfnisse, Reaktionsmuster und Ausdrucksformen einer Zeit im unmittelbaren Vorfeld des Faschismus war einhellig. Vorbehalte aber bestanden sehr wohl dagegen, daß diese Bestimmung wiederum mittels der – ohnehin diffus und fragwürdig erscheinenden – politischen Kategorien erfolgen sollte.

Sätze wie »Was Marianne dem Sozialbereich, dem sie entstammt, entgegenzusetzen hatte, war nichts als die hilflose Ideologisierung von dessen eigenen ideologischen Prinzipien«[19] erregten Unwillen. Nicht, weil sie »ideologiekritisch« sind, sondern weil sie das Verhalten des Individuums gleichsam mit dem Instrumentarium eines Chefideologen sezieren. Erken fürchtet, »daß über dem stillen Pathos dieser Figur die schichtspezifische Determination ihres Glücksverlangens«[20] vergessen wird. Die Studenten haben den Eindruck, als sei über der Analyse der schichtspezifischen Determination das Gespür für die Figur verlorengegangen. Und dieser unmittelbare Bezug sei gerade bei Horváth wichtiger als möglicherweise bei anderen Autoren der Zeit.

Kurt Tucholsky, in vielem vergleichbar, unterscheidet sich hier: in seinen satirischen Dialogen (selbst wenn man an die Serie der »Wendriner-Geschichten« denkt) ist kein Raum für individuelle Merkmale, für persönliches Denken und Empfinden. Seine Figuren sind Chiffren, sind Kürzel für eine ganze Spezies.[21] Und: sie sind dies ausschließlich. »Wiederaufnahme« heißt einer dieser Dialoge, in dem eine im Auftreten unsichere, naive junge Frau von der Gerichtsrhetorik zerlegt wird. Der Mechanismus dieses Gerichts ist für den Satiriker von Belang, die Figur der Frau verbleibt schemenhaft. Umgekehrt verhält es sich, wenn sich Marianne den Pressionen der katholischen Kirche verweigert und im Beichtstuhl aufbegehrt.

Ein anderes Gegenbeispiel ist Karl Kraus. Er wiederum konzentriert sich primär auf den sprachlichen Aspekt der bewußtseinverdeckenden Lüge, so daß die Figur gleichsam nur über die sie »versprachlichenden« Medien (z. B. Presse) ins Spiel kommt.

Will man aus den Erfahrungen und Diskussionen Schlüsse für mögliche Fragestellungen ziehen, so bietet sich eine Perspektive an, die ich mit der Formel »Politisierung durch psychologisches Eindringen« umschreiben möchte. Wobei »Politisierung« meint: Orten und genaues Situieren im historischen Kontext, der Begriff des »psychologischen Eindringens« aber auf ein sensibleres Erfassen der Reaktions- und Verhaltensweisen der Individuen verweist (ohne zu vergessen, daß es sich um Kunstfiguren handelt). Ethnosoziologische Ansätze wie die Erving Goffmans (*Wir alle spielen Theater. Die Selbstdarstellung im Alltag.* München 1976) und Lionel Trillings (*Das Ende der Aufrichtigkeit.* München 1980) könnten hierbei hilfreich sein.

1982

Originalbeitrag.

1 Günther Erken, *Ödön von Horváth: »Geschichten aus dem Wiener Wald«*, in: *Von Lessing bis Kroetz. Einführung in die Dramenanalyse. Kursmodelle und sozialgeschichtliche Materialien*, hg. Jan Berg u. a., Kronberg/Ts. ^{2}1976, S. 138-179. Dort auch (S. 241-243) das *Kursmodell »Geschichten aus dem Wiener Wald«*, sowie Materialien zu den Textvorschlägen.
Das *Kursmodell* von Erken:

Geschichten aus dem Wiener Wald

Themen	Textvorschläge
Die Mittelschichten in der Weimarer Republik:	
Unterscheidung zwischen altem und neuem Mittelstand nach sozioökonomischen Gesichtspunkten: Selbständige – Arbeitnehmer.	Materialien zu *Geschichten aus dem Wiener Wald* 3
Mittelstandsideologie im Gegensatz zur ökonomischen Bedeutung und Soziallage; Abgrenzung der Proletaroiden gegen das Proletariat, zu erklären aus Geschichte und Ökonomie. Bedeutung der Wirtschaftskrise für diese Entwicklung.	Materialien zu *Geschichten aus dem Wiener Wald* 2, 3
Interessengegensätze in den Mittelschichten gegenüber dem Klassenbewußtsein der Industriearbeiterschaft. Fehlen einer großen Mittelstandspartei; Wählertendenzen in den Mittelschichten 1930.	Materialien zu *Geschichten aus dem Wiener Wald* 3, 1
Tendenzen der weiteren Entwicklung der Mittelschichten und der Mittelstandspolitik.	Materialien zu *Landshuter Erzählungen* 1, 2, 3
Horváths Konfiguration als Versuch eines Mittelstands-Soziogramms.	
Vergleich der Geschäftsauffassungen des Zauberkönigs und Alfreds.	*Geschichten aus dem Wiener Wald* III/3, 109 und I/1

Kleinbürgertum und Familie:

(Horváths Exposition von Rollen in einem Gestus: die Mutter)	(*Geschichten aus dem Wiener Wald* I/1, Beginn)
Exposition der patriarchalischen Familienstruktur der Zauberkönig-Familie; Vergleich mit dem sich auflösenden Matriarchat der Alfred-Familie.	*Geschichten aus dem Wiener Wald* I/2; I/1 und II/5
Entwicklung der Berufsarbeit der Frauen und Rückständigkeit des patriarchalischen Familiensystems; Korrelation von Patriarchat und Kleingewerbe.	Materialien zu *Geschichten aus dem Wiener Wald* 4, 5 Teil II, A, 3 *Geschichten aus dem Wiener Wald* I/2
Mariannes Sozialisation und ihre kleinbürgerlichen Emanzipationsvorstellungen im Vergleich zu gesellschaftspolitisch fundierter Emanzipation.	*Geschichten aus dem Wiener Wald* I/2, 3, 4; III/1, 98 f. Teil II, C, 3
Züge von »Spießer«-Kritik (-Karikatur), ihr sozialkritischer Hintergrund. (Möglicher Vergleich mit anderen Stücken der deutschen Dramatik.)	*Geschichten aus dem Wiener Wald* I/3, III/1 (Sternheim: *Die Hose;* Brecht: *Die Kleinbürgerhochzeit, Die Dreigroschenoper;* Zuckmayer: *Der Hauptmann von Köpenick*)

Mittelstand und Faschismus:

Die Wählerressourcen der Nationalsozialisten, besonders beim neuen Mittelstand; mögliche sozialpsychologische Erklärung.	Materialien zu *Geschichten aus dem Wiener Wald* 1 Materialien zu *Landshuter Erzählungen* 4
Horváths Relativierung des karikierten Nazi-Jünglings Erich durch die Wiener als Verharmlosung der politischen Gefahr.	*Geschichten aus dem Wiener Wald* I/3, II/6, III/1, 84 f.
Die Wien-Ideologie im Stück (z. B. Mister) im Vergleich zum deutschen nationalistischen Volksbegriff.	III/1, 88, vgl. auch die Lieder. Materialien zu *Geschichten aus dem Wiener Wald* 6, 7

Demaskierung des Bewußtseins durch Sprache:	
Vielschichtigkeit der Sprache Horváths: Zeitungsjargon und Kitsch als Verweis auf das geliehene Selbstverständnis der Figuren, ihre Selbstwidersprüche als Verweis auf kleinbürgerliche Ideologeme; Entschärfung dieses Prinzips im Kalauer.	*Geschichten aus dem Wiener Wald* I/4 (Marianne – Alfred) und III/3 (Zauberkönig, Oskar, Alfred)
Umwandlung dieses Prinzips in Handkes Nacherzählung *Totenstille beim Heurigen.*	

Probleme des Volksstücks:	
Widerspruch von inhaltlich genauer und hinsichtlich des Zielpublikums ungenauer Definition von Volk in Horváths *Gebrauchsanweisung.*	8,659-665
Diffuse Wirkungen des Stücks als Folge dieses Widerspruchs.	Materialien zu *Geschichten aus dem Wiener Wald* 8-10
Unterschied zu Brechts Anspruch an das Volksstück.	Materialien zu *Landshuter Erzählungen* 5

Materialien zu »Geschichten aus dem Wiener Wald« (bei Erken):

(1) Analyse der Wählerschichtung 1930 (S. 160-163).
Hans Neisser, *Sozialstatistische Analyse des Wahlergebnisses,* in: Die Arbeit. Zeitschrift für Gewerkschaftspolitik und Wirtschaftskunde, Jg. 1930, H. 10, S. 654-657.

(2) Die Mittelschichten und die Sozialdemokratie (S. 163-165).
Theodor Geiger, *Die Mittelschichten und die Sozialdemokratie,* in: Die Arbeit, Jg. 1931, H. 8, S. 619 und 621. (Siehe auch S. 203-206 in diesem Band.)

(3) Der Mittelstand in der kapitalistischen Gesellschaft (S. 165-168).
Emil Grünberg, *Der Mittelstand in der kapitalistischen Gesellschaft,* Leipzig 1932, S. 177-197.
(Siehe auch S. 207-213 in diesem Band.)

(4) Konservative Ehe-Reform (1932) (S. 168-170).
Claus Schrempf, *Diktatur der Tatsachen. Wohin sie Deutschlands Volk und Wirtschaft führt,* Berlin 1932, S. 146-150.

(5) Konservative Kritik an der »Effeminierung« der Öffentlichkeit (1932) (S. 170-173).
Claus Schrempf, *Diktatur der Tatsachen*, S. 151-154.

(6) Die Hindenburg-Legende. Restauration und Militarisierung in der Weimarer Republik (S. 173-174).
Hans Luther, *Der Einiger des Volkes*, in: Die Woche. Berlin, Jg. 29, Nr. 40 (1. 10. 1927), S. 1179 f.

(7) Horváths Absage an den Nationalsozialismus (S. 174-175).
Ödön von Horváth, *Gesammelte Werke* 5, 10.

(8) Reaktion von rechts auf die Uraufführung (S. 175).
Ludwig Sternaux im Berliner Lokal-Anzeiger, 3. 11. 1931. (Siehe auch S. 45 in diesem Band.)

(9) Die links-liberale Presse zur Uraufführung (S. 176-177).
Manfred Georg in Tempo, Berlin, 3. 11. 1931. (Siehe auch S. 44. in diesem Band.)

(10) Eine Wiener Kritik zur Uraufführung (S. 177-178).
Hugo Engelbrecht in Wiener Zeitung, 7. 11. 1931. (Siehe auch S. 48 f. in diesem Band.)

Materialien zu »Landshuter Erzählungen« (bei Erken):

(1) Aufgabe und Funktion der Mittelschichten. Die gesellschafts- und staatspolitische Bedeutung (S. 191).
Deutscher Industrie- und Handelstag, *Stärkung der Mittelschichten. Gründe. Möglichkeiten und Grenzen.* Berlin 1958 (Schriftenreihe Heft 53), S. 17.

(2) Mittelstandspolitik als antikommunistisches Propagandainstrument (S. 191-192).
Alexander Rüstow / Franz Böhm / Hans Reif / Johann Lang / Günter Schmölders / Ludwig Erhardt, *Der mittelständische Unternehmer in der Sozialen Marktwirtschaft*, Ludwigsburg 1956, S. 51 ff.

(3) Der Schrumpfungsprozeß des selbständigen Mittelstandes in der BRD (S. 193).
Petra Milhoffer, *Familie und Klasse. Ein Beitrag zu den politischen Konsequenzen familiärer Sozialisation*, Frankfurt 1973, S. 92-93.

(4) Kritik der sozialpsychologischen Faschismus-Theorien (S. 194-195).
Wolfgang Fritz Haug in: Das Argument (32). Faschismus-Theorien II, 7. Jg., H. 1, Berlin 1965, S. 30-31.

(5) Bertolt Brecht: *Über den Realismus* (S. 195-196), in: Bertolt Brecht, *Gesammelte Werke in 20 Bänden*, Frankfurt 1967, Bd. 19, S. 325-326.

Zur Sozialgeschichte und Theorie der bürgerlichen Familie:

(Teil II, A, 3) Thesen zur Auflösung der Kleinfamilie im 20. Jahrhundert (S. 204-205):

Jutta Menschik, *Gleichberechtigung oder Emanzipation? Die Frau im Erwerbsleben der Bundesrepublik*. Frankfurt 1971, S. 150.

(Teil II, C, 3) Die Frau der Zukunft (S. 217-222):

August Bebel, *Die Frau und der Sozialismus* (1879), Berlin-DDR 1964, S. 515-522.

2 Erken, S. 173.

3 Ihnen sei an dieser Stelle herzlich gedankt. Die Arbeit am Text erforderte einige konzentrierte und ausgedehnte Sitzungen.

4 Zitiert wird nach dem Text *Geschichten aus dem Wiener Wald* in Band 1 der achtbändigen Werkausgabe der edition suhrkamp (Frankfurt 1978, 2. verb. Aufl.). Die römische Ziffer verweist auf den Teil des Stücks, die arabische auf die Szene; nach Bindestrich wird auf die Seitenzahl innerhalb des Textabdrucks verwiesen.

5 Vgl. Harald Weinrich, *Linguistik der Lüge. Kann Sprache die Gedanken verbergen?*, Heidelberg 1970.

6 Vgl. U. Gaier, *Satire. Studien zu Neidhart, Wittenwiler, Brandt und zur satirischen Schreibart*, Tübingen 1967. Gaiers Satiretheorie kann immer noch als guter Einstieg in diese Problematik empfohlen werden.

7 Ein anderes Beispiel für dasselbe Verhalten ist Alfreds Antwort auf die Frage seiner Mutter nach der Beziehung zum Hierlinger Ferdinand.

8 So auch bei Erken, S. 147.

9 Die Skizze berücksichtigt nur die eindeutig einem der beiden Spielorte zuzurechnenden Szenen.

10 Auch diese direkte Art der verbalen Attacke steht im Gegensatz zum Verhalten zwischen den anderen Figuren: das Fehlen einer geschlossenen ideologischen Basis zeigt sich dort nicht im direkten, sondern im verdeckten Angriff: die Verfluchung findet »außer Hörweite« des jeweils Betroffenen statt: »Luder. Mistvieh. Zuhälter« nennt dann Valerie Alfred (174); Erich bezeichnet diese als »altes fünfzigjähriges Stück Scheiße« (239).

11 Entsprechendes wird auch durch außerhalb des Handlungsgeschehens stehende Episoden und Bilder angedeutet, man denke an die Aggressionen des Fleischergehilfen dem kleinen Mädchen gegenüber oder an die diversen Bedürfnisse des Zauberkönigs.

12 Vgl. auch den Brief der Großmutter, in dem sie Marianne den »gottgewollten« Tod des kleinen Leopold mitteilt (248 f.).

13 Die Losung, die Frau Valerie in diesem Zusammenhang ausgibt, lautet:

»Hier wird jetzt versöhnt –« (246).

14 Man denke hier besonders an seine Entschuldigungen im Kontext der Wiederannäherung an Frau Valerie (244 f.).

15 Berücksichtigt wurden bei der Zählung nur solche Aussagen der Figuren, die sich als programmatisch zu verstehen geben.

16 Erken, S. 153.

17 Ebd., S. 147. In beiden Fällen war es im Rahmen des hier Angestrebten nicht möglich, über den Nachweis einer Fülle weiterer Details zu berichten. Gewinnbringende Aussagen wurden vor allem zum Problemfeld der Spiegelungstechnik (vgl. Mariannes Suche nach den Sockenhaltern erst des Vaters [169], dann Alfreds [196]), der Wortechos und zum Bildfeld der Maske (vgl. die Gesichtsmaske [!] der Baronin in II 4-204) gemacht.

18 Vgl. Erken, S. 241 f.; siehe auch S. 171 dieses Bandes.

19 Erken, S. 152.

20 Ebd., S. 151.

21 Vgl. Katrin Lindner und Jürgen Wertheimer, *Formen des satirischen Dialogs in Kaspar Hausers Beiträgen zur »Weltbühne«*, in: Irmgard Ackermann (Hg.), *Kurt Tucholsky. Sieben Beiträge zu Werk und Wirkung*, München 1981, S. 131-161. Dort auch ein Modell zur Dialoganalyse nach Grice und Cicourel.

Exkurs: Der Mittelstand

Ödön von Horváth

Der Mittelstand[1]

[Blatt 1]

Der Mittelstand
Roman

1.) Die Entstehung der Familie Qu.

Man streitet sich darüber, ob der Mensch ein Produkt seiner Umgebung ist, ob die Menschen, materialistisch bedingt oder idealistisch bedingt sind. Die Wahrheit werden wohl meist die Unzufriedenen ertragen und suchen, die Zufriedenen nicht. Die sich in ihrer Zufriedenheit bedroht fühlenden, die unsicher gewordenen, werden eher dazu neigen, phantastische Theorien aufzustellen. So werden sie behaupten, sie hätten einen Odem Gottes in sich, usw.

So behauptete Ferdinand Qu., daß es einen göttlichen Atem gibt, während Karl Qu. dies etwas leugnete. Er las Nietzsche. – Tatsache bleibt, das Ferdinand Qu. ein Gemüsegeschäft hatte.

Die Familie Qu., deren Genealogie hier beschrieben werden soll, kann nur bis in das vierte Glied verfolgt werden – bis dahin, wo sie als dritter Stand auftaucht. Der Urgrossvater kam aus Mitteldeutschland, mehr weiß man nicht. Aus Hannover, aber niemand der Familie kennt Hannover.

Als Urgrossvater Qu. durch Europa zog, gab es noch keine Eisenbahnen.

Es scheint ein bestimmtes Gesetz zu geben, daß die Energie der Enkel = der Energie der Grosseltern, also immer eine Generation überspringt.

Durch Fleiss, Sparsamkeit und Stätigkeit empor mit der Familie Qu.!

Die Schattenseiten: *die Ausbeutung!!*

Seine Nachkommen: für die ist die Ausbeutung eine Gewohnheit. Wer diese Zusammenhänge klar legte, die neuen Ideen flössten ihnen einen Schrecken ein, genau wie seinerzeit die Christlichen Ideen den römischen Soldaten, das sich in Lachen und Spott offenbarte.

Wohl gab es einige Idealisten, aber ihr Sozialismus blieb in ihrer Jugend beschränkt und war Theorie. Ein theoretischer Idealismus.

Der Mittelstand

Der Mittelstand ist eine Klasse, eine eigene zwischen 2 anderen, heute. Seine Grenzen verwischen sich, aber es ist doch eine Klasse, kein Übergang, eine Klasse mit eigener Ideologie. Mit einer Ideologie, die nur scheinbar schwer ramponiert worden ist. (Ibsen)

Die Durchgangsstation für *wenige* Einzelne aus dem Proletariat ins Kapital.

Der Mittelstand ist fast gleich mit der *Familienkultur*. Er hat sich von der Horde losgelöst, aber er ist noch nicht fähig zur wirklichen Gemeinschaftsidee.

Wir erleben eine Renaissance des Mittelstandes. Mächtig ist er im Vordringen im alten Europa – er trägt aber natürlich die Keime des Zerfalls in sich.

Die Entstehung der Familie liegt unter dem grauen Himmel der Prähistorie.

[Blatt 2]

Der Mittelstand
Roman

1.) Die Geschichte der Familie Qu.

Es gibt wohl keine Klasse, die derart auf der Idee der Familie gründet, wie der Mittelstand. Der Mittelstand ist der treueste Hort der Familie, der christlichen sowohl als auch der jüddischen.

[Blatt 3]

Wer uns das Licht nimmt, ist ein Verbrecher, begeht ein Verbrechen – dass es ein Aufwärts gibt, das ist keine Illusion, und könnten wir es heute auch noch nicht feststellen – – die Menschen *wollen* aufwärts, und das ist der Beweis dafür, das es ein »Aufwärts« und »Vorwärts« gibt. Die Sehnsucht ist da, und das ist der Beweis.

Wer den Fortschritt leugnet, ist ein Verbrecher oder ein minderwertiger Spiessbürger oder ein Kranker.

Jetzt hörte er, das Rad der Geschichte sich drehen.

Die Entwicklung geht über Klassen und Einzelne vorwärts.

Aus dem auf den einen gestellten im Mittelstand, kommt der Kollektivgeist durch die Technik.

Die Fabrik: die 20 Leute, die kollektiv arbeiten – dadurch Stärkung des Kollektivbewußtseins.

Die Leute, die den Fortschritt der Welt leugnen, das sind die, die es nicht haben wollen, dass eine Zeit mal nicht nach dem Profit produziere. Das sind die Pessimisten. Die bürgerlichen Pessimisten.

[Blatt 4]

Der Mittelstand
Roman

Der Mittelstandsgott, das ist ein alter Herr mit einer ehrfurchtheischenden Miene. Er versteckt seine Pantoffeln unter seiner Toga. Er sieht einem guten, aber strengen Grossvater ähnlich. Er ist der Schutzgott der kleinen Betriebe. – Auch er ist ein scheinbar antikapitalistischer Gott.

1.) *Allgemeiner Überblick.* a.) Wesen des M.
b.) Soziologie
c.) Historisches (Französische Revolution)

d.) Entwicklungsgeschichte = Formveränderungen

2.) *Die vorletzte Gestalt des Mittelstandes (1890-1918)*
(Die wilhelminische Zeit des Mittelstandes = totale Verblödung)
Marx: (über Mittelst. »Bäcker, Hausbesitzer, Metzger, usw. – sie alle zehren am Fleische des Proletariats)

3.) *Der Zusammenbruch des alten Mittelstandes durch die Gewalten: Krieg.* (Phönix aus der Inflation = der neue Mittelstand, das sind: die Angestellten; aber hier hat sich schon etwas sehr Wichtiges verschoben, nämlich der »Eigene Herr«-Standpunkt existiert nicht mehr – der auch nur vorher schon immer illusorischer geworden ist)
Inflation.
Stabilisierung *Rationalisierung*
Und durch die stärkste Gewalt: die *Errungenschaften der Technik.* Durch die Errungenschaften aber, die Anpassung (Mimikry) lebt der Mittelstand noch weiter in den »Angestellten«. – Wird er sich zu einem neuen Typ konsolidieren, oder wird er aufgehen im Proletariat und in der Leibgarde der Bourgoisie? Das ist die Frage des Mittelstandes
(Zur Genealogie)
Geschichte der Familie Qu.
Geschichte der Familie St. (die nie besonders auffällt)
Revolution der Frau

4.) *Die neuen (werdenden oder Übergangsformen) Formen des Mittelstandes.*
I.) *Überbleibsel aus der Schieberzeit*
Beide verschwindend gering
II.) *Aufstieg aus dem Proletariat*
a.) aus der Arbeiterschaft direkt
b.) aus proletarischen Parteien (Stadtrat, Funktionär, Beamter, usw.)
1.) *Stadtrat.* (Kurze Zeit nur hielt er sich im Mittelstand auf, wie ein Komet)
2.) *Funktionär*
3.) *Landrat.* (Otte)

4.) *Der proletarische Student* (für ihn ist die Klasse überwunden – für ihn persönlich, daher gibt es auch keinen Klassenkampf mehr)

III.) *Überbleibsel aus dem alten Mittelstand.*
(Kampf gegen das Warenhaus) Gewerbe, Kaufleut, Hotelier, höhere Beamte, Reichswehroffiziere und Polizeioffiziere.
»Freie« Berufe: Arzt, Ingenieur, usw.
Die Intellektuellen: Schriftsteller, Maler, Musiker, Journalist.
Die Studenten. (So großer Zulauf auf die Universität aus Angst vor Verproletarisierung)
Ein Aufstieg in die Bourgoisie = wie eine Sage, eine Legende, klingt die Kunde vom Aufstieg dieses fernen Verwandten.
(Auch in Amerika ist ja nicht mehr zu wollen)
Nach der Spitze der Pyramide
(Der Erfinder, der durch seine Erfindung mit beiträgt, den Mittelstand zugrunde zu richten (Tragik))

IV.) *Degradiert aus Bourgoisie*
Die Familie, die von der Pension des alten Majors lebt. Sie pflegen ihn, daß er nicht stirbt. Er stirbt trotzdem vor dem 1. Oktober, am 29. September.
Die Universitätsprofessoren (ein Bollwerk des Mittelstandes)

V.) *Degradiert aus Aristokratie*
Graf Arthur. Gräfin – Heinz.
Das verlorene »von«
Der Hass auf das Bürgertum.

VI.) *Die Angestellten.* (Das Produkt aus allen Degradierungen)
Die Töchter des zugrundegegangenen Chauffeur
Schlafwagenschaffner.
Der Syndikus
die Schlaraffen
Der Prokurist

Neue Berufe und Vergnügungen:
Sport, Homöopathie, Mystik, Okkultismus, Spiritismus)
Der Sport
(Berufsboxer, mit und ohne Erfolg.)
Leichtathletik.
Der Speerwerfer, das ist sein ganzer Stolz.
Die Sommerfrische (ihr Tod = Ablösung durch das Auto.)
Das Kruzifix, errichtet vom Verschönerungsverein.

VII.) *Proletarisierter Mittelstand.*
Die Schönheit von Fulda. (Der verarmte Beamte)
Die »Völkischen«. – (Der »freisinnige« Vater – der Hakenkreuz-Sohn)
Ein Gespräch über Kunst.
Ein Gespräch über Politik.
Der Tod des Märchens.

5.) *Tragik und Überwindung des Mittelstandes*
Tragik: die wertvollen Söhne verlassen den Mittelstand.
Die Lehrerin von Regensburg (Die Spitzel)
Die Bekehrung des Studenten Salm –
Die Kommunisten.
Die Entstehung des revolutionären Schriftstellers Kurt Albrecht.

Siegfried Kracauer

Die Angestellten[2]

(1929/30)

Hunderttausende von Angestellten bevölkern täglich die Straßen Berlins, und doch ist ihr Leben unbekannter als das der primitiven Völkerstämme, deren Sitten die Angestellten in den Filmen bewundern. Die Funktionäre der Angestelltenverbände blicken, wie es nicht anders sein kann, nur selten über das Detail hinaus auf die Konstruktion der Gesellschaft. Die Unternehmer sind im allgemeinen keine unvoreingenommenen Zeugen. Die Intellektuellen sind entweder selbst Angestellte, oder sie sind frei, und dann ist ihnen der Angestellte seiner Alltäglichkeit wegen gewöhnlich uninteressant. Hinter die Exotik des Alltags kommen auch die radikalen Intellektuellen nicht leicht. Und die Angestellten selber? Sie am allerwenigsten haben das Bewußtsein ihrer Situation.

[...]

Dabei wäre es längst an der Zeit, daß das Licht der Öffentlichkeit auf die öffentlichen Zustände der Angestellten fiele. Ihre Lage hat sich seit den Jahren vor dem Krieg von Grund auf verändert.

Schon rein zahlenmäßig: es gibt heute in Deutschland 3,5 Millionen Angestellte, von denen 1,2 Millionen Frauen sind. Im gleichen Zeitraum, in dem sich die Zahl der Arbeiter noch nicht verdoppelt hat, haben sich die Angestellten annähernd verfünffacht. Auf jeden fünften Arbeiter kommt gegenwärtig ein Angestellter. Auch die öffentlichen Beamten haben einen starken Zuwachs erfahren.

Diese gewaltigen Angestelltenmassen sind fast zur Hälfte im Handel, bei Banken und im Verkehr beschäftigt. Bemerkenswert ist, daß in den letzten Jahren die Zahl der Industrieangestellten besonders rasch zugenommen hat; sie beträgt jetzt bereits 1,35 Millionen. Der verbleibende Rest von einer halben Million entfällt auf Behörden, Organisationen usw. – Was die Berufsgliederung betrifft, so ist die weitaus bedeutendste Gruppe die der kaufmännischen Angestellten mit 2¼ Millionen. Ihr folgen in erheblichem Abstand die übrigen, fast gleich großen Gruppen der Büroangestellten, Techniker und Werkmeister, deren jede sich auf rund eine Viertelmillion beläuft.

Die Gründe für die ungeheure Vermehrung mögen in der Fachliteratur nachgelesen werden. Sie sind im wesentlichen an die Strukturwandlungen der Wirtschaft geknüpft. Die Entwicklung zum modernen Großbetrieb bei gleichzeitiger Veränderung seiner Organisationsform; das Anschwellen des Verteilungsapparates; die Ausdehnung der Sozialversicherung und der großen Verbände, die das Kollektivleben zahlreicher Gruppen regeln – das alles hat, jedem Abbau zum Trotz, die Ziffern nach oben getrieben. Daß gerade so viele Frauen in die Angestelltenberufe geströmt sind, läßt sich noch im besonderen aus der Erhöhung des Frauenüberschusses, den wirtschaftlichen Folgen von Krieg und Inflation und dem Bedürfnis der neuen Frauengeneration nach wirtschaftlicher Selbständigkeit erklären.

Der dialektische Umschlag der Quantität in die Qualität ist nicht ausgeblieben. Oder inhaltlich ausgedrückt: die Qualität ist in die Quantität umgeschlagen. Ursache dieses Umschlages ist die vielgenannte Rationalisierung. Seit der Kapitalismus besteht, ist innerhalb der ihm gezogenen Grenzen schon immer rationalisiert worden, aber die Rationalisierungsperiode 1925 bis 1928 bezeichnet doch einen besonders wichtigen Abschnitt. Sie hat das Eindringen der Maschine und der Methode des »fließenden Bandes« in die Angestelltensäle der Großbetriebe bewirkt. Durch diese nach amerikanischem Muster vorgenommene Umstellung – sie ist noch lange nicht abgeschlossen – erhalten große Teile der neuen Angestelltenmassen eine gegen früher herabgeminderte Funktion im Arbeitsprozeß. Es gibt heute un- und angelernte Angestellte in Menge, die eine mechanische Tätigkeit versehen. (In den seit kurzem entstandenen Einheitspreisgeschäften etwa werden die Obliegenheiten der Verkäuferin mechanisiert.) Aus den ehemaligen »Unteroffizieren des Kapitals« ist ein staatliches Heer geworden, das in seinen Reihen mehr und mehr Gemeine zählt, die untereinander austauschbar sind.

Kein Geringerer als Emil Lederer nennt es »eine objektive Tatsache, wenn man behauptet, daß die Angestellten das Schicksal des Proletariats teilen«. Ja er wagt die Aussage: ». . . der gesellschaftliche Raum, in dem wir noch die moderne Sklaverei finden . . ., ist heute nicht mehr der Betrieb, in welchem die große Masse der Arbeiter arbeitet, sondern dieser soziale Raum ist das

Bureau«. Über das Quantum der Sklaverei hier und dort läßt sich streiten, aber die Proletarisierung der Angestellten ist nicht zu bezweifeln. Jedenfalls gelten für breite, im Angestelltenverhältnis befindliche Schichten ähnliche soziale Bedingungen wie für das eigentliche Proletariat. Es hat sich eine industrielle Reservearmee der Angestellten gebildet. Der Auffassung, daß sie eine vorübergehende Erscheinung sei, steht die andere gegenüber, daß sie erst mit dem System abgerüstet werden könne, durch das sie heraufbeschworen worden ist – eine Diskussion, von der noch zu reden sein wird. Ferner ist die Existenzunsicherheit gewachsen und die Aussicht auf Unabhängigkeit nahezu völlig geschwunden. Kann danach der Glaube aufrechterhalten werden, daß die Angestelltenschaft so etwas wie ein »neuer Mittelstand« sei? Man wird sehen, daß die für Angestellte produzierten Illusionen auf reichliche Nachfrage stoßen.

Immerhin ist der Wirklichkeitssinn der Angestellten durch ihre gedrückte materielle Lage geschärft worden. Durchschnittsgehälter, die für Ausgelernte bei unter 150 Mark anheben und für berufsältere Kräfte in gehobenen Stellungen kaum je 500 Mark erreichen, nötigen sie dazu, sich mindestens in ökonomischer Hinsicht als Arbeitnehmer zu fühlen. Das Einkommen der weiblichen Angestellten ist übrigens in der Regel 10 bis 15 Prozent niedriger. In dem Kampf um bessere Arbeitsbedingungen haben sich gegen 30 Prozent der Angestellten gewerkschaftlich organisiert. [. . .]

Sombart hat einmal bemerkt, daß unsere großen deutschen Städte heute keine Industriestädte, sondern Angestellten- und Beamtenstädte seien. Wenn das von einer Stadt gilt, so von Berlin. Hier ist der wirtschaftliche Prozeß, der die Angestelltenmassen aus sich herausgesetzt hat, am weitesten gediehen; hier finden die entscheidenden praktischen und ideologischen Auseinandersetzungen statt; hier wird besonders auffällig die Gestalt des öffentlichen Lebens von den Bedürfnissen der Angestellten und denen bestimmt, die ihrerseits diese Bedürfnisse bestimmen möchten. Berlin ist heute die Stadt der ausgesprochenen Angestelltenkultur; das heißt einer Kultur, die von Angestellten für Angestellte gemacht und von den meisten Angestellten für eine Kultur gehalten wird. Nur in Berlin, wo die Bindungen an Herkunft und Scholle so weit zurückgedrängt sind, daß das Weekend große Mode werden kann, ist die Wirklichkeit der Angestellten zu erfassen. Sie ist auch ein gut Teil von der Wirklichkeit Berlins. [. . .]

Béla Balázs

Der Film des Kleinbürgers[3]

(1930)

Freilich gibt es auch Ausnahmen. Aber Gesetze der Wirtschaft sind eben Gesetze der Wirtschaft. Filmproduktion ist eine Großindustrie und muß nach dem größtmöglichen Absatz trachten. Das ist notwendig und selbstverständlich. Diese Großindustrie muß der Ideologie der breitesten Masse entgegenkommen, aber ohne ihre eigne aufzugeben. Sie muß sich rentabilitätshalber an »untre« Schichten wenden. Doch nur an jene, deren geistige und emotionelle Bedürfnisse sie befriedigen kann, ohne die Interessen der herrschenden Klasse zu gefährden. Da kommt also vor allem jene Masse in Frage, der die eigenen Interessen am wenigsten bewußt sind. Es ist das Kleinbürgertum.

Der Kleinbürger nämlich hat kein Klassenbewußtsein. Er wird also nicht alles ablehnen, was seinen ökonomischen und sozialen Interessen widerspricht. Vor allem aber ist das Kleinbürgertum darum das größte Absatzgebiet, weil sein Geist nicht auf eine Gesellschaftsschicht beschränkt ist. Der Kleinbürger steckt überall. Sehr viele Proleten, Intellektuelle und Großbürger braucht man nicht lange zu kratzen und das eine und einige große Kinopublikum kommt zum Vorschein.

Kleinbürgerlich, das ist die begrenzte Sicht des unsozial und unpolitisch betrachteten Lebens. Es ist jener »bescheidene«, weil kurzsichtige Egoismus, für den nur das unmittelbar Nächstliegende Realität hat. Die Schranken seiner Beschränktheit sind des Kleinbürgers feste Burg. Innerhalb dieser Schranken ist die Idylle. Außerhalb ihrer die Romantik.

Romantisch also ist das Ferne und alles, was fern sein und bleiben soll. Alles, was die Ruhe bedroht, wird jenseits der Schranken verdrängt. Romantisiert. Romantisierung ist eine Abwehrmaßnahme des Kleinbürgers. Denn kein Gruseln darf seinen Glauben an die Unantastbarkeit seiner Lebensbasis (die vielleicht gar nicht mehr vorhanden ist) erschüttern. Das happy end ist da, um diesen Glauben aufrechtzuerhalten. Denn so schlimm seine Situation auch sein mag, der Wechsel erscheint dem Kleinbürger als das

Schlimmste. Begreiflich. Denn für den, der keine historischen und sozialen Zusammenhänge sieht, bedeutet jeder Wechsel das Chaos.

Beruhigung! Beruhigung also ist die Grundtendenz der durchschnittlichen Filmproduktion. Beruhigung auch in der Darstellung aufregendster Sensationen. (Nichts ist so beruhigend als Romantik.) Auf Beruhigung gehen alle gangbaren Themen und Motive des Films aus.

Vor allem die Liebe. Denn die Liebe ist am leichtesten ohne Klassenkampf zu behandeln. Als Naturkraft scheint sie allgemein gültig zu sein und darum allgemeines Interesse zu beanspruchen. Im dramatischen Konflikt mit sozialen Hindernissen erweist sich die Gewalt der Filmliebe fast immer siegreich. Sie überbrückt Klassenunterschiede und beruhigt darüber, daß Klassengegensätze letzten Endes nicht entscheidend sind.

Dem Selbstbewußtsein, radikal und emanzipiert zu sein, wird dabei auch Nahrung gegeben. Soziale Einrichtungen und Vorurteile, die dem Menschen das Recht auf Liebe nehmen, werden oft ganz rebellisch kritisiert. Es sind immer solche, die in der Praxis des Kleinbürgers kaum vorkommen. Es handelt sich meist um eingesperrte Nonnen oder regierende Fürsten, die dem Ruf ihres Herzens nicht folgen dürfen. So werden auch andre vergangene oder exotische Vorurteile gebrandmarkt. Ideelle Revolten gegen Unterdrückungsformen, die es längst nicht mehr gibt, sind die ideologischen Ventile für den kleinbürgerlichen Liberalismus. Und wenn das reiche Mädchen den armen Jüngling, oder umgekehrt, nicht heiraten darf, so wird umsichtigerweise darauf aufmerksam gemacht, daß solche Strenge sich als ein Rechenfehler erweisen könnte. Denn im letzten Akt hat dann der Jüngling oft mehr Geld als das Mädchen. Oder umgekehrt.

Erotische Leidenschaft erscheint als Naturkatastrophe. Wie eine schwere Krankheit, die den Menschen überfallen kann, jedoch nicht zum Bestand des normalen Lebens gehört. Nicht dazu gehören soll! Darum ist Leidenschaft immer etwas Romantisches. Sie scheint nur an den dunklen Peripherien des Lebens vorzukommen. Sie wird eben durch die Romantisierung an die Peripherie verdrängt. Wo der Kleinbürger nicht mehr sehen will, dort beginnt er zu phantasieren.

Familiengefühle sind auch »allgemein menschlich«, das heißt ziemlich ähnlich bei allen Klassen, und können darum normiert werden. Mutterliebe ist eine international und bei allen Gesellschaftsschichten verwertbare Ware. Daß zumal der amerikanische Film den Gemütsgehalt des Familienlebens ausbeutet wie Ölfelder und Kohlenreviere, das kommt daher, daß in dem überorganisierten, mechanisierten Betrieb des amerikanischen Lebens die Familie die einzige Insel ist, wo der Mensch noch natürliche Beziehungen erlebt.

Und er möge sie gar nicht anderswo suchen. Familienglück ist Trost für jede Unbill. Soll es sein. Laß der Welt und der Ausbeutung ihren Lauf. Was schert dich der Klassenkampf. Die Familie ersetzt dir alles.

Mit der Verdinglichung des taylorisierten und rationalisierten Menschen wächst sein Bedürfnis nach Sentiment. Das Gefühl, aus dem sachlichen Leben verdrängt, fließt wie die herausgepreßte Limonade nebenher und formt sich zu eignen Wunschtraumgebilden. Da der Kleinbürger nicht daran denkt, an seiner eignen Wirklichkeit etwas zu ändern, so schafft er sich die Filmmythologie vom gemütlichen Wien, vom poetischen Rhein, wo kein Maschinentempo Gefühl und Stimmung frißt. Mythologien vom Zeitalter des goldenen Herzens. Es ist eigentlich eine abgelenkte Opposition gegen die Versachlichung. Es sind Wunschträume eines Unbehagens und einer Unzufriedenheit.

Ein ähnliches ideologisches Ventil öffnen auch jene parodistischen Filme, in denen Kleinstadtleben und längst verschollene Duodezfürstenhöfe verspottet werden. Um nicht revoltieren zu müssen gegen die Wirklichkeit, die ihn demütigt, richtet der Kleinbürger sein Selbstgefühl an der Komik noch kläglicherer Umstände wieder auf. Wie der Feldwebel die Ohrfeige, die er bekommen hat, dem Rekruten weitergibt. Und wenn er sich diesen Rekruten erfinden muß. So wird abreagiert.

Auch die Angst und Sorge des Kleinbürgers um seinen Besitz wird außerhalb seiner sozialen Sphäre lokalisiert. Um die Angst vom legalen, alltäglichen Raub der kapitalistischen Ausbeutung abzulenken, wird die Gefahr romantisiert und erscheint ausschließlich in Gestalt des Verbrechens. Denn, was erlaubt ist, das ist auch in Ordnung.

Der unerschrockene Ritter St. Georg, der Beschützer des Privateigentums, ist der Detektiv. Wie in alten Heldengesängen der gepanzerte Held sich in den Sattel schwang, um für die Königstochter eine Lanze zu brechen, so steckt der Detektiv seinen Browning in die Tasche und wirft sich ins Auto, um mit seinem Leben die heiligen Wertheimkassen zu schützen.

Was ist dabei so romantisch, daß es die Grenzen des Natürlichen zu überschreiten scheint? Alles, was die Grenzen des Strafgesetzbuchs überschreitet. Für den Kleinbürger bedeuten Weltordnung und Rechtsordnung ein und dasselbe. Symbol und Repräsentant der Weltordnung ist also der Polizist und der Polizeikordon bedeutet die Grenze des normalen Lebens. Darüber hinaus beginnt das Geheimnis und das Abenteuer.

Wir sagten: »Das Gefühl, aus dem sachlichen Leben verdrängt, fließt wie ausgepreßte Limonade nebenher.« Ist das nicht eine Beschreibung des Kitsches überhaupt? Das Gefühl spaltet sich ab von der mechanisierten Wirklichkeit, die keinen Raum für Sentiment hat. Empfindung ist nicht mehr organischer Inhalt des Lebens, sondern wird ein Ding für sich. Nie gab es noch einen so destillierten Schmalz der Sentimentalität, wie ihn heute die konfektionierten Stimmungen der »Schlager« bieten.

Ich sagte: »Romantisierung sei eine Form der Verdrängung«. Nun, der Kitsch ist die romantisierte Empfindung. Das Gefühl wird an die Peripherie der Alltagswirklichkeit verschoben, damit es den normalen Lebensbetrieb und den Geschäftsgang nicht störe. Darum muß das Gefühl in der Kunst etwas Feierliches, Sonntägliches bekommen und eine andre Sprache sprechen. Darum wird es verkitscht. Im Gefühl meint der Kleinbürger, soll man vollkommen aufgehen. Freilich, grade darum kann man sich so etwas nicht alle Tage leisten. Die allzugroße Forderung ist immer schon ein guter Vorwand gewesen, überhaupt nichts zu tun. Man steigert die Sache zu etwas Außergewöhnlichem, damit sie nicht mehr anzuwenden sei. Und das grade ist der Kitsch: Gefühl ohne Konsequenz.

Ausdrucksformen, die nicht mehr verpflichten, (leergewordene Redensarten einer niedergehenden Klasse) werden alsbald zum Kitsch. Denn die aufsteigende Klasse durchschaut sie als bloße Ideologie. Das rhetorische Pathos etwa der feudalen Kunst ist nicht von vornherein kitschig gewesen. Es ist kitschig geworden, ohne daß es sich selbst geändert hätte. Bloß die Wirklichkeit hat sich verschoben, und das Pathos wurde in der bürgerlichen Welt zum Kitsch, weil es unanwendbar geworden ist. Das neue, das revolutionäre Pathos der russischen Filme zum Beispiel wirkt nicht kitschig. Denn es ist Ausdruck eines Gefühls, aus dem in der

Praxis letzte Konsequenzen gezogen werden.

Eine Gesellschaftsordnung, die in Mißkredit geraten ist, verliert auch ihre ästhetische Autorität. Die Opposition gegen eine Klasse äußerte sich nicht nur im politischen Kampf. Sie beginnt schon viel früher mit der Geschmackskritik. Die französische Revolution lag nur noch als latente Spannung in der Luft, als Rousseau schon die Abkehr von den herrschenden Sitten und die »Rückkehr« zur Natur predigte. Mit dieser Rückkehr war aber ein Schritt nach vorwärts gemeint. Es war bereits eine revolutionäre Parole. Eine Absage an die herrschenden Sitten.

Und auch heute ist unser Verlangen nach Natürlichkeit, nach Einfachheit, nach möglichst verhaltenem Ausdruck bloß eine Negation. Eine Negation der herkömmlichen Ausdrucksformen, denen wir nicht mehr trauen. Wiewohl wir noch keine neuen haben.

Mit der bloßen Negation ist es aber nicht getan.

Die Dinge, die man nicht wahrnehmen will, werden über die Grenze geschoben. Über die Grenze der unmittelbar erlebten, real gesehenen, verpflichtenden Wirklichkeit, in den blauen Dunst einer Märchenferne. Für den alten Kleinstadtbürger begann die Romantik beim Schlagbaum der Stadtgrenze. Seine Märchenwelt war genau um so viel größer als seine wirkliche Welt kleiner als die unsrige war. Für den Kleinbürger der modernen Großstadt aber wird die ideologische Flucht in die Ferne immer schwieriger. Der Weltverkehr hat die geographische Ferne entromantisiert. Unabwendbare soziale Erkenntnisse haben die Illusionen gesellschaftlicher und historischer Fernen diskreditiert. Wenn dem modernen Großstadtbürger der Anblick seiner Wirklichkeit unbehaglich wird, so kann er sich nicht mehr gut Seeräubergeschichten oder indischen Maharadschalegenden zuwenden. Auch die Unterwelt der Verbrecher, auch die Oberwelt der Milliardäre genügen immer weniger, um von der eignen Welt abzulenken. Der Großstadtkleinbürger ist zu aufgeklärt.

Er hat einen andern Ausweg gefunden. Der moderne Film bietet seine ganze Kunst auf, bei dieser Bewußtseinsflucht zu helfen. Der moderne Großstadtkleinbürger hat plötzlich die kleinen Wirklichkeiten entdeckt, um mit ihnen die große Wirklichkeit zu verdecken.

Daß der Naturalismus des modernen Films sich zu so einer subtilen Kunst entwickeln konnte, lag zum großen Teil daran, daß er dem ideologischen Bedürfnis des Kleinbürgers entgegenkam. Daher die schon lange fühlbare Divergenz in den Filmen zwischen den wahrhaftigen und guten Details und der verlogenen Stupidität der Gesamtfabel. Dieser neue Tatsachenfanatismus, diese Freude an kleinen, lebensnahen Beobachtungen, diese Betonung der Alltagsmomente ist nämlich eine Flucht vor dem Ganzen in die Einzelheiten. Denn aus Einzelheiten kann man keine Konsequenzen ziehen. Nur das Ganze zeigt Bedeutung. Alle die neuen deutschen Filme »aus dem wirklichen Leben des gewöhnlichen Menschen« sind beruhigende Kleinbürgerromantik mit negativen Vorzeichen. Sie verbergen in einer Fülle von Tatsachen – ihren Sinn. Sie verdecken die Wahrheit mit der Wirklichkeit.

Die Forderung ist es vor allem, die der ruhebedürftige Kleinbürger nicht verträgt. Als er noch romantisch war im alten Sinn, da gefielen ihm die Märchenhelden, die so großartig und unerreichbar waren, so fern gerückt von den realen Möglichkeiten, daß ihr Beispiel bei aller Begeisterung zu keiner Nachfolge verpflichtet hat. Mit der Flucht in die kleinen Einzelwirklichkeiten, mit der Umkehrung der Romantik wurde der Held nun ganz nahegerückt. So nahe, daß er überhaupt kein Held mehr ist und sein Beispiel keine moralische Forderung bedeutet. Die amerikanischen Filme propagieren schon seit Jahren diesen Typus des braven Mannes mit dem einfachen Herzen, der froh ist, wenn er sein Mädchen findet und leben kann, und sich weiter um nichts kümmert. Sein Beispiel stellt keine Anforderungen an die Moral und keine Anforderungen an den Geist. Die wirklichkeitslose Romantik von früher und die Romantik der neuen Sachlichkeit weichen gleicherweise der Forderung und dem Pathos des möglichen und realen Heroismus aus.

Emil Lederer und Jakob Marschak

Der neue Mittelstand[4]

(1926)

Die Sammelbezeichnung »neuer Mittelstand« entstammt der Zeit vor dem Kriege. Sie will eine große Reihe ganz verschiedener Berufsgruppen mit einem Schlagwort charakterisieren, das zugleich eine Entwicklungshypothese andeutet. Diese geht dahin, daß der Kapitalismus zwar durch die ihm immanenten Tendenzen unaufhaltsam zur Konzentration der wirtschaftlichen Unternehmungen, damit zur Verminderung der selbständig Berufstätigen, zur Auflösung und Zurückdrängung des alten Mittelstandes führe, daß jedoch auf der anderen Seite eine rapid wachsende Schicht unselbständig Berufstätiger in Bildung begriffen sei, welche keine Arbeiter umfasse, den Fortgang des Proletarisierungsprozesses aufhalte, sich als Puffer zwischen das Großkapital und das Proletariat schiebe und alle die sozialen Funktionen übernehme, für welche der »alte Mittelstand« numerisch, zum Teil auch sozial und kulturell, nicht mehr ausreiche. In dieser Hypothese liegt mehr oder weniger auch die Forderung einer *Kooperation* von *altem* und *neuem* Mittelstand. Sie ist außerdem der Ausdruck einer optimistischen Grundstimmung, welche mit einer Überbrückung der Klassengegensätze, mit der Herausbildung eines Gleichgewichtes zwischen den Klassen rechnet. Diese Stimmungen waren so stark, daß sie in völliger Verkennung der Machtverhältnisse sogar für den »neuen Mittelstand« in den industriellen Betrieben auch sozial die Rolle des Vermittlers zwischen Kapital und Arbeit forderten, daß sie die generelle Ausbreitung eines konstitutionellen Fabriksystems mit Hilfe des »neuen Mittelstandes« erhofften. Darnach hätte der »neue Mittelstand« auch die Funktion gehabt, die Labilität des sozialen Systems zu beseitigen und den inneren Zusammenhang der Klassen zu festigen. Diese, hier nur flüchtig angedeuteten Erwartungen, welche man an den »neuen Mittelstand« knüpfte, erhielten mitunter (von seiten der Unternehmer) die Wendung, daß der »neue Mittelstand« dazu berufen sei, die Oberschicht der Arbeiter in sich aufzunehmen, so daß sich diese sozial mit ihm verschmelze, als wirtschaftliche und soziale Vorhut des Proletariats gelten könne und imstande sei, zwischen dem Proletariat und den übrigen gesellschaftlichen Klassen eine Verbindung herzustellen. Diese Auffassungen sind im Sinne solidaristischer Gesellschaftstheorien gelegen: die neue Mittelklasse soll den Gegensatz zwischen Kapital und Arbeit, zwischen Arbeitgeber und Arbeitnehmer, der den Bestand der Wirtschaftsordnung bedrohen könnte, mildern. Jeder Solidarismus muß für Ausgleichungstendenzen sozialer Spannungen ein besonders feines Gefühl haben; solche Ausgleichungstendenzen sind in der kapitalistischen Wirtschaft auch sicher vorhanden; es fragt sich bloß, ob der »neue Mittelstand« so verstanden und gedeutet werden kann, daß er tatsächlich ein Faktor in einer Entwicklung zur solidarischen Gesellschaft werden kann.

Schon die Bezeichnung »neuer Mittelstand« und die damit gekennzeichneten Auffassungen müssen daher notwendigerweise von allen denjenigen abgelehnt werden, die eine Verschärfung der Klassengegensätze im Kapitalismus als notwendig ansehen und von der Steigerung der Gegensätze die endgültige Umwälzung der Macht- und Produktionsverhältnisse erwarten. Von dieser, also von sozialistischer Seite, wird daher der »neue Mittelstand« schlechthin als Teil des Proletariats angesprochen, vielfach unter dem Schlagwort »Stehkragenproletariat«, dessen Interessen mit denen des Proletariats vollkommen identisch seien und dessen Anschluß an die allgemeine proletarische, sowohl gewerkschaftliche als politische Bewegung sich mit der Zeit mit Notwendigkeit vollziehen werde. Dabei wird in erster Linie mit den numerisch überwiegenden Massen der *unteren* Beamten und Angestellten gerechnet und eine dünne Oberschicht sozial zur Unternehmerklasse geschlagen.

Die Charakterisierung dieser neuen Gruppe ist also, sobald man sie als selbständige Erscheinung zu bestimmen und zu erklären suchte, von den Interessen der bestehenden historischen Klassen aus erfolgt und die eigentliche Situation des »neuen Mittelstandes«, als soziale Schicht nicht isoliert zu stehen, sondern mitten hineingestellt zu sein zwischen *andere* Klassen, deren soziale und ökonomische Situation fixiert ist, hat es bisher außerordentlich erschwert, innerhalb dieser neuen Schichten einen einheitlichen Charakter und ein einheitliches Bewußtsein herauszubilden. Denn es ist nur zu natürlich, daß, je nach dem Standpunkt des Betrachters und je nach dem Interesse der beteiligten Klassen, die ganze große Gruppe von Berufsarten, welche zusammen den »neuen Mittelstand« bilden, nach denjenigen ihrer Teile beurteilt wird, welche für die jeweils vertretene Auffassung als Beleg dienen können. Von größerer Wichtigkeit noch ist vielleicht, daß von den alten historischen Klassen aus auch auf die Aktionen des »neuen Mittelstandes« einzuwirken versucht wird. Daher wird innerhalb des »neuen Mittelstandes« zunächst von speziellen großen Gruppen *die* Politik getrieben, welche den oben gekennzeichneten zwei grundverschiedenen Auffassungen entspricht – und daneben besteht noch eine dritte Richtung, welche die eigentümliche Position der Angestellten »zwischen den Klassen« und die sich daraus ergebenden Konsequenzen und Postulate ganz selbständig, ohne gedankliche oder materielle Anlehnung an die Ideologien und Organisationen der Unternehmer- oder Arbeiterklasse zu vertreten sucht. Diese Auffassung erblickt im »neuen Mittelstand«, insbesondere in der Gruppe der Privatangestellten, eine Gruppe sui generis, und erstrebt die Emanzipation von der Politik der anderen Klassen. –

So sehr man in der Abgrenzung des »neuen Mittelstandes« gegenüber den anderen Klassen tatsächlich einer Meinung ist, so schwer ist es doch, für die Gruppe selbst ein entscheidendes allgemeines Kriterium festzustellen. Im allgemeinen rechnet man Angestellte und Beamte zum neuen Mittelstand. Aber es ist sehr schwer, zu sagen, welche »unselbständige Berufstätige« als Angestellte und Beamte zu betrachten sind. Das namentlich von der Versicherungsgesetzgebung in den Vordergrund gerückte Moment der *geistigen* Arbeit versagt, da zum »neuen Mittelstand«, zu den Angestellten und Beamten numerisch sehr bedeutsame Berufe gehören, deren Tätigkeit *keine* geistige ist, sondern in ihrer Qualifikation *unter der* gelernter Arbeiter steht. Bei den *öffentlichen* Angestellten und Beamten ist die Abgrenzung schon in der dienstlichen Bezeichnung und in der Rechtsstellung gegeben; bei den Privatangestellten läßt sich nur sagen, daß ihre Tätigkeit entweder rein manuell ist, wie die des Arbeiters, aber darüber hinaus einen speziellen Charakter durch eine *geistige Leistung* erhält (technische Angestellte), oder aber *keine* geistige ist, sich dann aber auch nicht auf die *Produktion* erstreckt, sondern auf die *Distribution* (Handelsangestellte). Dies sind die Grenztypen. *Innerhalb* ihrer liegt die rein geistige Tätigkeit der höheren Angestellten in Industrie und Handel, *außerhalb* derselben die vorwiegend manuelle Tätigkeit der Arbeiterschaft. Die *Zusammenfassung* dieser so heterogenen Gruppen kann demnach nicht auf eine ihnen gemeinsame *technische* oder *wirtschaftliche* Funktion zurückgeführt werden, sie ist durch die allen Gruppen gemeinsame *soziale* Position gegeben. Aber auch das Kriterium dieser sozialen Position ist nichts Positives, es ist die *Zwischenstellung* zwischen den Klassen, also etwas Negatives*.

Wenn den *»neuen Mittelstand«* das soziale Kriterium kennzeichnet, daß er *zwischen den Klassen* steht, so ist darum seine soziale Position doch nicht *einheitlich*. Ebensowenig, wie die der übrigen Klassen; denn auch diese haben eine beträchtliche Breitenausdehnung: die Unternehmerklasse reicht von den kleinen

* Die juristische Abgrenzung des Angestelltenbegriffs ist im *Versicherungsgesetz für Angestellte* (1911) und neuerdings im *Betriebsrätegesetz* (1920) versucht worden. Im § 1, Abs. 1 des Vers.-Ges. f. Angestellte werden folgende Gruppen namentlich erwähnt:
1. Angestellte in leitender Stellung, wenn diese Beschäftigung ihren Hauptberuf bildet;
2. Betriebsbeamte, Werkmeister und andere Angestellte in einer ähnlich gehobenen oder höheren Stellung ohne Rücksicht auf ihre Vorbildung, Bureauangestellte, soweit sie nicht mit niederen oder lediglich mechanischen Dienstleistungen beschäftigt werden, sämtlich, wenn diese Beschäftigung ihren Hauptberuf bildet;
3. Handlungsgehilfen und Gehilfen in Apotheken;
4. Bühnen- und Orchestermitglieder ohne Rücksicht auf den Kunstwert der Leistungen;
5. Lehrer und Erzieher;
6. Aus der Schiffsbesatzung deutscher Seefahrzeuge und aus der Besatzung von Fahrzeugen der Binnenschiffahrt Kapitäne, Offiziere des Deck- und Maschinendienstes, Verwalter und Verwaltungsassistenten sowie die in einer ähnlich gehobenen oder höheren Stellung befindlichen Angestellten ohne Rücksicht auf ihre Vorbildung, sämtlich, wenn diese Beschäftigung ihren Hauptberuf bildet.
Demgegenüber erweitert das Betriebsrätegesetz (§ 12) die Grenzen des Angestelltenbegriffs nach unten, indem es auch die *niederen* Bureauangestellten und Lehrlinge hineinbezieht, zieht aber die Grenze nach oben enger, indem es die »Geschäftsführer und Betriebsleiter, soweit sie zur selbständigen Einstellung oder Entlassung der übrigen im Betrieb oder in der Betriebsabteilung beschäftigten Arbeitnehmer berechtigt sind oder soweit ihnen Prokura oder Generalvollmacht erteilt ist«, nicht als Angestellte betrachtet.

gewerblichen und kleinen Handelsunternehmern bis zu den Leitern der Riesenbetriebe – die Arbeiterschaft umfaßt die letzten, unqualifizierten »Lumpenproletarier« und die weiblichen, niedrig entlohnten Aushilfsarbeiter so gut wie einen geschulten, regelmäßig und hoch entlohnten gelernten Arbeiter. – Aber die Schicht der Angestellten hat eine besonders große Breitenausdehnung; sie kann als *Einheit* nur gegenüber den anderen Klassen gefaßt werden. *In sich,* in ihrem Innern überwiegen zu sehr die Differenzen der einzelnen Untergruppen, und es läßt sich sogar behaupten, daß es kaum eine in ihren allgemeinen Interessen relativ einheitlich orientierte große Schicht gibt, die so heterogene Elemente umfaßt, wie die Angestellten- und Beamtenschaft.

Hilde Walter

Die Misere des »neuen Mittelstandes«[5]

(1929)

Nach der Berufszählung von 1925 hat sich die Zahl der Erwerbstätigen in Deutschland gegenüber dem Jahre 1907 um 28,5 Prozent erhöht, sie ist doppelt so stark gewachsen wie die Bevölkerung, die in der gleichen Zeit nur um 13,5 Prozent zugenommen hat. Die sozialen und wirtschaftlichen Ursachen für diese Verschiebung sind bekannt, dagegen ist es wichtig, sich darüber klar zu werden, welche Berufe an der absoluten und prozentualen Zunahme der erwerbstätigen Bevölkerung am stärksten beteiligt waren. Der Allgemeine freie Angestelltenbund veröffentlichte zu seinem Kongreß im Herbst vorigen Jahres zwei Bücher, die für diese Fragen von außerordentlicher Bedeutung sind: Ein Geschichts- und Handbuch der Wirtschafts-, Sozial- und Gewerkschaftspolitik. »Die Angestelltenbewegung 1925-1928« und eine Broschüre mit einer Fülle interessanten Zahlenmaterials, »Die Angestellten in der Wirtschaft«.

Aus der im Statistischen Reichsamt bearbeiteten Berufszählung hätte man ohne die schwierigen Sondererhebungen des »Afa*«-Bundes die soziale Schichtung der Berufstätigen nicht genau genug erkennen können, da die amtliche Statistik Angestellte und Beamte zusammenfaßt. Der Afa-Bund hat die Aussonderung der Angestellten mit Hilfe und Zustimmung der amtlichen Stellen vorgenommen, so daß man das in den beiden Büchern veröffentlichte Zahlenmaterial durchaus als die gegenwärtig beste Unterlage für diese Fragen betrachten kann. Selbstverständlich wird das Hauptkontingent der Erwerbstätigen von der Arbeiterschaft gestellt. Zählt man die Hausangestellten dazu, so umfaßt die Arbeiterschaft nach der Zählung von 1927 49,2 Prozent, also ziemlich genau die Hälfte, während die Angestellten (ausschließlich der Beamten) nur 11,2 Prozent der erwerbstätigen Bevölkerung darstellen. Diese Prozentverhältnisse beziehen sich, wie gesagt, auf die gesamte erwerbstätige Bevölkerung überhaupt, also einschließlich der Unternehmer, der Selbständigen und ihrer mithel-

* Abk. für »Allg. freier Angestelltenbund« [Anm. d. Hgs.]

fenden Familienangehörigen. Das Bild verschiebt sich stark, wenn man die Verteilung nur innerhalb der Arbeitnehmerberufe betrachtet. Im Jahre 1925 stellten die Arbeiter einschließlich der Hausgewerbetreibenden und Hausangestellten 76 Prozent, die Angestellten ausschließlich der leitenden 17 Prozent, die Beamten ausschließlich der leitenden 7 Prozent der gesamten Arbeitnehmerschaft. Die soziale Gliederung der Erwerbstätigen wurde auch nach den Zählungsjahren 1892, 1895, 1907 und 1925 festgestellt, und die Entwicklungslinie zeigt ein stetiges Wachsen der Gruppe Angestellte und Beamte auf Kosten der Selbständigen und ihrer mithelfenden Familienangehörigen einerseits, und der Gruppe Arbeiter und Hausangestellte andrerseits. Allein für die Zeitspanne 1907 bis 1925 ist das Heer der Angestellten (ausschließlich der Beamten) auf mehr als das Doppelte angewachsen, während die Zahl der Arbeiter im gleichen Zeitraum nur um 22 Prozent gestiegen ist. Die Ursache dieses Vordringens der Angestellten ist nicht nur das Eintreten bisher berufsfremder Elemente in den Arbeitsprozeß, die häufig grade ins Angestelltenverhältnis kommen; es sind auch Strukturwandlungen der Wirtschaft selbst, gewisse Formen der Rationalisierung und die in allen Ländern wachsende Vergrößerung des Verteilungsapparates, die diese Entwicklung hervorgerufen haben. Gewerkschaftler nennen das häufig »eine Umschichtung des Proletariats von großer sozialer Bedeutung«, während die bürgerlichen Parteien aller Schattierungen mit besonderer Vorliebe den »neuen Mittelstand« proklamieren. Leider sind die Apostel des neuen Mittelstandes nicht in der Lage, den Trägern dieses verlockenden Titels auch nur einen Bruchteil der wirtschaftlichen Basis zu liefern, die seinerzeit als unentbehrliches Merkmal des alten Mittelstandes galt, der zahlenmäßig sehr beträchtlich war und jetzt zum größten Teil untergegangen ist.

Wie ein uraltes Märchen wirkt heute eine Aufstellung, die Gustav Schmoller im Jahre 1897 auf dem achten evangelisch-sozialen Kongreß in Leipzig für die soziale Struktur des deutschen Volkes (damals 54 Millionen) gegeben hat:

0,25 Millionen Familien Aristokratie und Vermögende
2,75 Millionen Familien Oberer Mittelstand
3,75 Millionen Familien Unterer Mittelstand
5,25 Millionen Familien Lohnarbeiter

Zu jener Zeit galt auch für den »untern Mittelstand« als wichtigstes Merkmal die grundsätzlich gesicherte Existenz, die Kombination von Kapitalbesitz und Arbeitseinkommen. Die Bildungs- oder Kulturfrage kam erst in zweiter oder dritter Linie und spielte in der Abgrenzung nach unten, bei dem Trennungsstrich gegen das ungesicherte Leben des »Nur-Lohnempfängers«, kaum eine Rolle. Wie anders sehen heute die Lebensverhältnisse des »Neuen Mittelstandes«, der von zwei Seiten umworbenen 3½ Millionen Angestellten aus! Über die tatsächlichen Einkommensverhältnisse der Angestellten gibt es kaum zuverlässige Unterlagen, da eine Statistik der wirklich gezahlten Gehälter fehlt. Anhaltspunkte bieten jedoch andre Feststellungen: Von den Mitgliedern der Reichsversicherungsanstalt für Angestellte zahlten zwei Drittel der Versicherten Beiträge in einer Gehaltsklasse unter 200 Mark. Das Institut für Konjunkturforschung errechnet ein durchschnittliches Arbeitseinkommen der Angestellten von 159,50 Mark im Januar 1927 und 170,96 Mark im Juni 1927. Da bei dieser Durchschnittsberechnung auch die hohen Einkommen mit berücksichtigt sind, kann man sich vorstellen, daß eine große Anzahl von Gehaltsempfängern mit weit weniger als diesem Durchschnittssatz auskommen muß. Von diesen Gehältern gehen aber noch 18,70 Mark beziehungsweise 20,40 Mark für Steuern und Sozialversicherungen ab; für Berlin und einige andre Städte muß man in den meisten Fällen noch monatlich 10 Mark Fahrgeld zur Arbeitsstelle in Abzug bringen. Dann bleibt als Durchschnittseinkommen (immer noch einschließlich der größten) 130,80 Mark beziehungsweise 140,50 Mark im Monat! Es erübrigt sich wohl, die heutige Kaufkraft dieses Betrages mit der von 1913 zu vergleichen, um die Trostlosigkeit eines solchen Einkommens zu erhärten. Alte sehr gewiegte Kapitalisten erzählen uns gern von der außerordentlichen Verbesserung der Lebenssituation des Angestellten durch den Achtstundentag; sie vergessen dabei zu erwähnen, daß die ungeheure Intensivierung und Mechanisierung der Angestelltenarbeit einen doppelten Kräfteverbrauch zur Folge hat, und daß niemand mehr gern einen Angestellten mit mehr als vierzig Jahren, ausgesprochene Vertrauensposten vielleicht ausgenommen, einstellen möchte. Die Not der erwerbslos gewordenen Angestellten wird keineswegs durch die Leistungen der Erwerbslosenfürsorge gedeckt. Im April 1928 zählten die amtlichen Veröffentlichungen insgesamt 183 371 arbeitsuchende Angestellte; davon erhielten rund 62 000 Versicherungsleistungen und rund

31 500 bekamen Krisenfürsorgeleistungen, so daß damals also 90 000 arbeitslose Angestellte ohne Erwerbslosenunterstützung waren und bestenfalls kleine Beträge von der Armenfürsorge erhielten. Die Krisenunterstützungsempfänger, also ein Drittel aller Unterstützten, waren schon über ein halbes Jahr arbeitslos, bezogen also über ein halbes Jahr lang teilweise nur ungefähr ein Drittel ihres Arbeitseinkommens.

So sehen die Existenzbedingungen einer sozialen Schicht aus, die in den Wunschträumen bürgerlicher Ideologen zum Träger kleinkapitalistischer Lebensformen bestimmt ist. Man sollte annehmen, daß den zunächst Beteiligten die starke Ähnlichkeit der eignen Situation mit der des Proletariers doch zu denken geben und daß das Vorbild des organisierten Arbeiters zur Nachahmung anregen müßte. Offenbar hat sich diese Erkenntnis noch nicht bei der Mehrzahl der Angestellten durchgesetzt, denn von insgesamt 3 500 000 Angestellten sind nur 1 300 000 in den Berufsverbänden aller Richtungen zusammengeschlossen; die überwiegende Mehrheit von 2 220 000 Menschen lebt ohne jegliche Anlehnung an eine Gemeinschaft, die ihre Interessen vertreten könnte.

Theodor Geiger
Die Mittelschichten und die Sozialdemokratie[6]
(1931)

Wenn die Marxsche Vorausschau künftiger Entwicklung recht behalten sollte, so mußte die Idee des Sozialismus mit fortschreitender Konzentration des Kapitals und Enteignung ehemaliger Eigentümer einen lawinenartigen Zulauf neuer Anhänger haben. Denn die wirtschaftliche Proletarisierung hat weit um sich gegriffen. Die Zahl der selbständigen Wirtschaftsubjekte sank zwischen 1882 und 1925 von fast 30 v. H. auf 17 v. H. der Erwerbstätigen und ist in den seit 1925 verflossenen sechs Jahren wohl noch weiter geschrumpft. Dabei drückt sie den wahren Umfang des Enteignungsvorgangs nicht einmal voll aus; denn hinter der Maske formal-rechtlicher Selbständigkeit verbirgt sich oft genug ein wirtschaftlich-sozial abhängiges Verhältnis.

Die psychische Verfassung und politisch-soziale Haltung der Mittelschichten scheint aber der Marxschen Vorausschau zu widersprechen. Sie scheint zu beweisen, daß wirtschaftliche Proletarisierung und sozialistischer Gesellschaftswille keineswegs Hand in Hand gehen. Richtig ist daran zunächst doch nur, daß sich der größere Teil der neu proletarisierten Mittelschichten politisch nicht bei Sozialdemokratie oder Kommunismus angesiedelt hat.

Die Formel »falsche Ideologie« – ein gutes Wort für einen kaum leugbaren Tatbestand – wird dieser Entwicklung nicht erschöpfend gerecht, sondern beleuchtet sie von der einen Seite. Ergänzend ist eine Kritik der offiziellen Lehre und der praktischen Politik der Sozialdemokratie notwendig, wenn klar werden soll, warum Mittelschichten und Sozialdemokratie bisher nicht zusammenfanden – und unter welchen Voraussetzungen sie zusammenfinden könnten.

Die ideologische Verwirrung der Mittelschichten steht in engstem Zusammenhang mit einer ideologischen Selbstabsperrung des Parteisozialismus.

Wer sich nämlich die Entfaltung der sozialistischen Bewegung so dachte, daß immer weitere, neu von der Proletarisierung erfaßte Kreise sich in einen vorhandenen Bestand sozialistischer

Ideen und proletarischer Lebensanschauungen einfügen würden, hat sich unhistorischen Denkens schuldig gemacht. So mechanisch vollziehen sich geschichtliche Bewegungen denn doch nicht, daß Gedankengehalte und geistige Formen sich über ein immer größeres Publikum ausbreiten, aber dabei selbst eine von Anfang an festliegende Prägung unverändert behalten könnten. Historisches Denken kennt nur veränderliche Größen.

Ich unterstelle meiner Überzeugung gemäß, daß Sozialismus die angemessene und notwendige gesellschaftliche Bewegung der Nichteigentümer (proletarischen Schicht) sei. Aber diese Schicht verändert sich nach Umfang und innerer Zusammensetzung. Das muß auch zu neuen Schattierungen des Klassenbewußtseins, zu Abwandlungen der sozialistischen Gesellschaftsgesinnung, endlich sogar zu neuen Formulierungen sozialistischer Lehrsätze führen.

Die sozialistische Bewegung der Frühzeit bis ins letzte Viertel des vorigen Jahrhunderts stützte sich auf eine proletarische Schicht von recht einheitlichem Gepräge: auf das Urproletariat der abhängigen Industriearbeiterschaft. (Damals schon war es schwer, die Landarbeiter in Bewegung zu setzen.) In jener Frühzeit war das Gefühl der Verelendung Kernstück der proletarischen Klassenhaltung. Auf dieses Gefühl konnte sich erfolgreich berufen, wer werbend zu den proletarischen Massen sprach.

Seitdem hat sich vieles geändert. Der Industriearbeiter ist nicht mehr verelendet im damaligen Sinne. Die Arbeiterbewegung hat ja der Verelendungstendenz erfolgreich entgegengewirkt. Außerdem sind mit Verfeinerung der Produktionstechnik zahlreiche und erhebliche Abstufungen nach Leistungsrang und Verbraucherlage innerhalb des industriellen Urproletariats entstanden.

Was aber schwerer wiegt: neben das gewerbliche Urproletariat traten erst in jüngerer Zeit die abhängigen Arbeitskräfte in den Büros. Dieses Neuproletariat der Angestellten ist zwischen 1882 und 1925 zusammen mit den Beamten von 7 v. H. auf 17 v. H. aller Erwerbstätigen (und seither wohl noch weiter) aufgebläht worden.

War einst der Proletar ein sehr einheitlicher, leicht faßbarer Typ, so tritt er heute in einer großen Zahl von Typenabwandlungen auf. In dem Maße, wie die proletarische Schicht an Umfang zunimmt, verreichlicht und vertieft sich ihre innere Ausgliederung nach Typen der Lage und Haltung. Es ist unmöglich – und obendrein so recht unmarxistisch gedacht –, wenn von all diesen Nichteigentümern in so verschieden gesonderter proletarischer Lage eine einheitliche Haltung, wenn von ihnen ein uniformes Normalsozialistentum erwartet wird. Wohl ist allen das Merkmal des dauernden Abhängigkeitsschicksals gemein – aber die Unterschiede in der besonderen Art der Abhängigkeit und sonstige unterscheidende Merkmale der Soziallagen bedingen notwendig eine reiche Abwandlung der psychischen Zuständlichkeit und der – wenn auch gemeinsam sozialistischen – Denkweise.

Was insbesondere die Angestellten angeht, so sind sie nach den Erhebungen des GdA.* zu 75 v. H. kleinbürgerlicher Herkunft und somit neu umgeschichtet. Die *ideologische Umstellung* pflegt im Zeitmaß immer hinter der *wirtschaftlichen Umschichtung* zurückzubleiben. Die Befangenheit dieser Schicht in einer »falschen«, der neuen Soziallage nicht entsprechenden Ideologie fügt sich also beim gegenwärtigen Stand der Entwicklung durchaus in einen verstehbaren geschichtlichen Sinnzusammenhang ein.

Aber auch auf die Dauer wird das »proletarische Bewußtsein« dieser Mittelschicht aus geschichtlichen Gründen andersgeartet sein müssen als das der Industriearbeiterschaft. Denn die Angestellten als Schicht haben die proletarische Epoche der absoluten Verelendung, wie sie den im Manufakturmilieu entwurzelten Sohn des platten Landes und der Kleinstadt traf, nie durchgemacht. Sie sind, so könnte man sagen, gleich in ein wirtschaftlich sich behauptendes Proletariat hineingewachsen, in ein Proletariat, das durch seine organisatorische Stärke die Wirkungen der vom kapitalistischen System ausgehenden Verelendungstendenz schon mit erheblichem Erfolg abzufangen wußte.

Während also im zeitgenössischen Klassenbewußtsein des Industrieproletariats historische Erinnerung und Nachklang der Pauper-Epoche noch immer wirksam sind, fehlt diese Note im allgemeinen beim Angestellten. Sein Ressentiment ist nicht das des »Pauperismus«, sondern das der verlorenen Selbständigkeit.

Daraus folgt aber weiter: hat die Angestelltenschaft (als gesamte Schicht genommen) keine Epoche der wehrlosen Verelendung als Verbraucher durchgemacht, so war sie auch der geistig-kulturellen Verelendung nicht in dem Maße ausgesetzt. Das gewerbliche

* Abk. für »Gewerkschaftsbund der Angestellten« [Anm. d. Hgs.]

Urproletariat war in seiner Frühzeit von der damaligen »bürgerlichen Kultur« ausgesperrt. Der Anschluß wurde erst später, im Zeitalter neuliberalistischer Bildungsverbreitung, wiederhergestellt. Die Angestelltenschaft hat den unmittelbaren Anschluß an die kulturelle Welt des bürgerlichen Mittelstandes behalten. Das war um so leichter möglich, weil ja zu der Zeit, als das Angestelltentum (um 1900) zur starken Sozialschicht wurde, die – sozusagen offizielle – bürgerliche Geisteskultur schon weitgehend verflacht war.

Der Parteisozialismus ist dieser Umschichtung der Bevölkerung offenbar nicht genügend gefolgt. [. . .]

Emil Grünberg

Der Mittelstand in der kapitalistischen Gesellschaft[7]

(1932)

Die Existenz des Mittelstandes scheint [. . .] ausschließlich auf der ideologischen Abschließung gegenüber dem Proletariat zu beruhen. Für den neuen Mittelstand trifft dies auch uneingeschränkt zu, während die Mittelklasse [. . .] hiervon etwas abweicht. Wenn also die Bildung des Mittelstandes und seiner Ideologie auf der einen Seite ein Symptom der Proletarisierung ist, so leistet auf der anderen Seite gerade die Mittelstandsideologie der Proletarisierung Widerstand. Das Bewußtsein des proletarisierten Mittelstandes entspricht nicht seiner sichtbaren realen Lage.

[. . .] Vor noch nicht langer Zeit war sein Lebensstandard tatsächlich höher, seine Sicherheit und Unabhängigkeit größer, als sie es heute sind. Der neue Mittelstand rekrutierte sich bis zum Kriege hauptsächlich aus den selbständigen Schichten; d. h., daß die heutigen Arbeitnehmer noch vor ein bis zwei Generationen selbständige, freie Bürger waren. Aber auch die Lage der Arbeitnehmenden war noch vor kurzem ökonomisch und beruflich tatsächlich von der des Proletariats unterschieden. Der Angestellte war durch seine Stellung zwischen dem Arbeiter und dem Unternehmer aus der uniformierten und entpersönlichten Arbeitnehmerschicht herausgehoben. Selbst wenn seine Bezahlung nicht mehr so sehr viel besser war als die des Arbeiters, war seine – auf qualifizierte Tätigkeit, Kenntnisse und Erfahrungen gegründete – Stellung sicherer, seine Behandlung von der des Arbeiters gänzlich verschieden. Dem Arbeiter gegenüber war er mit Befehlsgewalt ausgestattet usw. – Als die Lage der Angestellten (und Beamten) sich verschlechterte, setzten sie sich naturgemäß zur Wehr, um ihre Position zu verteidigen. Und diese Position ist eben nicht nur absolut bestimmt, sondern auch relativ als die bessere Position, die Vorzugsstellung gegenüber dem Proletariat.

Hinzu kommt noch, daß die große Masse des »neuen Mittelstandes« auch früher, vor ihrer Proletarisierung, dem Kleinbürgertum angehörte, nach den alten gesellschaftlichen Ansichten also die unterste Grenze dieser Gesellschaft war, in unmittelbarer Nachbarschaft des »gewöhnlichen Volkes«. Infolgedessen waren sie auf ihr Bürgertum viel eifersüchtiger, waren viel ängstlicher besorgt, sich scharf gegen das Proletariat zu scheiden, als es der Großbürger nötig hatte. Denn der Großbürger ist dem Proletariat ja so fern, hat keinerlei Berührung mit ihm. An Grenz- und Berührungspunkten sind die jeweiligen Massengefühle – seien es nationale, seien es klassenmäßige – zwar der Durchdringung ausgesetzt, aber gerade deshalb stets schärfer und aggressiver als im Inneren der jeweiligen Körper.

So konnte der »Bürger«, als seine reale Vorzugstellung verschwand und er in die uniforme Schicht der Arbeitnehmer eingereiht wurde, sich nicht ohne weiteres mit dieser identifizieren. Es darf nicht vergessen werden, daß dieser Abstieg sich im Verlaufe eines, höchstens zweier Menschenleben abgespielt hat. Es ist die selbstverständliche Reaktion, daß der Kleinbürger – nun, da er das Schicksal des eben noch als inferiore Kategorie betrachteten Proletariates teilt – sich im Gegenteil erst recht abschließt: denn er will dieses Schicksal ja nicht teilen. Und indem er sein Einkommen, die Sicherheit seiner Existenz, seine Aufstiegsmöglichkeiten verteidigt, kämpft er für sein *besseres* Einkommen, seine *größere* Sicherheit, seine *höhere* Aufstiegsmöglichkeit usw. Und daß er das tut, ist völlig entsprechend seiner Lage – es sei denn, daß man diese durch sein heutiges Monatsgehalt für hinreichend determiniert hält. Der Kleinbürger kämpft nicht gegen die Verschlechterung seiner Lage, er kämpft gegen seine Proletarisierung.

[. . .] Solange aber der Kleinbürger gegen seine Proletarisierung kämpft, solange er für sich einen bevorzugten Platz in der Gesellschaft und ein Mehr an Bedürfnisbefriedigung beansprucht, als er dem Arbeiter zubilligt, – solange kann er sich mit der Arbeiterschaft und ihrem Kampf nicht solidarisch fühlen. Denn damit würde er für alle Zeiten auf seine Sonderrechte verzichten, würde seine Einreihung ins Proletariat als endgültig anerkennen. *Wenn das kapitalistische System seine Vorzugsstellung tatsächlich vernichtet, so vernichtet das Proletariat sie im Prinzip.* Nur im Rahmen des gleichen Systems, das ihn proletarisiert, kann er gegen seine Proletarisierung protestieren. Und darum muß er dieses System gegen die Arbeiterschaft verteidigen. Er, der einst bessere Tage gesehen hat, kann – solange die Erinnerung in ihm lebt – eine

Hebung seiner gegenwärtigen Lage nur in der Wiedereinsetzung in seine alten Rechte, in der Vergangenheit suchen, ... die Arbeiterschaft, die niemals in einer besseren Situation war, nur in einer von ihr geformten Zukunft.

Das Bewußtsein der Mittelklasse ist nicht lediglich als Abstiegsideologie zu verstehen, sondern enthält noch realere Elemente. Die Mittelklasse setzt sich aus selbständigen Unternehmern zusammen. Wirtschaftlich ist diese Klasse vernichtet und ihr Lebensstandard ist der des Proletariats. Die Selbständigkeit hat dadurch ihren wirklichen, ökonomischen Sinn verloren; der Handwerker oder Kleinkaufmann ist abhängig von seinem Lieferanten, abhängig von seinem Kreditgeber, abhängig von seinem Abnehmer ... Aber die Illusion der Selbständigkeit zumindest ist ihm in der Misère geblieben; in seiner Werkstatt, in seinem Laden ist auch der ärmste und bedrückteste Gewerbetreibende sein eigener Herr; da hat ihm niemand zu befehlen, da befiehlt er ... auch wenn er niemand zu befehlen hat. Für seine Selbständigkeit bringt er die größten Opfer; er kennt für sich keine Arbeitszeitbeschränkung und keine geschützte Nachtruhe. Dem arbeitnehmenden Arbeiter gegenüber aber fühlt er sich noch immer als der Unternehmer, der Vorgesetzte. Von seinen eigenen Arbeitnehmern möchte er naturgemäß die gleichen Opfer verlangen dürfen, die er selbst für die Erhaltung seiner Selbständigkeit bringt oder zu bringen bereit ist. Erbittert und mit allen Mitteln kämpft der gewerbliche Kleinbürger gegen das große Kapital um die Erhaltung seiner Selbständigkeit. Und solange er diesen Kampf führt, kann er sich nicht der Arbeiterschaft anschließen, um mit ihr zusammen für eine Verbesserung seines Lebens zu kämpfen. *Denn wenn das große Kapital seine Selbständigkeit tatsächlich vernichtet, so vernichtet das Proletariat sie im Prinzip.* Nur im System der privaten Unternehmerschaft, das notwendig *seiner* Unternehmerherrlichkeit ein Ende bereitet, kann er für seine Selbständigkeit streiten. Aber auch jede sozialreformatorische Bestrebung der Arbeitnehmerschaft bedeutet eine direkte Bedrohung seiner Selbständigkeit: seine Unternehmerinteressen laufen denen des Proletariats entgegen. Der für seine Selbständigkeit kämpfende Unternehmer-Kleinbürger ist klassenmäßig von den Arbeitnehmern getrennt. Und so ergibt sich als konsequente Antithese, in der die Paradoxalität sich überschlägt: je schärfer der Druck der wirtschaftlichen Entwicklung wird, je mehr der Kleinunternehmer de facto proletarisiert, desto schärfer muß der Klassengegensatz zwischen ihm und dem Proletariat werden.

Vom stolzen einheitlichen Mittelstand bleibt ... eine zufällige Namensgleichheit übrig. Die beiden Kategorien, die sich »Mittelstand« benennen, sind ihrer Natur nach vollkommen verschieden. Der alte Mittelstand ist eine geschlossene Klasse, die seit Anbeginn der kapitalistischen Wirtschafts- und Gesellschaftsordnung an ihrem Platz steht und ihn verteidigt. Aus ihrem Unternehmertum zieht sie eine große ideologische Widerstandskraft gegen die wirtschaftliche Vernichtung. Der neue Mittelstand ist eine lose Ansammlung flukturierender Schichten, die größtenteils erst in jüngster Zeit aus ihren Positionen verdrängt worden sind und nun abwärtsgleitend nach Konsolidierung und einem neuen Platz in der Gesellschaft streben. Ihre verzweifelte Gegenwehr gegen die Proletarisierung hat sie in die Nachbarschaft der Mittelklasse gebracht und den Schein erweckt, als ob sie hier Wurzel schlagen würden. Aber es ist nur ein lockeres und vorübergehendes Neben-, kein Miteinander. Alle Möglichkeiten, die dem neuen Mittelstand zur Verfügung stehen, um seine »bürgerliche Existenz« zu verteidigen, sind nicht mehr bürgerliche, sondern die gegen das Unternehmerbürgertum der kapitalistischen Gesellschaft unterschiedslos gerichteten ... *proletarischen*; denn sein wahres Interesse ist kein bürgerliches, ist das der Arbeitnehmerklasse. Und je bedrückter seine Lage wird, je schärfer er sich zur Wehr setzen muß, desto stärker werden zwangsläufig diese Interessen in den Vordergrund treten und die Waffen des Kampfes bestimmen.

Gemeinsam ist beiden das Rückwärtsgerichtete ihrer Hoffnungen und Bestrebungen. »Die Mittelstände, der kleine Industrielle, der kleine Kaufmann, der kleine Handwerker, der Bauer, sie alle bekämpfen die Bourgeoisie, um ihre Existenz als Mittelstände vor dem Untergang zu sichern. Sie sind also nicht revolutionär, sondern konservativ. Noch mehr, sie sind reaktionär, sie suchen das Rad der Geschichte zurückzudrehen.« (Kommunistisches Manifest) Und wie die Mittelklasse der kapitalistischen Gesellschaft muß auch der neue Mittelstand danach trachten, die Welt zurückzuschrauben oder wenigstens zu immobilisieren. Sie alle sind ihrem Sinnen und Streben nach verkörperte Statik, weil jede Dynamik – sei sie kapitalistisch, sei sie sozialistisch – ihre »bürgerliche Existenz« zerstört.

Stets hat das mittelständische Kleinbürgertum sich dem Gang

der Entwicklung entgegenzustemmen versucht. Stets lebt es in dumpfer Auflehnung gegen die Großbourgeoisie, von der es vernichtet und ausgepowert wird. Aber das Kleinbürgertum ist machtlos gegen sie. Ja, mehr als das, es muß sie – ob es will oder nicht – verteidigen.

Öfters hat das Kleinbürgertum in der Vergangenheit versucht, die absolute Herrschaft der Großbourgeoisie in offener Revolte zu stürzen. Es hat sich sogar mit dem Proletariat gegen den gemeinsamen Unterdrücker verbündet. Stets aber ist sein gewaltsamer Widerstand ebenso rasch zerbrochen wie seine Allianz mit dem Proletariat. Denn das Kleinbürgertum konnte und kann nur gegen die Formen kämpfen, die das System annimmt, niemals aber gegen das System selbst, – Privateigentum und private Unternehmerschaft – sein eigenes Lebenselement. So konnte es der Großbourgeoisie niemals gefährlich sein; denn eine Entwicklung läßt sich nicht aufhalten, solange man das sich entwickelnde System unberührt läßt. [. . .]

Heute sehen wir das verzweifelte Kleinbürgertum allerorten sich wieder erheben; die Weltkrise hat seine latente Unzufriedenheit zu offener Empörung auflodern lassen. Das Kleinbürgertum lehnt sich auf gegen den Widersinn der heutigen Wirtschaft. [. . .] Das Kleinbürgertum will der Herrschaft des Widersinns ein Ende bereiten, es will das System zerstören, in dem der Widersinn gedeiht. [. . .] Der Kleinbürger kämpft nicht gegen die Ware, er kämpft gegen das Warenhaus. Der Staat, dessen Macht der Kleinbürger stärken will, damit er das große Kapital verbiete, ist der Staat des großen Kapitals; es ist der Staat der Bourgeoisie, die der Kleinbürger befehdet, und der er gehorsamste Gefolgschaft leisten muß. Seine Revolution ist das Bollwerk gegenüber der Revolution. Das durch seine maßlose Bedrückung radikalisierte und empörte Kleinbürgertum sehen wir heute bedingungslos den Sozialismus bekämpfen. Seine Front ist gegen die Arbeiterschaft geschlossen und sie steht unter dem Kommando der Großbourgeoisie. [. . .]

Und darauf beruht die Bedeutung des Mittelstandes in der kapitalistischen Gesellschaft und für die kapitalistische Wirtschaft. Er leiht der Großbourgeoisie das Gewicht seiner Massen, ohne das keine Herrschaft imstande ist, sich zu halten. Wenn es auch unter Umständen möglich sein könnte, das kapitalistische System *trotz* des schützenden Mittelstandes niederzuwerfen, so könnte sicherlich das kapitalistische System sich *ohne* den Mittelstand nicht einen Tag lang des ungehindert anstürmenden Proletariats erwehren. Der Mittelstand ist das Fundament, auf das die kapitalistische Herrschaft sich stützt.

Anmerkungen

1 Ödön von Horváth, *Der Mittelstand.* Transkription von vier handschriftlichen Blättern aus dem Nachlaß (lfde Nr 12a), Mitte 1930 entstanden. Auch in: 8,646-650; dort aber falsch datiert.
Es steht außer Frage, daß es sich bei der Familie, die »bis ins vierte Glied verfolgt« werden kann, um die Familie Querfeld aus Hannover, die im Stammbaum von Horváths Mutter auftaucht, handelt.
Der Urgroßvater Horváths – Friedrich Querfeld – war im Alter von sechzehn Jahren aus Hannover ausgewandert, quer durch Europa gezogen und hatte sich schließlich in Bancsova niedergelassen, war Baumeister geworden und hatte dann das dortige Rathaus erbaut. So heißt es auch in Horváths Romankonzept: »Der Urgrossvater kam aus [. . .] Hannover, aber niemand der Familie kennt Hannover.« Für Ödön von Horváth aber schien diese Familie Querfeld – die »Familie Qu.«, wie es in seinem Konzept heißt – der Prototyp des Mittelstandes zu sein, an dem sich die »Genealogie« des Mittelstandes aufzeigen ließ.

2 Siegfried Kracauer, *Die Angestellten. Aus dem neuesten Deutschland,* Erstveröffentlichung 1929 (in Fortsetzungen) im Feuilleton der Frankfurter Zeitung. Eine Buchausgabe erschien 1930 in der Frankfurter Societäts-Druckerei GmbH. Dieser Auszug folgt im Band *Schriften 1* der Suhrkamp-Ausgabe 1971 dem Kapitel »Unbekanntes Gebiet« (S. 212-214 und 215 f.; vom Hg. gekürzt).

3 Béla Balázs (eigtl. Herbert Bauer), *Der Film des Kleinbürgers,* in: Die Weltbühne XXVI, 33 (12. 8. 1930), S. 232-236. (»Aus dem Buche *Der Geist des Films,* das demnächst im Verlag Wilhelm Knapp, Halle, erscheint.«)

4 Emil Lederer und Jakob Marschak, *Der Neue Mittelstand,* in: *Grundriß der Sozialökonomik,* bearb. von G. Albrecht u. a., IX. Abteilung: Das soziale System des Kapitalismus. I. Teil: Die gesellschaftliche Schichtung im Kapitalismus. Tübingen 1926, S. 121-124. (Kürzungen vom Hg.)

5 Hilde Walter: *Die Misere des »neuen Mittelstandes«,* in: Die Weltbühne XXV, 4 (22. 1. 1929), S. 130-132.

6 Theodor Geiger, *Die Mittelschicht und die Sozialdemokratie*, in: Die Arbeit. Zeitschrift für Gewerkschaftspolitik und Wirtschaftskunde, Jg. 1931, H. 8, S. 619-621. (Kürzungen vom Hg.)

7 Emil Grünberg, *Der Mittelstand in der kapitalistischen Gesellschaft. Eine ökonomische und soziologische Untersuchung*. Leipzig 1932, S. 176-185. (Kürzungen vom Hg.)

Anhang

Auswahlbibliographie zu »Geschichten aus dem Wiener Wald«

Schwerpunkt dieser Auswahl sind Arbeiten der Sekundärliteratur, die in mittelbarem oder unmittelbarem Bezug zu *Geschichten aus dem Wiener Wald* stehen. Rezensionen blieben unberücksichtigt.

Zur Ergänzung kann die Auswahlbibliographie (Stand: August 1981) in: *Ödön von Horváth*. Hg. Traugott Krischke. Frankfurt/Main (Suhrkamp) 1981 (suhrkamp taschenbuch materialien 2005), S. 237-249 herangezogen werden.

1. Primärliteratur

1. Gesamtausgaben

1970 *Gesammelte Werke* [in vier Bänden]. Hg. Traugott Krischke und Dieter Hildebrandt. Frankfurt/Main (Suhrkamp) 1970/71. Band I: 3. Aufl. 1974. Band II bis IV: 3. verb. Aufl. 1978 (mit Daten, Bibliographie und Register).

1972 *Gesammelte Werke* [in acht Bänden]. Hg. Traugott Krischke und Dieter Hildebrandt. Frankfurt/Main (Suhrkamp) 1972 (werkausgabe edition suhrkamp). 2. verb. Aufl. 1978 (mit Daten, Bibliographie und Register).

2. Buchausgaben von »Geschichten aus dem Wiener Wald«

2a. Einzelausgaben

1931 *Geschichten aus dem Wiener Wald. Volksstück in drei Teilen.* Berlin (Propyläen) 1931.

1970 *Geschichten aus dem Wiener Wald mit einer Nacherzählung von Peter Handke.* Frankfurt/Main (Suhrkamp) 1970 (Bibliothek Suhrkamp 247).

1977 *Geschichten aus dem Wiener Wald. Volksstück in drei Teilen.* Frankfurt/Main (Suhrkamp) 1977. (Erweiterte Neuausgabe der Bibliothek Suhrkamp 247. Edition und Nachwort Traugott Krischke. Mit dem Abdruck von *Geschichten aus dem Wiener Wald. Volksstück in sieben Bildern,* Vorarbeiten, Fragmenten und Varianten sowie einer

Nacherzählung von Peter Handke.)

1980 *Geschichten aus dem Wiener Wald. Volksstück in drei Teilen.* Hg. Hugh Rank. Introduction, Notes, Vocabulary, Select Bibliography. London (Bell & Hyman) 1980.

1982 *Geschichten aus dem Wiener Wald. Volksstück in drei Teilen.* Frankfurt/Main (Suhrkamp) 1982 (suhrkamp taschenbuch 835).

2b. Abdrucke in Sammelbänden und Anthologien

1961 *Geschichten aus dem Wiener Wald. Volksstück in drei Teilen.* In: Ödön von Horváth, *Stücke.* Hg. Traugott Krischke. Mit einem Nachwort von Ulrich Becher. Reinbek bei Hamburg (Rowohlt) 1961.

Geschichten aus dem Wienerwald. In: *Österreichisches Theater des XX. Jahrhunderts.* Hg. Joachim Schondorff. Mit einem Nachwort von Oskar Maurus Fontana. München (Langen-Müller) o. J. [1961].

1964 *Geschichten aus dem Wiener Wald.* In: *Österreichisches Theater. 6 Theaterstücke.* Mit einem Nachwort von Siegfried Melchinger. Frankfurt/Main (Gutenberg) 1964.

1969 *Geschichten aus dem Wiener Wald. Volksstück in drei Teilen.* In: Ödön von Horváth, *Dramen.* Hg. Dora Huhn und Hansjörg Schneider. Mit einem Nachwort von Hansjörg Schneider. Berlin (Volk und Welt) 1969.

1972 *Geschichten aus dem Wiener Wald. Volksstück in drei Teilen.* In: *Spectaculum 16. Fünf moderne Theaterstücke.* Frankfurt/Main (Suhrkamp) 1972.

1976 *Geschichten aus dem Wiener Wald. Volksstück in drei Teilen.* In: Ödön von Horváth, *Geschichten aus dem Wiener Wald und andere Dramen.* Hg. Traugott Krischke und Dieter Hildebrandt. Berlin, Darmstadt, Wien (Deutsche Buchgemeinschaft u. a.) 1976.

Geschichten aus dem Wiener Wald. Volksstück in sieben Bildern. In: Ödön von Horváth, *Ein Lesebuch.* Hg. Traugott Krischke. Frankfurt/Main (Suhrkamp) 1976.

1981 *Geschichten aus dem Wiener Wald. Volksstück in sieben Bildern.* In: Ödön von Horváth, *Ein Lesebuch.* Hg. Traugott Krischke. Frankfurt/Main (Suhrkamp) 1981 (suhrkamp taschenbuch 742).

Geschichten aus dem Wiener Wald. Volksstück in drei Teilen. In: Ödön von Horváth, *Ausgewählte Werke.* Hg. Hansjörg Schneider. Berlin (Volk und Welt) 1981.

2c. Übersetzungen (im Druck erschienen)

1968 *Povídky z Vídeňského lesa.* Ü: Jiři Stach. In: Ödön von Horváth, *Povídky z Vídeňského lesa jiné hry.* Praha (Orbis) 1968.

1971 *Mesél a bécsi erdö.* Ü: Mészöly Deszö. In: Nagyvilág Januar 1971.
1973 *Mesél a bécsi erdö.* Ü: Mészöly Deszö. In: Világszinpad 3, Magvetö Könyvkiadó Budapest 1973.
1974 *Storio del bosco Viennese.* Ü: Umberto Gandini und Emilio Castellani. In: Ödön von Horváth, *Teatro Popolare.* Milano (Adelphi) 1974.
1977 *Tales from Vienna Woods.* Ü: Christopher Hampton. London (Faber and Faber) 1977.
1980 *(Geschichten aus dem Wiener Wald).* Ü: J. I. Archipowa. In: Ödön von Horváth, *P'esy [Stücke].* Moskva (Iskūsstvo) 1980.

2d. Drehbuch

1979 Ödön von Horváth, *Geschichten aus dem Wiener Wald. Ein Film von Maximilian Schell.* (Mit Daten, Notizen und Materialien zur Vorgeschichte des Films von Maximilian Schell. Fotos von Gabriele Brandenstein.) Frankfurt/Main (Suhrkamp) 1979 (suhrkamp taschenbuch 595).

2. Sekundärliteratur

1. Einführungen, Monographien und Biographien

François, Jean-Claude: *Histoire et fiction dans le théâtre d'Ödön von Horváth.* Grenoble (Presses Universitaires) 1978.

Hildebrandt, Dieter: *Ödön von Horváth in Selbstzeugnissen und Bilddokumenten.* Reinbek (Rowohlt) 1975 (rororo bildmonographien 231).

Hildebrandt, Dieter und Traugott Krischke (Hg.): *Über Ödön von Horváth.* Frankfurt/Main (Suhrkamp) 1972 (edition suhrkamp 584).

Huder, Walther: *Inflation als Lebensform. Ödön von Horváths Kritik am Spießertum. Ein Querschnitt durch das Gesamtwerk.* Gütersloh (Sonderdruck) 1972. (Aus Anlaß der Eröffnung der Ödön von Horváth-Ausstellung in Gütersloh.)

Huish, Ian: *A Student's Guide to Horváth.* London (Heinemann Educational Books Ltd.) 1980. Auch: *Horváth: a study.* London (Heinemann Ltd.) 1981.

Kahl, Kurt: *Ödön von Horváth.* Velber (Friedrich) 1966 (Friedrichs Dramatiker des Welt-Theaters 18). Neuausgabe München (dtv) 1976.

Kienzle, Siegfried: *Ödön von Horváth.* Berlin (Colloquium Verlag) 1977 (Köpfe des XX. Jahrhunderts, Bd. 87).

Krammer, Jenö: *Ödön von Horváth. Leben und Werk aus ungarischer Sicht.* Wien (Internationale Lenau-Gesellschaft) 1969 (Wissenschaftli-

che Reihe I).
Krammer, Jenö: *Ödön von Horváth. Monographie.* Budapest (Akadémiai Kiadó) 1971 (Modern filológiai Füzetek 13).
Krischke, Traugott (Hg.): *Materialien zu Ödön von Horváth.* Frankfurt/Main (Suhrkamp) 1970 (edition suhrkamp 436).
Krischke, Traugott und Hans F. Prokop (Hg.): *Ödön von Horváth. Leben und Werk in Dokumenten und Bildern.* Frankfurt/Main (Suhrkamp) 1972 (suhrkamp taschenbuch 67).
Krischke, Traugott und Hans F. Prokop (Hg.): *Ödön von Horváth. Leben und Werk in Daten und Bildern.* Frankfurt/Main (Insel) 1977 (insel taschenbuch 237).
Krischke, Traugott: *Ödön von Horváth. Kind seiner Zeit. Biographie.* München (Heyne) 1980 (Heyne Biographien 71).
Krischke, Traugott (Hg.): *Ödön von Horváth.* Frankfurt/Main (Suhrkamp) 1981 (suhrkamp taschenbuch materialien 2005).
Poppe, Andries: *Ödön von Horváth. Monographie.* Brugge (Ontmoetingen) 1965 (Literaire monografieen).
Prokop, Hans F. (Hg.): *Katalog* anläßlich der Ödön von Horváth-Ausstellung im Museum des 20. Jahrhunderts. Wien 1971.
Scamardi, Teodoro: *Ödön v. Horváth. Teatro popolare nella Repubblica di Weimar.* Bari (Adriatica Editrice) 1980.
Symposion on Ödön von Horváth (1901-1938). London (The Department of German, University College London and Austrian Institute) 1976.

2. Darstellungen und Einzeluntersuchungen zum Werk

Ballin, Dolly Elisabet: *Irony in the dramatic work of Ödön von Horváth.* Diss. Washington 1969.
Bartsch, Kurt, Uwe Baur und Dietmar Goltschnigg (Hg.): *Horváth-Diskussion.* Kronberg/Ts. (Scriptor) 1976 (Monographien Literaturwissenschaft 28).
Boelke, Wolfgang: *Die »entlarvende« Sprachkunst Ödön von Horváths. Studien zu seiner dramaturgischen Psychologie.* Diss. Frankfurt/Main 1969.
Carhoun, Peter: *Die Frauengestalten in Horváths Volksstücken.* Hausarbeit Wien 1975.
Cermak, Wolfgang: *Politische Positionen bei Ödön von Horváth (1927-1930).* Hausarbeit Salzburg 1977.
Cyron-Hawryluk, Dorota: *Zeitgenössische Problematik in den Dramen Ödön von Horváths.* Wroclaw 1974 (Acta Universitatis Wratislaviensis 209. Germanica Wratislaviensia XIX). Auch Diss. Wroclaw 1971.
Czerny, Karin Hauss: *Ödön von Horváth: Themen und Technik.* Diss.

New York 1976.
Dachs, Werner: *Die Thematik bei Ödön von Horváth und ihre Abwandlungen.* Hausarbeit Salzburg 1972.
Dietrich, Stephan: *Gesellschaft und Individuum bei Ödön von Horváth. Interpretation anhand von Stücken bis zur Emigration.* Diss. Zürich 1975.
Esser, Herbert: *Die didaktische Dramaturgie des Volksstücks bei Ödön von Horváth.* Hausarbeit Köln 1972.
Fritz, Axel: *Ödön von Horváth als Kritiker seiner Zeit. Studien zum Werk und seinem Verhalten zum politischen, sozialen und kulturellen Zeitgeschehen.* München (List) 1973 (List Taschenbuch der Wissenschaft. Literaturwissenschaft, Bd. 1446). Auch Diss. Stockholm 1971.
Gehmair, Veronika: *Die Darstellung des Kleinbürgers in den »Volksstükken« Ödön von Horváths.* Hausarbeit Salzburg 1977.
Gelderen, Evelyne van: *Die Rolle der Frau in den Werken Ödön von Horváths.* Diplomarbeit Berlin 1974.
Hackl, Erich: *Kleinbürgertum und Faschismus in den Werken Ödön von Horváths.* Hausarbeit Salzburg 1976.
Hell, Martin: *Kitsch als Element der Dramaturgie Ödön von Horváths.* Bern, Frankfurt/Main (Lang) 1982. Diss. Saarbrücken 1981.
Herschbach, Robert Alexander: *The »Volksstück« of Ödön von Horváth. Text and context.* Diss. Amherst (Mass.) 1973.
Heyne, Arnd: *Der Dramatiker Ödön von Horváth. Zur Demaskierung des Bewußtseins.* Diss. Freiburg i. Br. 1969.
Hollmann, Helga: *Gesellschaftskritik in den Volksstücken Ödön von Horváths.* Magisterarbeit Berlin o. J. [1970].
Hummel, Reinhard: *Die Volksstücke Ödön von Horváths.* Baden-Baden (Hertel) 1970. Auch Diss. Berlin 1970.
Kling, Vincent: *Die Illusion des Waffenstillstands. Individuum und Gesellschaft in den Werken Horváths.* Diss. Pennsylvania 1972.
Krischke, Traugott (Hg.): *Materialien zu Ödön von Horváths »Geschichten aus dem Wiener Wald«.* Frankfurt/Main (Suhrkamp) 1972 (edition suhrkamp 533).
Kurzenberger, Hajo: *Horváths Volksstücke. Beschreibung eines poetischen Verfahrens.* München (Fink) 1974 (Kritische Information 17). Auch Diss. Heidelberg 1972.
Lechner, Wolfgang: *Mechanismen der Literaturrezeption in Österreich am Beispiel Ödön von Horváths.* Stuttgart (Akademischer Verlag Hans-Dieter Hein) 1978 (Stuttgarter Arbeiten zur Germanistik Nr. 46). Auch Diss. Innsbruck 1977.
Lensing, Paul: *Die Rolle der Frau im Werk Horváths.* Diss. Münster 1971.
Leoni, Maria Eugenia: *Ödön von Horváth – »Spießertum« e »Demaskierung des Bewußtseins«.* Diss. Bologna 1966.

Lettner, Sylvia: *Horváth, Fleißer, Kroetz: ein Vergleich zum realistischen Volksstück.* Hausarbeit Salzburg o. J.

Mathieu, Jean-Philippe: *Das Bild der Wirtschaftskrise im Werk Ödön von Horváths vor 1933.* Magisterarbeit Paris 1972.

Matuszczak, Joanna Barbara: *Asoziale Figuren im Werk von Ödön von Horváth.* New York (Stony Brook) 1977. Auch Diss. New York 1977.

Melzer, Gerhard: *Das Phänomen des Tragikomischen. Untersuchungen zum Werk von Karl Kraus und Ödön von Horváth.* Kronberg/Ts. (Scriptor) 1976. Auch Diss. Graz 1975.

Nagele, Franz: *Die Horváth-Renaissance in der österreichischen Literatur in Verbindung mit einem Vergleich zwischen »Geschichten aus dem Wiener Wald« und »Sauschlachten«.* Hausarbeit Salzburg 1977.

Neikirk, Joan Cantwell: *The role of women in the works of Ödön von Horváth.* Diss. Wisconsin 1971.

Nolting, Winfried: *Der totale Jargon. Die dramatischen Beispiele Ödön von Horváths.* München (Fink) 1976 (Literatur und Presse. Karl Kraus Studien II). Auch Diss. Münster 1974.

Probst, Hans Ulrich: *Dramentheorie und Dramentechnik Horváths.* Diss. Basel 1970.

Reuther, Gabriele: *Ödön von Horváth. Gestalt, Werk und Verwirklichung auf der Bühne.* Diss. Wien 1962.

Roth, Friedhelm E.: *Die Darstellung des Kleinbürgertums bei Marieluise Fleißer und Ödön von Horváth.* Examensarbeit o. O., o. J.

Schleising-Scheffel, Ina-Dolores: *Zum Verhältnis von Individuum und Gesellschaft in den Volksstücken Ödön von Horváths.* Examensarbeit Berlin 1974.

Schulte, Birgit: *Ödön von Horváth – verschwiegen – gefeiert – glattgelobt. Analyse eines ungewöhnlichen Rezeptionsverlaufs.* Bonn (Bouvier) 1980 (Abhandlungen zur Kunst-, Musik- und Literaturwissenschaft; Bd. 303).

Seitz, Renate: *Studien zu den Dramen Ödön von Horváths. Die Technik der ironischen Entlarvung.* Hausarbeit Bonn 1967.

Strelka, Joseph: *Brecht Horváth Dürrenmatt. Wege und Abwege des modernen Dramas.* Wien/Hannover/Bern (Forum) 1962.

Stuhlmann- Laeisz, Gabriele: *Die »Demaskierung des Bewußtseins«, dargestellt an den erotischen Verhältnissen im dramatischen Werk Ödön von Horváths.* Examensarbeit Hamburg 1972.

Walder, Martin: *Die Uneigentlichkeit des Bewußtseins. Zur Dramaturgie Ödön von Horváths.* Bonn (Bouvier) 1974 (Studien zur Germanistik, Anglistik und Komparatistik; Bd. 22). Auch Diss. Zürich 1972.

Weissensteiner, Franz: *Die Bedeutung des Christentums in den Dramen Ödön von Horváths.* Hausarbeit Innsbruck 1973.

Winston, Krishna Ricarda: *Horváth's Studies. Close Readings of Six Plays*

(1926-1931). Bern, Frankfurt/Main, Las Vegas 1977 (Europäische Hochschulschriften. Serie XXX; Film- und Theaterwissenschaftliche Studien, Bd. 5).

3. *Sekundärtexte in Zeitschriften und Sammelwerken*

Arntzen, Helmut: *Horváth – Geschichten aus dem Wiener Wald.* In: *Die deutsche Komödie.* Hg. Walter Hinck. Düsseldorf 1977, S. 246-268 und 395-399.

Bartsch, Kurt: *Scheitern im Gespräch. Beobachtungen zu typischen Kommunikationssituationen in Horváths Volksstücken.* In: *Horváth-Diskussion,* S. 38-54.

Bauer, Roger: *Reflexionen über Ödön von Horváth und das Wiener Volkstheater.* In: *Utopia und Welterfahrung. Stefan Andres und sein Werk im Gedächtnis seiner Freunde.* München 1972, S. 236-242.

Best, Alan: *Ödön Von Horváth: The Volksstück Revived.* In: Alan Best and Hans Wolfschütz (Hg.), *Modern Austrian Writing. Literature and Society after 1945.* Totowa (Barnes & Noble Books) 1980, S. 108-127.

Bruns, Dirk: *Horváth's Renewal of the Folk Play and the Decline of the Weimar Republic.* In: New German Critique 18, 1979, S. 107-135.

Buck, Theo: *Die Stille auf der Bühne. Zum dramaturgischen Verfahren in den Volksstücken Ödön von Horváths.* In: Recherches Germaniques 9, 1979, S. 174-185.

Carl, Rolf-Peter: *Theatertheorie und Volksstück bei Ödön von Horváth.* In: Jürgen Hein (Hg.), *Theater und Gesellschaft. Das Volksstück im 19. und 20. Jahrhundert.* Düsseldorf 1973, S. 175-200.

Cyron-Hawryluk, Dorota: *Form und Sonderform der Dramen Ödön von Horváths.* In: Lenau-Forum 4, 1972, H. 1-2, S. 67-82.

Dimter, Walter: *Die ausgestellte Gesellschaft. Zum Volksstück Horváths, der Fleißer und ihrer Nachfolger.* In: Jürgen Hein (Hg.): *Theater und Gesellschaft,* S. 219-245.

Doppler, Adolf: *Dramatisches Geschehen als sprachliches Arrangement. Ödön von Horváths »Geschichten aus dem Wiener Wald«.* In: Ders.: *Wirklichkeit im Spiegel der Sprache. Aufsätze zur Literatur des 20. Jahrhunderts in Österreich.* Wien 1975, S. 150-171.

Doppler, Adolf: *Bemerkungen zur dramatischen Form der Volksstücke Horváths.* In: *Horváth-Diskussion,* S. 11-21.

Emrich, Wilhelm: *Die Dummheit oder das Gefühl der Unendlichkeit.* In: Ders., *Geist und Widergeist. Wahrheit und Lüge der Literatur. Studien.* Frankfurt 1965, S. 113-124. Auch in: *Mat. ÖvH,* S. 139-147.

Erken, Günther: *Ödön von Horváth: »Geschichten aus dem Wiener Wald«.* In: Jan Berg u. a.: *Von Lessing bis Kroetz. Einführung in die Dramenanalyse. Kursmodelle und sozialgeschichtliche Materialien für*

den Unterricht. Kronberg/Ts. [2]1976, S. 138-179 und 241-243.
François, Jean-Claude: *Horváth, Brecht et leur temps. Remarques sur une renaissance fragmentaire.* In: Travail Théâtral 23, 1976, S. 43-58.
François, Jean-Claude: *Brecht, Horváth et le théâtre populaire.* In: Revue d'Allemagne 11, 1979, S. 44-61.
Fritz, Axel: *Horváth auf schwedischen Bühnen. Bemerkungen zu einigen grundsätzlichen Fragen der Horváth-Rezeption außerhalb des deutschen Sprachraums.* In: *Horváth-Diskussion,* S. 95-110.
Gamper, Herbert: *Horváth und die Folgen – das Volksstück? Über neue Tendenzen im Drama.* In: Theater heute 12, 1971, Sonderheft, S. 73-77.
Gamper, Herbert: *Die Zeichen des Todes und des Lebens. Zu bisher kaum beachteten Konstruktionselementen in Horváths vier »Fräuleinstükken«.* In: Theater heute 15, 1974, H. 3, S. 1-6.
Gamper, Herbert: *Todesbilder in Horváths Werk.* In: *Horváth-Diskussion,* S. 67-81.
Geiger, Heinz: *Volksstück: Zuckmayer, Fleißer, Horváth.* In: Erhard Schütz, Jochen Vogt u. a.: *Einführung in die Literatur des 20. Jahrhunderts.* Band 2: *Weimarer Republik, Faschismus und Exil.* Opladen 1978, S. 135-146.
Genno, Charles N.: *»Kitsch«Elements in Horváth's »Geschichten aus dem Wiener Wald«.* In: The German Quarterly 45, 1972, S. 311-323.
Goltschnigg, Dietmar: *Das Sprachklischee und seine Funktion im dramatischen Werk Ödön von Horváths.* In: Wirkendes Wort 25, 1975, S. 181-196.
Goltschnigg, Dietmar: *Pauschalierungen, Euphemismen, Anekdoten, Witze und Metaphern als Formen des Sprachklischees in Horváths Dramen.* In: *Horváth-Diskussion,* S. 55-66.
Haag, Ingrid: *Ödön von Horváth und die »monströse Idylle«.* In: Recherches Germaniques 6, 1976, S. 152-168.
Haag, Ingrid: *Das »traurige Happy-End«. Zur Struktur der »Fräuleinstücke« Ödön von Horváths.* In: Austriaca 4, 1978, 6, S. 169-186.
Haag, Ingrid: *Horváth und Kroetz. Wirklichkeitsmodelle des Alltags.* In: Austriaca 5, 1979, 9, S. 51-69.
Haag, Ingrid: *Zu Horváth's »Komödie des Menschen«.* In: Austriaca 14, 1982, S. 169-186.
Hein, Jürgen: *Das Volksstück. Entwicklung und Tendenzen.* In: Ders. (Hg.): *Theater und Gesellschaft,* S. 9-28.
Hein, Jürgen: *Altes und neues Volksstück. Notizen zu einem dramendidaktischen Konzept.* In: Klaus Goebel (Hg.): *Das Drama in der Sekundarstufe.* Kronberg/Ts. 1977, S. 287-305.
Hein, Jürgen: *Formen des Volkstheaters im 19. und 20. Jahrhundert.* In: Walter Hinck (Hg.), *Handbuch des deutschen Dramas.* Düsseldorf 1980, S. 489-505 und S. 581-584.

Himmel, Hellmuth: *Ödön von Horváth und die Volksstücktradition.* In: Traugott Krischke (Hg.): *Ödön von Horváth*, S. 46-56.

Hinck, Walter: *Das erneuerte Volksstück. Horváth. Zuckmayer.* In: Ders.: *Das moderne Drama in Deutschland*, Göttingen 1973, S. 130-141.

Jarka, Horst: *Ödön von Horváth und das Kitschige.* In: ZfdPh 91, 1972, S. 558-585.

Jarka, Horst: *Sprachliche Strukturelemente in Ödön von Horváths Volksstücken.* In: Colloquia Germanica 1973, S. 317-339.

Jarka, Horst: *Zur Horváth-Rezeption 1929-1938.* In: Literatur und Kritik 11, 1976, S. 542-562. Auch in: Traugott Krischke (Hg.), *Ödön von Horváth*, S. 156-184.

Karasek, Hellmuth: *Die Erneuerung des Volksstücks. Auf den Spuren Marieluise Fleißers und Ödön von Horváths.* In: Heinz Ludwig Arnold und Theo Buck (Hg.), *Positionen des Dramas. Analysen und Theorien zur deutschen Gegenwartsliteratur.* München 1977, S. 137-167.

Ketels, Violet B.: *The desillusiones as prey of power. Ödön von Horváths drama and the rise of Nazism.* In: Soundings Vol. LXI, No. 4 (Winter 1978), S. 480-499.

Klinger, Kurt: *Zur Bühnengeschichte Ödön von Horváths.* In: Studies in modern Austrian literature 6, 1981, S. 87-103.

Klotz, Volker: *Dramaturgie des Publikums. Wie Bühne und Publikum aufeinander eingehen, insbesondere bei Raimund, Büchner, Wedekind, Horváth, Gatti und im politischen Agitationstheater.* München-Wien 1976.

Krauß, Cornelia: *Forschungsschwerpunkte in Analyse und Rezeption des Werks von Ödön von Horvath.* In: Studi germanici 12, 1974, S. 133-156.

Krischke, Traugott: *Das Fräulein aus dem Wiener Wald. Notizen zur Genealogie von Horváths »Geschichten aus dem Wiener Wald«.* In: *Mat. GWW*, S. 44-54.

Krischke, Traugott: *Marginalien eines Konzepts. Notizen aus dem Regie-Buch Heinz Hilperts* (zur Urauff. von *Geschichten aus dem Wiener Wald*). In: *Mat. GWW*, S. 87-100.

Kurzenberger, Hajo: *Möglichkeiten, Horváth zu spielen – keine Gebrauchsanweisung.* In: *Horváth-Diskussion*, S. 82-94.

Lindken, Hans Ulrich: *Illusion und Wirklichkeit in Ödön von Horváths Volksstück »Geschichten aus dem Wiener Wald«.* In: Modern Austrian Literature 9, 1976, S. 26-43.

Mennemaier, Franz Norbert: *Bürgerlicher Realismus am Vorabend der Naziherrschaft. [Ödön von Horváth].* In: Ders., *Modernes Deutsches Drama. Kritiken und Charakteristiken. Band 2: 1933 bis zur Gegenwart.* München 1975, S. 12-41.

Müller, Gerd: *Ödön von Horváth. Geschichten aus dem Wiener Wald.* In:

Ders.: *Das Volksstück von Raimund bis Kroetz. Die Gattung in Einzelanalysen.* München (Oldenbourg) 1979, S. 92-104.
Orlowski, Hubert: *Ödön von Horváths Sprachgestus als Übersetzungsproblem.* In: *Horváth-Diskussion,* S. 111-123.
Parkes, Stewart: *The dramatic art of Ödön von Horváth.* In: New German Studies 5, 1977, S. 111-123.
Pichler, Meinrad: *Von Aufsteigern und Deklassierten. Ödön von Horváths literarische Analyse des Kleinbürgertums und ihr Verhältnis zu den Aussagen der historischen Sozialwissenschaften.* In: Friedbert Aspetsberger (Hg.), *Österreichische Literatur seit den zwanziger Jahren.* Wien 1979. S. 55-67. Auch in: Traugott Krischke (Hg.), *Ödön von Horváth,* S. 67-86.
Pollow, Helmut: *Ödön von Horváth – zum Beispiel. Zur Rezeption von Dramatik der zwanziger Jahre.* In: Weimarer Beiträge 25, 1979, H. 6, S. 143-153.
Poser, Hans: *Komödie als Volksstück: Zuckmayer, Horváth, Brecht.* In: Neophilologus 62, 1978, S. 584-597.
Potter, P. M.: *Death and Guilt in Works of Ödön von Horváth.* In: German Life and Letters 32 (1978/79), S. 148-152.
Reinhardt, Hartmut: *»Demaskierung« als moralische Provokation. Beobachtungen zum dramatischen Verfahren Ödön von Horváths.* In: Wirkendes Wort 25, 1975, S. 197-214.
Reinhardt, Hartmut: *Die Lüge des »Prinzipiellen«. Zur Begründung der Kompetenz in Horváths Stücken.* In: DVjs 49, 1975, S. 332-355.
Rotermund, Erwin: *Zur Erneuerung des Volksstückes in der Weimarer Republik: Zuckmayer und Horváth.* In: Dieter Hermening u. a. (Hg.), *Volkskultur und Geschichte. Festgabe für Josef Dünninger zum 65. Geburtstag.* Berlin 1970, S. 612-633. Auch in: *Über Ödön von Horváth,* S. 18-45.
Roth, Friedhelm: *Volkstümlichkeit und Realismus? Zur Wirkungsgeschichte der Theaterstücke von Marieluise Fleißer und Ödön von Horváth.* In: Diskurs 3, 1973, H. 3/4, S. 77-104.
Rühle, Günther: *Leben und Schreiben der Marieluise Fleißer aus Ingolstadt.* In: Marieluise Fleißer, *Gesammelte Werke.* Hg. Günther Rühle. Frankfurt/Main 1972. Erster Band, S. 5-60; bes. S. 48 ff.
Schaarschmidt, Peter: *Das moderne Volksstück. Sprache und Figuren.* In: Jürgen Hein (Hg.), *Theater und Gesellschaft,* S. 201-217.
Scheible, Hartmut: *Verschollene Bürgerlichkeit. Ödön von Horváth: Jargon und gesellschaftliche Immanenz.* In: Neue Rundschau 88, 1977, S. 365-385.
Schmid, Christof: *Neue »Geschichten aus dem Wiener Wald« – oder: Was ist ein »neuer Horváth«?* In: *Mat. GWW,* S. 246-254.
Schmidt-Dengler, Wendelin: *Ödön von Horváths »Geschichten aus dem Wiener Wald« und der triviale Wiener Roman der zwanziger Jahre.* In:

Traugott Krischke (Hg.), *Ödön von Horváth*, S. 57-66.
Stenberg, Peter: *The last of the magicians ... Horváth's Zauberkönig and his ancestors.* In: German Life and Letters 28, 1974/75, S. 395-405.
Stoljar, Margaret Mahony: *The drama as metaphor: meaning and structure in Ödön von Horváth's »Volksstücke«.* In: AUMLA 48, 1977, S. 333-350.
Wapnewski, Peter: *Ödön von Horváth und seine »Geschichten aus dem Wiener Wald«.* In: *Mat. GWW*, S. 10-43. Neufassung auch in: P. W., *Zumutungen. Essays zur Literatur des 20. Jahrhunderts.* München 1982, S. 106-139.
Weiß-Wichert, Lydia: *Die Frauengestalten in Ödön von Horváths Volksstücken »Geschichten aus dem Wiener Wald«, »Glaube Liebe Hoffnung«, »Kasimir und Karoline« und »Italienische Nacht«.* Klagenfurt 1981 (Diplomarbeit).
Wiese, Benno von: *Ödön von Horváth.* In: Ders. u. a. (Hg.), *Deutsche Dichter der Moderne. Ihr Leben und Werk.* Berlin ³1975, S. 593-622. Auch in: Traugott Krischke (Hg.), *Ödön von Horváth*, S. 7-45.
Winston, Krishna: *In puncto Liebe: Bildungsjargon von Nestroy bis Qualtinger.* In: Wolfgang Paulsen (Hg.), *Österreichische Gegenwart. Die moderne Literatur und ihr Verhältnis zur Tradition.* Bern/München 1980, S. 25-37.
Zipes, Jack D.: *Horváths Dramaturgie der Isolierung. Notizen zu seiner Wiederentdeckung.* In: Literatur und Kritik 6, 1971, S. 591-600.

(Stand: November 1982)

Copyright – Vermerke

st 2001 Brechts »Leben des Galilei«
Herausgegeben von Werner Hecht

Erstmals vor fast zwei Jahrzehnten erstellte Werner Hecht einen Materialienband zu Bertolt Brechts *Leben des Galilei*. Daß die Rezeption eines literarischen Werkes Bestandteil seiner Geschichte, seines Fortlebens in der Zeit sei, gilt heute wie damals. Die Neubearbeitung des alten Materialienbandes unternimmt die Verbindung des Aktuellen mit der Tradition, indem sie einerseits das Verbürgte und Beständige wieder bezeugt, andererseits Veränderungen in der Einschätzung, Entwicklungen in Forschung und Theaterpraxis sowie neuen philologischen Funden gerecht wird.

st 2002 Thomas Bernhard, Werkgeschichte
Herausgegeben von Jens Dittmar

Bernhards großem und bereits singulärem Werk – seinen Anfängen und seiner Entwicklungslinie – gilt der zweite Band der neuen Materialienreihe des Suhrkamp Verlages: eine Werkgeschichte, die sowohl germanistischen als auch außerfachlichen Ansprüchen Rechnung trägt. Sie erfaßt alle Texte, die als Einzelveröffentlichungen, in Zeitschriften oder Anthologien erschienen sind und gibt eine Auswahl der kritischen Stimmen mit dem Ziel, das Spektrum möglicher Standpunkte, aber auch Stereotypien der Literaturkritik sichtbar zu machen. Die Werkgeschichte dient damit gleichzeitig als Lesebuch und als Bibliographie der Primär- und Sekundärliteratur.

st 2003 Martin Walser
Herausgegeben von Klaus Siblewski

Martin Walser hat seit den Anfängen der Bundesrepublik auf deren Entwicklung schreibend reagiert. Darüber eingehend Aufschluß zu geben, hat sich der neue Materialienband über Martin Walser zum Ziel gesetzt. Bei allen literarischen Detailfragen – nach Romanaufbau oder Sprachkritik – steht Martin Walser als ein Autor von Gesellschaftsromanen, von politischen und sozialen Dramen im Vordergrund der hier vorgelegten Untersuchungen. Eingeleitet wird dieser Band mit einem literarischen Porträt. Ihm folgen Interviews und exemplarische Studien zum Roman-Werk und zur Rezeption seiner Dramen sowie des Romans *Jenseits der Liebe.* Die Faksimilierung fast aller Romananfänge in Manuskriptform – darunter der ersten drei Fassungen von Kapitel 1 des *Sturzes* – gewährt erstmals Einblick in die Werkstatt des Dichters.

st 2004 Peter Handke
Herausgegeben von Raimund Fellinger

Im deutschen Sprachraum wie international hat das literarische Werk Peter Handkes ein großes Echo hervorgerufen. Im Zentrum des neuen Materialienbandes stehen detaillierte und umfassende Analysen der einzelnen Werke. Ein zweiter Teil gilt einmal der Untersuchung übergreifender Zusammenhänge: der Zusammenhänge zwischen Werken aus einer bestimmten Periode, zwischen Texten verschiedener Genres. Zum andern werden hier aber auch die Unterschiede in den Schreibhaltungen herausgearbeitet. Der dritte Teil gibt ein Bild der bisherigen Rezeptionsgeschichte und ihrer Phasen. Den Band beschließt eine komplette Bibliographie der Primär- und Sekundärliteratur.

st 2005 Ödön von Horváth
Herausgegeben von Traugott Krischke

Nach dem Erscheinen des Bandes *Über Ödön von Horváth* vor neun Jahren war es an der Zeit, eine neue Sammlung vorzulegen, die die wichtigsten neuen Fakten und Erkenntnisse in Beiträgen namhafter Wissenschaftler gesammelt präsentiert. Besondere Akzente liegen dabei auf der Prosa Horváths, auf der Frage nach seiner thematischen Beeinflussung, auf Spätwerk und Rezeption: Probleme, die erst in letzter Zeit verstärkt ins Blickfeld getreten sind, Fragestellungen, die das Horváth-Bild wieder aus vorschnellen Festlegungen gelöst haben. Ein ausführlicher Anhang mit der auf den letzten Stand gebrachten Zusammenstellung »Daten und Dokumente« sowie einer ausgewählten Bibliographie unter Berücksichtigung der wichtigsten Sekundärpublikationen bis zum Sommer 1981 schließt den Band ab.

st 2006 Geschichte als Schauspiel
Herausgegeben von Walter Hinck

Eine Wiedereroberung der Geschichte hat begonnen; überall macht sich das Bedürfnis nach Aufklärung über unsere Vergangenheit bemerkbar. Keine literarische Gattung aber vermag Geschichte so unmittelbar zu vergegenwärtigen wie das historische Drama. Gegenstand der – teilweise kritischen – Deutungen dieses Bandes sind bedeutende Beispiele eines Geschichtsdramas, das den vergangenen und den gegenwärtigen Zustand so miteinander verknüpft, daß im Geschichtlichen die Gegenwart zu einem vertieften Verständnis ihrer selbst und zugleich zu einem Ungenügen an sich selbst gelangt, aber auch zu einem Bild oder zur Ahnung möglicher Zukunft. Von Gryphius über Goethe, Schiller und Kleist, Büchner und Grillparzer führt die Reihe zu Brecht und Dürrenmatt, R. Schneider und Hochhuth, P. Weiss und Kipphardt, Hacks, M. Walser und H. Müller.

st 2007 Ludwig Hohl
Herausgegeben von Johannes Beringer

Auf ungewöhnliche, auf unbedingte Weise ist Ludwig Hohl dem nachgekommen, was er als seine Berufung erkannt hatte: dem Schreiben. Er hat sich nicht dazu hergeben können, aus solcher Berufung einen Beruf zu machen, hat sich zugleich geweigert, vor der Höhe und Schwierigkeit seiner Aufgabe abzudanken und in eine Nebentätigkeit auszuweichen. Der Band stellt die wichtigsten Aufsätze, Rezensionen und Berichte über Hohl aus einem Zeitraum von vierzig Jahren wieder vor. Eine sorgfältig erarbeitete Bibliographie wird neben den Sekundärtexten erstmals auch den ganzen Umfang von Hohls Schaffen erkennbar machen.

st 2008 Die Strindberg-Fehde 1910–1911
Herausgegeben von Klaus v. See

Mit dieser Dokumentation, ausgewählt aus einer Sammlung von nahezu 500 schwedischen Zeitungs- und Zeitschriftenartikeln, ergänzt durch einige deutsche Texte und illustriert mit etwa zehn zeitgenössischen Karikaturen, philologisch erschlossen durch den Herausgeber, tritt die schwedische Dreyfus-Affäre ins Blickfeld. Mißgunst und Verbitterung sind im Spiel, als Strindberg – zwei Jahre vor seinem Tod – eine Pressekampagne inszeniert, die schließlich alles in Frage stellt, was dem offiziellen, monarchisch-konservativen Schweden lieb und heilig ist. Doch kommt in den persönlichen Querelen sogleich immer wieder Grundsätzliches zum Austrag: die Frage nach der politisch-sozialen Rolle des Dichters in der Gesellschaft, die Frage nach der öffentlichen Verantwortung einer subjektiv wertenden Literaturkritik, die Frage nach den Möglichkeiten einer sozialdemokratischen Kulturpolitik und einer proletarischen Ästhetik.

st 2010, 2011 Rilkes »Duineser Elegien«
Zweiter und dritter Band
Herausgegeben von Ulrich Fülleborn und Manfred Engel

Mit diesen beiden Bänden und dem ersten bereits als st 574 erschienenen liegen die Materialien zu R. M. Rilkes *Duineser Elegien* in einer bisher einmaligen Vollständigkeit und Abrundung vor. Der erste Band belegt zum ersten Mal umfassend und genau die krisenreiche äußere und innere Entstehungsgeschichte von Rilkes lyrischem Hauptwerk und enthält alle Selbstdeutungen des Dichters. Während der zweite Band die Forschungsgeschichte von 1930–1981 dokumentiert und daraus die Konsequenzen für ein angemessenes künftiges Verständnis der Elegien in einem eingehenden Vorwort erarbeitet, gibt der dritte Band eine reiche Auswahl der allgemeinen Rezeption. Wie der zweite Band wird auch dieser dritte durch ein Vorwort erschlossen und enthält überdies eine erschöpfende Bibliographie der internationalen Rezeption.

st 2012 Literarische Utopie-Entwürfe
Herausgegeben von Hiltrud Gnüg

Wie eine bessere Welt als die jeweils gegenwärtige zu denken sei, welche Chance auf heilere Zukunft diese in sich berge, darüber sind die Ansichten verschieden. Von mittelalterlicher Gralsutopie bis zur Utopie-Diskussion unserer Zeit spannt sich der Bogen dieses Materialienbandes von über dreißig Essays und Texten namhafter Literaturwissenschaftler, Philosophen, Literaturkritiker und Autoren, der nicht nur den Utopismus der ›hohen‹ Literatur, sondern auch die politische Perversion utopischer Wunschphantasie, auch Genres wie Science-fiction oder Schlager-Utopien thematisiert.

st 2013 Plenzdorfs »Neue Leiden des jungen W.«
Herausgegeben von Peter J. Brenner

1972 in der DDR, 1973 in der Bundesrepublik erstmals erschienen, in der Theaterbearbeitung hüben wie drüben zugleich umstrittenes und umjubeltes Ereignis, hat Plenzdorfs »Neuer Werther« den Erfolg seiner klassischen Vorlage eingestellt. Wie diese 200 Jahre zuvor, so enthält auch Plenzdorfs *Werther* das Gefühl, trägt ihn die Strömung seiner Zeit, artikuliert er einer Generation Trauer und Sehnsucht. Den Mythos von Plenzdorfs Werther historisch und kritisch zugleich zu belegen und aufzuhellen, gleichzeitig aber zum ersten Mal Plenzdorfs Erstling einzuordnen in den größeren Zusammenhang eines umfassenderen Schaffens: dies macht der neue Materialienband sich zur Aufgabe.

st 2014 Horváths »Der Fall E.« oder Die Lehrerin von Regensburg
Herausgegeben von Jürgen Schröder

Horváths Dramenfragment über »Den Fall E.« fußt auf einem Fall von Berufsverbot und seinen tragischen Folgen im Jahre 1930. Die Voraussetzung für das Verständnis von Horváths Arbeitsweise als des »Chronisten« der Weimarer Republik bildet eine möglichst genaue Dokumentation des authentischen Falles. Sie ist in den letzten beiden Jahren fast lückenlos gelungen. Neben der Edition des Dramentextes und aller Varianten, ausführlicher historischer und literaturwissenschaftlicher Interpretation bietet der Materialienband u. a. die umfangreichen Personalakten der seinerzeit zuständigen Kreisregierung, die Protokolle des bayerischen Landtags, ein handschriftliches Tagebuch des Opfers, Fotografien und mündliche Äußerungen noch lebender Zeugen.

st 2015 Herbert Achternbusch
Herausgegeben von Jörg Drews

Der Bezeichnungen für Herbert Achternbusch, den Mann und das Werk, sind viele: Den Ungebändigten, Wütenden, den Eigensinnigsten, den Anarchisten hat man ihn genannt, zugleich aber den Schwierigen, den Versponnenen. In seinem Werk, ob Dichtung oder Film, entdeckte man den »Sog des Existentiellen« ebenso wie das Sentimentale, das Satirische wie das Utopische, das Volkstümliche wie das Exzentrisch-Esoterische. Auf eines jedoch wird man sich wohl verständigen: Achternbusch steht in der Reihe der wenigen wirklich großen Unzeitgemäßen, der Schöpfer ihres provokant eigenen Lebens, der wahren Poeten. Der Materialienband von Jörg Drews unternimmt eine Annäherung, ohne hinter den Facetten dieses Autors den großen Nenner, dem er sich und sein Schaffen verweigert, zu suchen.

st 2016 Brechts »Mutter Courage und ihre Kinder«
Herausgegeben von Klaus-Detlef Müller

Mutter Courage und ihre Kinder ist Brechts vermutlich erfolgreichstes, mit Sicherheit aber folgenreichstes Stück. Der neue Materialienband mit dem Bestreben, »Einschüchterung durch Klassizität« zu verhindern, ersetzt und ergänzt die ältere Sammlung von Werner Hecht (edition suhrkamp 50). Der Offenheit und Aktualität von Brechts Werk wird er gerecht durch den Abdruck weiterer Dokumente zur Entstehung des Stücks und bisher unveröffentlichter Varianten, eine Zusammenstellung von Äußerungen Brechts zum Werk und zur Aufführung, eine Dokumentation zur Rezeption, den Wiederabdruck wichtiger Deutungen, Bibliographie und Aufführungsverzeichnis. Er versteht sich als Anregung zu erneuter Auseinandersetzung mit dem Stück in Theater, Universität und Schule.